영어독해. 부분에서 헤매지 말고, 글 전체 구조를 보라!

이 책을 쓰신 분들

박제봉   영어전문저자

이 책을 검토하신 분들

최은주   고양일고등학교

지소철   영어전문저자

서주희   영어전문개발자

장경아   영어전문개발자

디딤돌 구조독해 IV

펴낸날 [초판 1쇄] 2024년 6월 15일

펴낸이 이기열

펴낸곳 (주)디딤돌 교육

주소 (03972) 서울특별시 마포구 월드컵북로 122 청원선와이즈타워

대표전화 02-3142-9000

구입문의 02-322-8451

내용문의 02-325-3224

팩시밀리 02-323-2808

홈페이지 www.didimdol.co.kr

등록번호 제 10-718호

구입한 후에는 철회되지 않으며 잘못 인쇄된 책은 바꾸어 드립니다.

이 책에 실린 모든 삽화 및 편집 형태에 대한 저작권은

(주)디딤돌 교육에 있으므로 무단으로 복사 복제할 수 없습니다.

Copyright ⓒ Didimdol Co. [2460340]

수능 영어독해, 정답률 18%의 진짜 이유?

단어 알고, 해석하면 맞힐 수 있을까?

질문유형에 익숙해지면 쉬울까?

틀린 문제를 다시 풀어도 또 틀리는 이유!

수능까지 연결되는 독해력,
구조독해!

01 일반-구체 구조	01 일반-구체 구조	01 일반-구체 구조
02 문제-해결 구조	02 판단-근거 구조	02 판단-근거 구조
03 대립 구조	03 구체-일반 구조	03 구체-일반 구조
04 질문-답변 구조	04 문제-해결 구조	04 문제-해결 구조
	05 대립 구조	05 대립 구조
		06 질문-답변 구조

수능에서 정답이 보이는
구조독해!

고1, 2 학평기출

고2 학평기출
고3 학평, 모평, 수능기출

구조독해가 정답이다

일반-구체 구조

앞에서 쾅! 주목시키고 이어서 조목조목.

관심을 끌기 위해 주제부터 먼저!
그리고 구체적인 내용 속에서 명쾌하게 이해시키기!

판단-근거 구조

판단으로 강하게 단도직입!
탄탄한 근거로 마무리!

주장부터 제시하고 타당한 근거로 설득하기!

구체-일반 구조

이야기로 슬슬 끌어들이고 결론으로 몰아가기!

공감대를 넓히기 위해 이야기부터 먼저!
이야기의 흐름을 따라가다 보면 당연해지는 교훈과 결론!

문제-해결 구조

문제 상황으로 몰아넣고 해결책을 제시!

관심을 기울이도록 문제 상황 먼저!
문제의 원인 속에서 해결책 제시하기!

대립 구조

통념을 꺾고! 내 생각을 주장하기!

일반적인 통념을 먼저,
No! 내 생각은 달라! 탄탄한 근거로 설득하기!

질문-답변 구조

궁금하게 질문부터! 내 생각은 답에서!

궁금하게 질문부터!
내가 하고 싶은 말은 답에서!

구조로 글 전체를 보면,

- 글쓴이의 생각이 어떻게 전개될지 방향을 예측하며 읽을 수 있다.

- 글쓴이의 생각을 중심으로, 핵심과 핵심이 아닌 정보를 선별, 독해의 강약을 조절할 수 있다.

- 문제의 출제의도와 답의 근거를 정확히 짚으며 선택지를 판단할 수 있다.

- 구조독해를 체화하면 제한된 시간에 글을 효과적으로 독해, 질문에 정확히 답할 수 있다!

글쓴이는 '생각'을 가장 효과적으로
보여주기 위해 '구조'를 설계한다.

글의 구조에 따라
'주장의 방식과 수위',
'내용의 배치',
'사용하는 언어 형식과 어휘'도
달라진다.

이것이 바로 구조를 알고
구조로 독해해야 하는 이유!

제한시간
45분

제시문
25개

평가문항
28개

제한된 시간에
출제자의 질문에 답하려면?

어떤 글이 출제되더라도
글쓴이의 생각을 읽을 수 있어야 한다.

수능은 결국
독해력을 평가하는 시험이다.

구조
독해

부분에서 헤매지 말고, 글 전체 구조를 보라!

구조독해가 정답이다

글쓴이의 '생각과 의도',
그 생각을 효과적으로 보여주기 위해
선택한 '글의 구조'

구조독해는
출제자의 질문에 답하기 위해
글쓴이가 선택한 구조로
글쓴이의 생각을 읽는다.

구조독해, 정답을 찾는
가장 빠르고 정확한 지름길이다.

구조가 곧 내 생각!

수능 독해력,
어떤 문제로 평가할까?

어떤 글을 읽어도 글쓴이의 생각을 찾을 줄 아는지, 그 방법을 아는지 평가하기 위해,
다면적으로 질문한다.

수능 영어독해 핵심 출제의도

• 글을 읽고 전체적인 내용을 이해 · 추론할 수 있는가?	주제, 제목, 요지
• 글을 읽고 글쓴이의 의도나 목적 등을 파악할 수 있는가?	글쓴이의 주장
• 글의 전체 내용에 비추어 밑줄 친 표현이 의미하는 바를 추론할 수 있는가?	밑줄 친 부분의 의미
• 글의 전체적인 의미나 문장 간의 의미적 관련성을 통하여 어휘의 적합성을 파악할 수 있는가?	낱말의 쓰임, 문맥에 맞는 낱말
• 글에서 빠진 주요 정보(단어, 구, 절, 문장, 연결어)를 글의 내용에 의거하여 추론할 수 있는가?	빈칸 추론
• 글의 전체적인 맥락과 문장 간의 논리적 흐름을 파악하여 가상의 글쓰기에 적용할 수 있는가?	문단 요약, 무관한 문장, 주어진 문장의 위치, 글의 순서

구조를 알고,
구조로 독해하면,
출제 의도가 보인다.

구조독해

영어 독해. 부분에서 헤매지 말고, 글 전체 구조를 보라!

IV

기출지문 구조독해

독해,
어떻게 하는 거야?

왜냐고?
독해가 안되는 이유는
단어와 문장에만 매달렸기 때문이야!
부분에만 집중하니, 전체가 안 보이지!

구조로 글 전체를 봐!

글쓴이는 글을 쓰기 전에 이런 생각부터 해.
어떻게 하면 내 생각을 가장 효과적으로 전달할 수 있을까?
주제와 생각을 효과적으로 전개하려면 어떻게 설계해야 할까?
설계도를 짜는 이유가 바로 여기에 있어.

그래서 글을 읽을 때
글쓴이가 설계한 구조를 알고 글 전체를 보면
글쓴이가 어디쯤에서 중요한 생각을 말하게 될지,
핵심과 핵심이 아닌 게 뭔지를 구분해내면서
효과적으로 독해할 수 있게 돼.

구조로 글 전체를 봐야 하는 이유야!
글쓴이의 생각을 정확히 볼 수 있으니까!

구조독해가 정답이다!

출제자는 글쓴이 생각을 묻고 있으니까!

수능에서 '독해력'을 평가하는 핵심질문은 정해져 있다!
출제의도를 확인, 전체 구조로 접근해야 정답이 보이는 핵심질문 유형만 뽑아 구조로 독해한다.

1 — 이 글의 제목으로 가장 적절한 것은? **주제, 제목으로**

2 — 이 글의 요지로 가장 적절한 것은? **요지, 필자가 주장하는 바로**

3 — 이 글의 내용을 한 문장으로 요약하고자 한다. 빈칸 (A), (B)에 들어갈 말로 가장 적절한 것은? **문단 요약으로**

4 — 이 글의 빈칸에 들어갈 말로 가장 적절한 것은? **빈칸 추론으로**

5 — 이 글의 밑줄 친 부분 중, 문맥상 낱말의 쓰임이 적절하지 않은 것은? **어휘 적합성 판단, 함축적 의미 추론으로**

6 — 이 글에서 전체 흐름과 관계 없는 문장은? **무관한 문장 판단, 주어진 문장의 위치 판단, 글의 순서 판단으로**

> 왜 다르게 묻냐고?
> 어떤 글을 읽더라도 글 전체 구조 속에서
> 글쓴이 생각을 찾아내는 방법을 아는지
> 확인하려고!

글쓴이 생각이 구조다!

주제를 다루는 글쓴이 의도에 따라
주장 방식, 내용 배치, 언어 형식이 달라진다.
구조가 곧 글쓴이 생각이다.
수능에 자주 출제되는 기초 학술 분야의 글과
글쓴이가 자주 사용하는
글의 구조만 뽑아 구조로 독해한다.

> 구조? 내 생각을 가장
> 효과적으로 전달하려고!

> 고1, 고2 학력평가에서 뽑은
> 지문 속 글쓴이 생각을
> 읽어 봐!

그래서, 구조로 봐야 한다!

문제 풀고 답 확인하면 끝이라고? 틀린 문제 또 틀린다!

기출지문 속 생각의 흐름과 전개방식을 확인, 글쓴이가 자주 사용하는 구조에 익숙해진다.

글쓴이가 주목한 생각, 중요하게 다룬 내용을 확인, 출제의도를 정확히 짚을 수 있다.

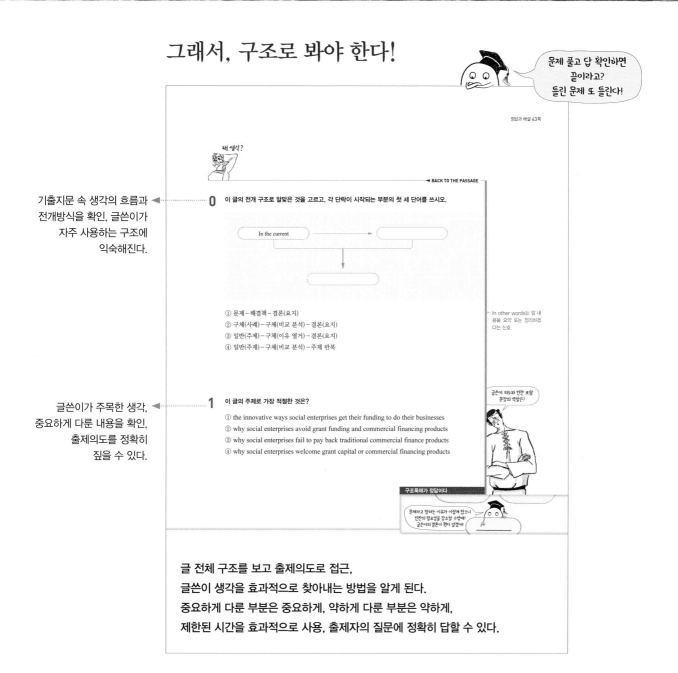

정답과 해설 43쪽

BACK TO THE PASSAGE

0 이 글의 전개 구조로 알맞은 것을 고르고, 각 단락이 시작되는 부분의 첫 세 단어를 쓰시오.

In the current →

① 문제 – 해결책 – 결론(요지)
② 구체(사례) – 구체(비교 분석) – 결론(요지)
③ 일반(주제) – 구체(이유 열거) – 결론(요지)
④ 일반(주제) – 구체(비교 분석) – 주제 반복

In other words는 앞 내용을 요약 또는 정리하겠다는 신호

1 이 글의 주제로 가장 적절한 것은?

① the innovative ways social enterprises get their funding to do their businesses
② why social enterprises avoid grant funding and commercial financing products
③ why social enterprises fail to pay back traditional commercial finance products
④ why social enterprises welcome grant capital or commercial financing products

글쓴이 의도와 빈칸 포함 문장의 역할은?

구조독해가 정답이다

문제라고 말하는 이유가 이렇게 많으니 빈칸의 필요성을 강조할 수밖에! 글쓴이의 결론이 뭔지 알겠어!

글 전체 구조를 보고 출제의도로 접근,
글쓴이 생각을 효과적으로 찾아내는 방법을 알게 된다.
중요하게 다룬 부분은 중요하게, 약하게 다룬 부분은 약하게,
제한된 시간을 효과적으로 사용, 출제자의 질문에 정확히 답할 수 있다.

부록 단어장

문맥으로 보고, 반복해서 확인하는 어휘

단어의 뜻을 가리고 문맥 속에서 의미를 먼저 떠올려 봐

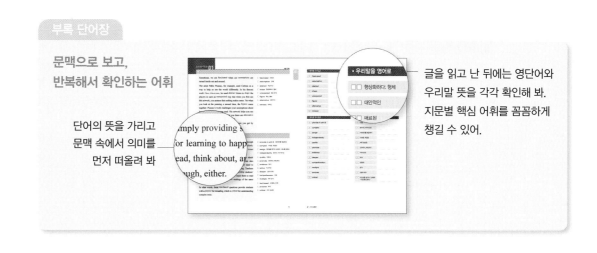

글을 읽고 난 뒤에는 영단어와 우리말 뜻을 각각 확인해 봐. 지문별 핵심 어휘를 꼼꼼하게 챙길 수 있어.

구조독해 Ⅳ

CHAPTER 01

1 assumptions turned around ·········· 주제 파악 ·········· 010
2 quality questions ·········· 제목 파악 ·········· 012
3 eye contact ·········· 문단 요약 ·········· 014
4 rapid cognition ·········· 빈칸 추론 ·········· 016
5 comfort zone ·········· 빈칸 추론 ·········· 018
6 Zeigarnik effect ·········· 무관한 문장 판단 ·········· 020
수능, 구조독해가 정답이다! ·········· 022

CHAPTER 02

1 tree rings ·········· 주제 파악 ·········· 026
2 value of something precious ·········· 요지 파악 ·········· 028
3 cell phone and human connection ·········· 문단 요약 ·········· 030
4 human development ·········· 빈칸 추론 ·········· 032
5 price of something fundamental ·········· 어휘 적합성 판단 ·········· 034
6 misinformation in media ·········· 글의 순서 판단 ·········· 036
수능, 구조독해가 정답이다! ·········· 038

CHAPTER 03

1 nudges ·········· 제목 파악 ·········· 042
2 a good start as a writer ·········· 주장 파악 ·········· 044
3 sport marketing ·········· 문단 요약 ·········· 046
4 motivation ·········· 빈칸 추론 ·········· 048
5 learning pay-off ·········· 함축적 의미 추론 ·········· 050
6 baby's face recognizing ·········· 글의 순서 판단 ·········· 052
수능, 구조독해가 정답이다! ·········· 054

CHAPTER 04

1 chewing ·········· 제목 파악 ·········· 058
2 advertising a new product ·········· 요지 파악 ·········· 060
3 good coaches ·········· 문단 요약 ·········· 062
4 true apology ·········· 빈칸 추론 ·········· 064
5 finding answers ·········· 빈칸 추론 ·········· 066
6 improving by 1 percent ·········· 주어진 문장의 위치 판단 ·········· 068

CHAPTER 05

1 social lies ·········· 주제 파악 ·········· 072
2 too much praise ·········· 요지 파악 ·········· 074
3 human body heat control ·········· 빈칸 추론 ·········· 076
4 scientist's findings ·········· 빈칸 추론 ·········· 078
5 complex forms of nature ·········· 어휘 적합성 판단 ·········· 080
6 preventing diseases in cities ·········· 무관한 문장 판단 ·········· 082
수능, 구조독해가 정답이다! ·········· 084

CHAPTER 06

1	round number	제목 파악	088
2	personal blind spots	요지 파악	090
3	symphony orchestra	빈칸 추론	092
4	social enterprises	빈칸 추론	094
5	creative team	함축적 의미 추론	096
6	great progress	주어진 문장의 위치 판단	098

CHAPTER 07

1	patent	주제 파악	102
2	achieving objectives	주장 파악	104
3	help	문단 요약	106
4	making decisions	빈칸 추론	108
5	collective nature of knowledge	빈칸 추론	110
6	instinct to generalize	주어진 문장의 위치 판단	112
	수능, 구조독해가 정답이다!		114

CHAPTER 08

1	teen brains	제목 파악	118
2	media industry's responsibility	요지 파악	120
3	beauty in life	빈칸 추론	122
4	physical expression of pride	빈칸 추론	124
5	idea of atoms	어휘 적합성 판단	126
6	accepting change	글의 순서 판단	128
	수능, 구조독해가 정답이다!		130

CHAPTER 09

1	singing songbirds	제목 파악	134
2	our limitations	주장 파악	136
3	dependence on natural resources	문단 요약	138
4	fake news	빈칸 추론	140
5	fine arts	어휘 적합성 판단	142
6	spiritual significance of hair	무관한 문장 판단	144

CHAPTER 10

1	incorrect risk map	제목 파악	148
2	positive self-talk	요지 파악	150
3	cute aggression	문단 요약	152
4	friendship formation	빈칸 추론	154
5	money	빈칸 추론	156
6	superstitions in theaters	무관한 문장 판단	158

CHAPTER 01

1

2017학년도 고1 학력평가

정답률 72%
난이도 중
제한시간 1분 20초

글쓴이가 무엇에 대해 어떤 구조로 서술하는지 파악할 수 있나?

이 글의 주제로 가장 적절한 것은?

Sometimes, we are fascinated when our assumptions are turned inside out and around. The artist Pablo Picasso, for example, used Cubism as a way to help us see the world differently. In his famous work *Three Musicians,* he used abstract forms to shape the players in such an unexpected way that when you first see this artwork, you assume that nothing makes sense. Yet when you look at the painting a second time, the figures come together. Picasso's work challenges your assumptions about how space and objects are used. His artwork helps you see the world differently and reminds you there are alternative ways of using shape, objects, and colors. The reward for this is the intrinsic pleasure you get by looking at this work.

① emotional intelligence enhanced by appreciating Cubist artworks
② inner pleasure driven by viewing the world from different angles
③ abstract style formed by balancing reality with fantasy
④ artists' guild organized by cooperating with cultural institutions
⑤ great challenges experienced by musicians in the modern world

내 생각? 내가 어떤 구조로 글을 썼는지
숲을 먼저 보라구!

◀ **BACK TO THE PASSAGE**

0 이 글의 전개 구조로 알맞은 것은?

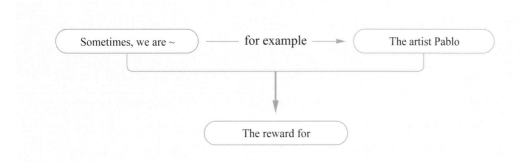

① 문제 – 원인 분석 – 해결책
② 구체(사례) – 비교 – 결론
③ 문제 – 해결 – 전망
④ 판단(주장) – 근거(사례) – 결론(주장 반복)

1 글쓴이가 *Three Musicians*를 언급한 이유는?

① 공간과 사물을 보는 다른 방식이 사람을 매료시킬 수 있음을 보여주려고
② 3차원 시각으로 관찰한 입체적 인물을 화폭에 그리는 방법을 소개하려고
③ 추상화가 등장하기까지 얼마나 많은 화가의 노력이 있었는지 보여주려고
④ Cubism이 추상 미술의 모태가 되어 후배 화가에게 미친 영향을 알려주려고

구조독해가 정답이다

앞에서 무슨 말인가 했는데,
사례를 보니 글의 주제를 알겠군!

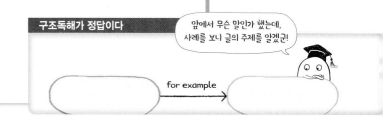

2

2019학년도 고1 학력평가

정답률 78%
난이도 중
제한시간 1분 30초

이 글의 제목으로 가장 적절한 것은?

Simply providing students with complex texts is not enough for learning to happen. Assigning students to independently read, think about, and then write about a complex text is not enough, either. Quality questions are one way that teachers can check students' understanding of the text. Questions can also promote students' search for evidence and their need to return to the text to deepen their understanding. Teachers take an active role in developing and deepening students' comprehension by asking questions that cause them to read the text again, resulting in multiple readings of the same text. In other words, these text-based questions provide students with a purpose for rereading, which is critical for understanding complex texts.

① Too Much Homework Is Harmful
② Questioning for Better Comprehension
③ Too Many Tests Make Students Tired
④ Questions That Science Can't Answer Yet
⑤ There Is Not Always Just One Right Answer

내 생각?

◀ **BACK TO THE PASSAGE**

0 **이 글의 전개 구조로 알맞은 것은?**

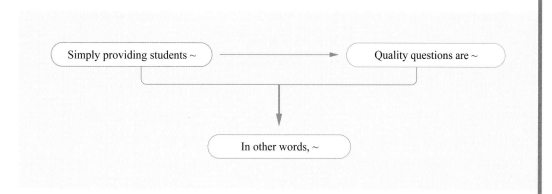

① 문제 제기 – 문제 원인 – 해결책
② 문제 제기 – 해결책 – 결론(요약)
③ 화제 도입 – 의문 제기 – 해결책
④ 일반(주제) – 구체(사례) – 결론

In other words는 앞 내용을 다른 말로 요약·정리하겠다는 신호.

1 **이 글의 요지로 가장 적절한 것은?**

① 교사는 학생이 어려운 교재를 읽은 뒤 글을 쓰도록 장려해야 한다.
② 교사가 어려운 교재를 제시하면 학생은 독해력과 창의성을 계발하게 된다.
③ 교사는 질문을 해서 학생이 교재를 다시 읽고 더 잘 이해하게 할 수 있다.
④ 교사는 학생이 교재를 스스로 이해할 수 있는 충분한 시간을 주어야 한다.

요지란 글의 중심 화제 또는 주제에 대한 글쓴이의 의견이야. 문제와 대안을 다루는 글이라면 대안 내용이 글의 요지.

구조독해가 정답이다

제목 = 요지! 구조를 반영한 제목이어야겠군!

3

2020학년도 고1 학력평가

정답률 71%
난이도 중
제한시간 1분 40초

이 글의 내용을 한 문장으로 요약하고자 한다. 빈칸 (A), (B)에 들어갈 말로 가장 적절한 것은?

While there are many evolutionary or cultural reasons for cooperation, the eyes are one of the most important means of cooperation, and eye contact may be the most powerful human force we lose in traffic. It is, arguably, the reason why humans, normally a quite cooperative species, can become so noncooperative on the road. Most of the time we are moving too fast—we begin to lose the ability to keep eye contact around 20 miles per hour—or it is not safe to look. Maybe our view is blocked. Often other drivers are wearing sunglasses, or their car may have tinted windows. (And do you really want to make eye contact with those drivers?) Sometimes we make eye contact through the rearview mirror, but it feels weak, not quite believable at first, as it is not "face-to-face."

*tinted: 색이 옅게 들어간

글의 구조 속에서 핵심 개념들의 관계를 한 문장으로 표현할 수 있어?

> While driving, people become _____(A)_____ , because they make _____(B)_____ eye contact.

	(A)		(B)
①	uncooperative	....	little
②	careful	....	direct
③	confident	....	regular
④	uncooperative	....	direct
⑤	careful	....	little

내 생각?

◀ BACK TO THE PASSAGE

0 이 글의 전개 구조로 알맞은 것은?

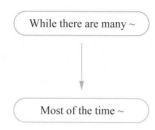

① 대립(통념 – 반론)
② 구체(사례) – 일반(요지)
③ 문제 – 해결
④ 판단 – 근거

1 eye contact에 대한 글쓴이의 주장으로 가장 적절한 것은?

① 사람들 사이의 의사소통에서 중요한 역할을 한다.
② 부족하면 사람들 사이의 친밀한 관계도 손상된다.
③ 문화가 급속히 변화하면서 중요성이 사라지고 있다.
④ 도로 위에서 운전자가 비협조적으로 운전하게 하는 원인이다.

구조독해가 정답이다

문단 요약 = 요지
사람들이 이렇게 되는 이유를
파악하니 한 문장 요약이 쉽군!

이 글의 빈칸에 들어갈 말로 가장 적절한 것은?

Most of us are suspicious of rapid cognition. We believe that the quality of the decision is directly related to the time and effort that went into making it. That's what we tell our children: "Haste makes waste." "Look before you leap." "Stop and think." "Don't judge a book by its cover." We believe that we are always better off gathering as much information as possible and spending as much time as possible in careful consideration. But there are moments, particularly in time-driven, critical situations, when _____, when our snap judgments and first impressions can offer better means of making sense of the world. Survivors have somehow learned this lesson and have developed and sharpened their skill of rapid cognition.

*cognition: 인식

① haste does not make waste

② it is never too late to learn

③ many hands make light work

④ slow and steady wins the race

⑤ you don't judge by appearances

내 생각?

◀ BACK TO THE PASSAGE

0 각 단락의 역할을 |보기|에서 고르시오.

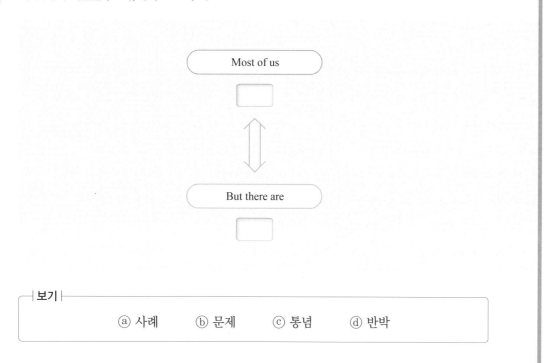

Most of us

But there are

| 보기 |

ⓐ 사례   ⓑ 문제   ⓒ 통념   ⓓ 반박

1 이 글의 요지로 가장 적절한 것은?

① 빠른 상황 인식과 판단이 더 정확할 수 있다.
② 좋은 판단을 내리려면 바른 정보가 필요하다.
③ 첫인상을 과신하면 잘못된 판단을 하게 된다.
④ 위기 상황에서 성급한 판단은 실패로 이어진다.

글의 구조와 빈칸이 포함된 문장의 역할을 알까?

구조독해가 정답이다

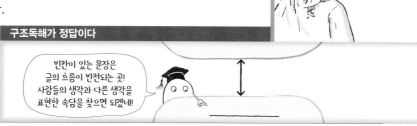

빈칸이 있는 문장은 글의 흐름이 반전되는 곳! 사람들의 생각과 다른 생각을 표현한 속담을 찾으면 되겠네!

빈칸의 자격, 중요한 것만이 빈칸이 될 수 있다!

빈칸 추론은 기본적으로 '주제문 완성'이다. 출제자들은 글쓴이가 주제를 다룰 때 주목한 부분, 주제에 대한 글쓴이의 생각이 드러난 부분을 누락시켜 놓고 해당 부분을 추론할 수 있는지 확인한다. 그렇다면 빈칸의 자격, 어떻게 따져볼 수 있을까?

• 빈칸의 위치와 글의 구조: 주제부터(두괄식), 흐름 반전(중괄식), 결론(미괄식)
• 빈칸 포함 문장의 내용: 긍정 vs 부정, 인과, 반론, 결론, 일반적 진술
• 빈칸 포함 문장의 앞뒤 논리: 일반—구체, 첨가, 역접, 결론

문제의 의도를 확인, 전체 구조로 접근해야 출제자가 누락시킨 이유, 빈칸의 자격을 파악할 수 있다. 결국 글쓴이 의도인 구조를 거꾸로 되짚어가는 과정이다.

이 글의 빈칸에 들어갈 말로 가장 적절한 것은?

Say you normally go to a park to walk or work out. Maybe today you should choose a different park. Why? Well, who knows? Maybe it's because you need the connection to the different energy in the other park. Maybe you'll run into people there that you've never met before. You could make a new best friend simply by visiting a different park. You never know what great things will happen to you until you step outside the zone where you feel comfortable. If you're staying in your comfort zone and you're not pushing yourself past that same old energy, then you're not going to move forward on your path. By forcing yourself to do something different, you're awakening yourself on a spiritual level and you're forcing yourself to do something that will benefit you in the long run. As they say, _____.

① variety is the spice of life
② fantasy is the mirror of reality
③ failure teaches more than success
④ laziness is the mother of invention
⑤ conflict strengthens the relationship

내 생각?

◀ **BACK TO THE PASSAGE**

0 각 단락의 역할을 |보기|에서 고르시오.

Say you normally ──────▶ You never know

[ ]   [ ]

┤ 보기 ├

ⓐ 일반(요지)   ⓑ 통념   ⓒ 반박   ⓓ 구체(예시)

1 이 글의 요지로 가장 적절한 것은?

① 규칙적으로 운동해서 건강을 유지하라.
② 바른 생각을 위한 정신적 운동도 하라.
③ 일상에서 벗어난 새로운 일을 시도하라.
④ 힘든 시기에는 새로운 방법을 모색하라.

> As they say, ~는 흔히 속담이나 격언을 통해 내용을 요약하겠다는 신호.

2 이 글에서 comfort zone이 의미하는 것은?

① 오랜 친구와 함께 쉬는 것
② 늘 하던 일을 계속하는 것
③ 공원에서 친구를 사귀는 것
④ 새로운 지식을 습득하는 것

구조독해가 정답이다

글쓴이가 주장한 바를 찾으라고?
상황으로 끌어들여 글쓴이가 반복해서
했던 말을 보니 빈칸이 뭔지 알겠어!

이 글에서 전체 흐름과 관계 없는 문장은?

The Zeigarnik effect is commonly referred to as the tendency of the subconscious mind to remind you of a task that is incomplete until that task is complete. Bluma Zeigarnik was a Lithuanian psychologist who wrote in the 1920s about the effects of leaving tasks incomplete. ① She noticed the effect while watching waiters serve in a restaurant. ② The waiters would remember an order, however complicated, until the order was complete, but they would later find it difficult to remember the order. ③ Zeigarnik did further studies giving both adults and children puzzles to complete then interrupting them during some of the tasks. ④ They developed cooperation skills after finishing tasks by putting the puzzles together. ⑤ The results showed that both adults and children remembered the tasks that hadn't been completed because of the interruptions better than the ones that had been completed.

내 생각?

◀ BACK TO THE PASSAGE

0 이 글의 전개 구조로 알맞은 것을 고르고 세 번째 단락이 시작되는 부분의 첫 세 단어를 쓰시오.

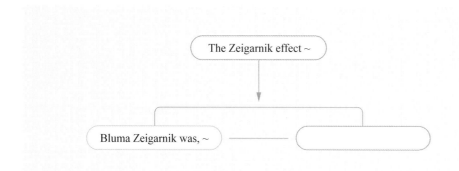

① 여러 사례의 차이점을 비교 분석한 뒤, 결론을 끌어내는 구조
② 실험 및 관찰 내용을 분석하여, 새로운 이론을 끌어내는 구조
③ 틀린 견해를 먼저 제시한 뒤, 사례를 통해 반론을 제시하는 구조
④ 용어를 정의한 뒤, 관찰 및 연구 내용으로 구체화 하는 구조

1 이 글의 주제로 가장 적절한 것은?

① how to remember the orders until they are finished
② how to complete the tasks which have not been completed
③ the foolishness of leaving the complicated tasks incomplete
④ the subconscious tendency to remember an incomplete task

Zeigarnik effect가 뭔지 파악했나?

구조독해가 정답이다

주제에서 벗어난 문장 찾기라... 정의에 주목해서 보니 딴소리도 보이네!

독해, 주제 파악이 먼저다!

'무엇에 대한 글인가?' 이 질문에 대한 답이 바로 '주제'다. 수능에서는 글을 읽고 주제를 파악할 줄 아는지 확인하기 위해 주제가 뭔지 직접 묻기도 하지만, 다른 질문을 사용하기도 하는데 그중 하나가 '흐름과 관계 없는 문장 고르기'이다. 언뜻 관련된 것처럼 보이나, 주제와 하나가 될 수 없는 내용을 끼워 두었을 때, 그걸 판별하려면 당연히 주제 파악이 먼저. 지문 속 개별내용들이 무엇을 위한 것인지, 글쓴이 어떤 의도로 그 주제를 다루고 있는지를 생각해야 한다. 글을 구조로 보면서 문제에 접근해야 하는 이유다.

통일성: 하나의 글엔 하나의 주제. 개별내용들이 주제를 중심으로 하나가 되어야 한다.
일관성: 주제에 속하는 개별내용들이 논리적으로 일관되게 서술되어야 한다.

수능,
구조독해가 정답이다!

다음 빈칸에 들어갈 말로 가장 적절한 것을 고르시오.

The debates between social and cultural anthropologists concern not the differences between the concepts but the analytical priority: which should come first, the social chicken or the cultural egg? British anthropology emphasizes the social. It assumes that social institutions determine culture and that universal domains of society (such as kinship, economy, politics, and religion) are represented by specific institutions (such as the family, subsistence farming, the British Parliament, and the Church of England) which can be compared cross-culturally. American anthropology emphasizes the cultural. It assumes that culture shapes social institutions by providing the shared beliefs, the core values, the communicative tools, and so on that make social life possible. It does not assume that there are universal social domains, preferring instead to discover domains empirically as aspects of each society's own classificatory schemes—in other words, its culture. And it rejects the notion that any social institution can be understood —————————————————————. [3점]

*anthropology: 인류학 **subsistence farming: 자급 농업

① in relation to its cultural origin

② in isolation from its own context

③ regardless of personal preferences

④ without considering its economic roots

⑤ on the basis of British-American relations

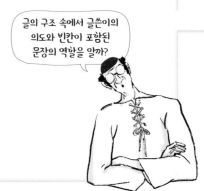

글의 구조 속에서 글쓴이의
의도와 빈칸이 포함된
문장의 역할을 알까?

내가 왜 이런 구조로 썼는지,
그래서 뭘 말하고 싶은지 생각해 봐.
그게 내 의도!

**앞에서 쾅! 주목시키고
이어서 조목조목.**

관심을 끌기 위해 주제부터 먼저.
그리고 구체적인 내용 속에서 명쾌하게 이해시키기!
이게 내가 일반-구체 구조를 택한 이유!

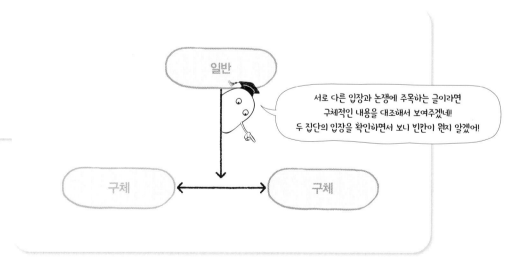

CHAPTER 02

1

2019학년도 고1 학력평가

정답률 75%
난이도 중
제한시간 1분 30초

이 글의 주제로 가장 적절한 것은?

If you've ever seen a tree stump, you probably noticed that the top of the stump had a series of rings. These rings can tell us how old the tree is, and what the weather was like during each year of the tree's life. Because trees are sensitive to local climate conditions, such as rain and temperature, they give scientists some information about that area's local climate in the past. For example, tree rings usually grow wider in warm, wet years and are thinner in years when it is cold and dry. If the tree has experienced stressful conditions, such as a drought, the tree might hardly grow at all during that time. Very old trees in particular can offer clues about what the climate was like long before measurements were recorded.

*stump: 그루터기

① use of old trees to find direction
② traditional ways to predict weather
③ difficulty in measuring a tree's age
④ importance of protecting local trees
⑤ tree rings suggesting the past climate

 **내 생각?** 내가 어떤 구조로 글을 썼는지
숲을 먼저 보라구!

◀ **BACK TO THE PASSAGE**

0 이 글의 전개 구조로 알맞은 것을 고르고, 두 번째 단락이 시작되는 부분의 첫 두 단어를 쓰시오.

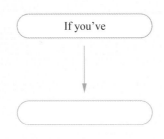

① 일반(요지) – 구체(예시와 설명)
② 문제 – 해결책
③ 구체(사례) – 비교 분석
④ 구체(사례) – 일반(결론)

1 나이테에 대해 글쓴이가 설명한 내용이 <u>아닌</u> 것은?

① 따뜻하고 비가 많은 해에 자란 나이테는 넓다.
② 춥고 비가 적은 해에 자란 나이테는 가늘다.
③ 나이가 많은 나무를 연구하면 오래전 기후를 알 수 있다.
④ 화재와 같은 재난의 기록도 나이테를 통해 알 수 있다.

주제에서 벗어난 내용은?

구조독해가 정답이다

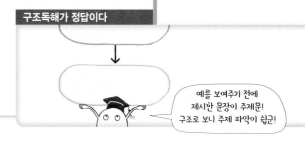

예를 보여주기 전에
제시한 문장이 주제문!
구조로 보니 주제 파악이 쉽군!

2

2017학년도 고1 학력평가

정답률 75%
난이도 중
제한시간 1분 10초

이 글의 요지로 가장 적절한 것은?

이 글의 구조 속에서 글쓴이가 끌어낸 결론은?

If you walk into a room that smells of freshly baked bread, you quickly detect the rather pleasant smell. However, stay in the room for a few minutes, and the smell will seem to disappear. In fact, the only way to reawaken it is to walk out of the room and come back in again. The exact same concept applies to many areas of our lives, including happiness. Everyone has something to be happy about. Perhaps they have a loving partner, good health, a satisfying job, a roof over their heads, or enough food to eat. As time passes, however, they get used to what they have and, just like the smell of fresh bread, these wonderful assets disappear from their consciousness. As the old proverb goes, you never miss the water till the well runs dry.

① 새로움을 추구하는 삶이 가치 있다.
② 작은 행복이 모여서 큰 행복이 된다.
③ 즐거움은 어느 정도의 고통을 수반한다.
④ 익숙함이 소중한 것의 가치를 잊게 한다.
⑤ 결과보다 과정에 집중하는 삶이 행복하다.

◄ BACK TO THE PASSAGE

0 이 글의 전개 구조로 알맞은 것을 고르고, 두 번째 단락이 시작되는 부분의 첫 두 단어를 쓰시오.

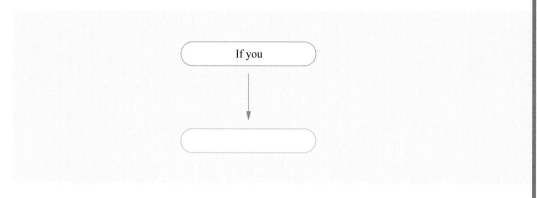

① 원인 – 결과
② 일반(요지) – 구체(예)
③ 구체(비유) – 일반(요지)
④ 문제 제기 – 해결책

1 마지막 문장의 밑줄 친 <u>the well runs dry</u>가 상징하는 바는?

① 행복이 사라진다.
② 행복을 추구한다.
③ 행복이 가득하다.
④ 행복을 나누어준다.

글의 마지막에 제시된 속
담이나 격언은 글쓴이의
결론.

3

2021학년도 고1 학력평가

정답률 54%
난이도 중상
제한시간 1분 45초

이 글의 내용을 한 문장으로 요약하고자 한다. 빈칸 (A), (B)에 들어갈 말로 가장 적절한 것은?

In one study, researchers asked pairs of strangers to sit down in a room and chat. In half of the rooms, a cell phone was placed on a nearby table; in the other half, no phone was present. After the conversations had ended, the researchers asked the participants what they thought of each other. Here's what they learned: when a cell phone was present in the room, the participants reported the quality of their relationship was worse than those who'd talked in a cell phone-free room. The pairs who talked in the rooms with cell phones thought their partners showed less empathy. Think of all the times you've sat down to have lunch with a friend and set your phone on the table. You might have felt good about yourself because you didn't pick it up to check your messages, but your unchecked messages were still hurting your connection with the person sitting across from you.

*empathy: 공감

The presence of a cell phone ____(A)____ the connection between people involved in conversations, even when the phone is being ____(B)____.

(A)		(B)
① weakens	······	answered
② weakens	······	ignored
③ renews	······	answered
④ maintains	······	ignored
⑤ maintains	······	updated

내 생각?

◀ BACK TO THE PASSAGE

0 이 글의 전개 구조로 알맞은 것을 고르고, 각 단락이 시작되는 부분의 첫 세 단어를 쓰시오.

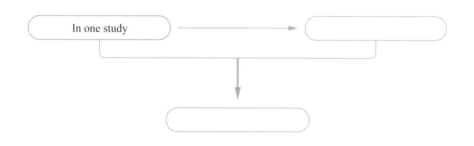

In one study

① 구체(연구 설명 – 연구 결과) – 일반(요지)
② 일반(요지) – 구체(연구 설명 – 연구 결과)
③ 문제 – 문제 분석 – 해결
④ 일반(연구 결과) – 구체(연구 분석 – 해당 사례)

1 이 글의 요지로 가장 적절한 것은?

① 공공장소에서 휴대전화의 전원을 꺼 놓아라.
② 사람을 만날 때 휴대전화를 꺼내 놓지 마라.
③ 식당 안에서 휴대전화로 사진을 찍지 마라.
④ 식사 중에는 휴대전화의 메시지를 보지 마라.

글쓴이가 연구 결과로 말하
고자 하는 바는?

구조독해가 정답이다

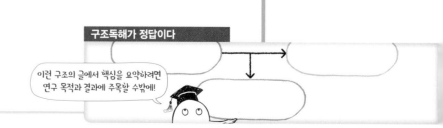

이런 구조의 글에서 핵심을 요약하려면
연구 목적과 결과에 주목할 수밖에!

이 글의 빈칸에 들어갈 말로 가장 적절한 것은?

The prevailing view among developmental scientists is that people are active contributors to their own development. People are influenced by the physical and social contexts in which they live, but they also play a role in influencing their development by interacting with, and changing, those contexts. Even infants influence the world around them and construct their own development through their interactions. Consider an infant who smiles at each adult he sees; he influences his world because adults are likely to smile, use "baby talk," and play with him in response. The infant brings adults into close contact, making one-on-one interactions and creating opportunities for learning. By engaging the world around them, thinking, being curious, and interacting with people, objects, and the world around them, individuals of all ages are "_____."

① mirrors of their generation
② shields against social conflicts
③ explorers in their own career path
④ followers of their childhood dreams
⑤ manufacturers of their own development

◀ BACK TO THE PASSAGE

0 각 단락의 역할을 |보기|에서 고르고, 세 번째 단락이 시작되는 부분의 첫 세 단어를 쓰시오.

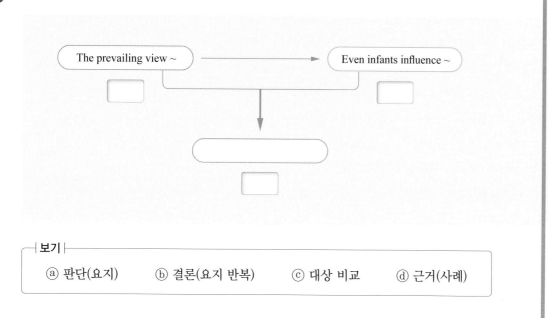

| 보기 |

ⓐ 판단(요지)　　ⓑ 결론(요지 반복)　　ⓒ 대상 비교　　ⓓ 근거(사례)

1 유아가 어른을 보고 미소 짓는 이유가 <u>아닌</u> 것은?

① 어른이 '아기 말'을 하게 할 수 있다.
② 어른의 감정 상태를 확인할 수 있다.
③ 어른과 놀 수 있는 기회를 얻을 수 있다.
④ 어른과 일대일 상호작용을 할 수 있다.

유아의 사례로 말하려는
바를 파악했나?

구조독해가 정답이다

첫 문장에 제시된 과학자들의 견해를 사례로
확인하고 나니, 해당 견해를 마지막 문장에서도
반복하고 있다는 걸 알겠네!

5

2021학년도 고1 학력평가

정답률 61%
난이도 중
제한시간 1분 30초

이 글의 밑줄 친 부분 중, 문맥상 낱말의 쓰임이 적절하지 않은 것은?

When the price of something fundamental drops greatly, the whole world can change. Consider light. Chances are you are reading this sentence under some kind of artificial light. Moreover, you probably never thought about whether using artificial light for reading was worth it. Light is so ①cheap that you use it without thinking. But in the early 1800s, it would have cost you four hundred times what you are paying now for the same amount of light. At that price, you would ②notice the cost and would think twice before using artificial light to read a book. The ③increase in the price of light lit up the world. Not only did it turn night into day, but it allowed us to live and work in big buildings that ④natural light could not enter. Nearly nothing we have today would be ⑤possible if the cost of artificial light had not dropped to almost nothing.

*artificial: 인공의

각 낱말이 포함된 문장이
글쓴이 의도에 맞게 쓰였나?

◀ BACK TO THE PASSAGE

0 이 글의 전개 구조로 알맞은 것을 고르고, 두 번째 단락이 시작되는 부분의 첫 두 단어를 쓰시오.

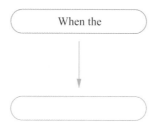

① 질문 – 답변
② 문제 – 해결
③ 구체(사례) – 일반(결론)
④ 일반(요지) – 구체(사례)

1 이 글의 요지로 가장 적절한 것은?

① 과학 기술의 발전으로 인공 조명의 가격이 크게 하락했다.
② 조명과 같이 소중한 것의 가치는 사라지기 전에는 잘 모른다.
③ 값싼 인공 조명이 등장하면서 현대적인 생활이 가능해졌다.
④ 조명과 같이 기본적인 것의 가격이 하락하면 세상이 바뀐다.

어떤 조건이나 상황의 변화를 다룬 글이라면 변화 이전과 이후 상황을 비교하며 읽는다.

구조독해가 정답이다

주제를 사례 속에서 확인하는 글! 변하기 전과 후를 비교했더니 주제를 잘못 설명한 게 보이네!

6

2021학년도 고1 학력평가

정답률 70%
난이도 중
제한시간 1분 30초

주어진 글 다음에 이어질 글의 순서로 가장 적절한 것은?

> People spend much of their time interacting with media, but that does not mean that people have the critical skills to analyze and understand it.

(A) Research from New York University found that people over 65 shared seven times as much misinformation as their younger counterparts. All of this raises a question: What's the solution to the misinformation problem?

(B) One well-known study from Stanford University in 2016 demonstrated that youth are easily fooled by misinformation, especially when it comes through social media channels. This weakness is not found only in youth, however.

(C) Governments and tech platforms certainly have a role to play in blocking misinformation. However, every individual needs to take responsibility for combating this threat by becoming more information literate.

*counterpart: 상대방

주어진 글로 전체 구조를 예측하면서 흐름에 맞게 단락을 구성할 수 있나?

① (A)-(C)-(B) ② (B)-(A)-(C) ③ (B)-(C)-(A)

④ (C)-(A)-(B) ⑤ (C)-(B)-(A)

내 생각?

◀ BACK TO THE PASSAGE

0 이 글의 전개 구조로 알맞은 것을 고르고, 각 단락이 시작되는 부분의 첫 세 단어를 쓰시오.

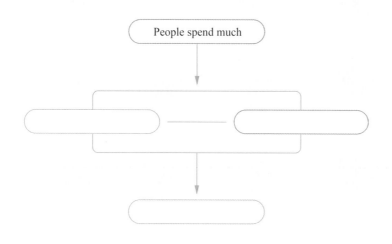

① 문제 – 문제 사례 – 해결책 – 결론
② 문제 – 해결책 – 첫 번째 해결 사례 – 두 번째 해결 사례
③ 문제 – 첫 번째 문제 사례 – 두 번째 문제 사례 – 해결책
④ 주제 – 문제 – 첫 번째 원인 – 두 번째 원인

글의 구조에 맞게 단락을 구성할 수 있나?

1 이 글의 주제로 가장 적절한 것은?

① how to become more information literate in media
② the solution to the misinformation problem in media
③ the critical skill to analyze and understand information
④ how to block misinformation in social media channels

글의 구조를 반영한 주제는?

수능, 구조독해가 정답이다!

밑줄 친 부분 중, 문맥상 낱말의 쓰임이 적절하지 <u>않은</u> 것을 고르시오.

Suppose we know that Paula suffers from a severe phobia. If we reason that Paula is afraid either of snakes or spiders, and then ① <u>establish</u> that she is not afraid of snakes, we will conclude that Paula is afraid of spiders. However, our conclusion is reasonable only if Paula's fear really does concern either snakes or spiders. If we know only that Paula has a phobia, then the fact that she's not afraid of snakes is entirely ② <u>consistent</u> with her being afraid of heights, water, dogs or the number thirteen. More generally, when we are presented with a list of alternative explanations for some phenomenon, and are then persuaded that all but one of those explanations are ③ <u>unsatisfactory</u>, we should pause to reflect. Before ④ <u>denying</u> that the remaining explanation is the correct one, consider whether other plausible options are being ignored or overlooked. The fallacy of false choice misleads when we're insufficiently attentive to an important hidden assumption, that the choices which have been made explicit exhaust the ⑤ <u>sensible</u> alternatives. [3점]

*plausible: 그럴듯한 **fallacy: 오류

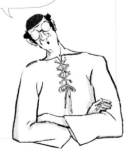

글의 구조 속에서 각 낱말이 포함된 문장이 글쓴이 의도에 맞게 쓰였는지 판단할 수 있어?

내가 왜 이런 구조로 썼는지,
그래서 뭘 말하고 싶은지 생각해 봐.
그게 내 의도!

이야기로 슬슬 끌어들이고
결론으로 몰아가기!

공감대를 넓히기 위해 이야기부터 먼저!
그리고 이야기의 흐름을 따라가다 보면 당연해지는 교훈과 결론!
이게 내가 구체 – 일반 구조를 택한 이유!

구체

일반

있음 직한 상황의 예로 끌어들인 뒤
일반적인 상황으로 넓혀서 주장하는 구조?!
주장한 내용에 집중하니 반대로 표현한 문장이 보여!

CHAPTER 03

1

2019학년도 고1 학력평가

정답률 60%
난이도 중
제한시간 1분 20초

이 글의 제목으로 가장 적절한 것은?

Near an honesty box, in which people placed coffee fund contributions, researchers at Newcastle University in the UK alternately displayed images of eyes and of flowers. Each image was displayed for a week at a time. During all the weeks in which eyes were displayed, bigger contributions were made than during the weeks when flowers were displayed. Over the ten weeks of the study, contributions during the 'eyes weeks' were almost three times higher than those made during the 'flowers weeks.' It was suggested that 'the evolved psychology of cooperation is highly sensitive to subtle cues of being watched,' and that the findings may have implications for how to provide effective nudges toward socially beneficial outcomes.

*nudge: 넌지시 권하기

① Is Honesty the Best Policy?
② Flowers Work Better than Eyes
③ Contributions Can Increase Self-Respect
④ The More Watched, The Less Cooperative
⑤ Eyes: Secret Helper to Make Society Better

내 생각? 내가 어떤 구조로 글을 썼는지
숲을 먼저 보라구!

◀ **BACK TO THE PASSAGE**

0 이 글의 전개 구조로 알맞은 것은?

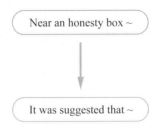

Near an honesty box ~

↓

It was suggested that ~

It was suggested that:
이전에 언급된 주장이나
발견에 근거하여 의견이나
해석을 제시하겠다는 신호

① 문제 제기 – 해결책
② 구체(실험 사례) – 일반(결론)
③ 일반(실험 결과) – 구체(실험 내용)
④ 통념과 반박 – 결론

1 마지막 문장에서 subtle cues of being watched가 가리키는 것은?

① coffee fund contributions
② images of eyes
③ images of flowers
④ socially beneficial outcomes

구조독해가 정답이다

글의 요지를 그대로 보여주거나
상징하는 제목으로!
실험 결과에서 얻은 결론에
주목하니 뭔지 알겠군!

함축적이거나 상징적인 제목

주제에 대한 글쓴이의 생각이 드러나는 글이나 결론에 요지가 제시되는 글의 제
목은 함축적이거나 상징적이고 주제보다 큰 개념을 포함한다. 내용을 압축하면
서도 그것이 갖는 의미를 반영하기 때문이다. 그래서 독자들의 관심과 호기심을
더 불러일으키기도 한다. 반면에 주제를 반영한 직설적인 표현이 제목인 경우
'제목=주제'라는 공식이 성립한다. 제목만으로도 글에서 어떤 내용을 다룰지 쉽
게 알 수 있다. 글에서 제목이 갖는 의미가 이렇기 때문에 글을 읽고 제목을 붙
일 수 있다는 건 곧 글의 주제와 글을 쓴 의도까지 명확하게 파악했다는 것을 의
미한다.

2

2018학년도 고1 학력평가

정답률 76%
난이도 중
제한시간 1분 20초

이 글의 필자가 주장하는 바로 가장 적절한 것은?

<u>Something comes</u> over most people when they start writing. They write in a language different from the one they would use if they were talking to a friend. If, however, you want people to read and understand what you write, write it in spoken language. Written language is more complex, which makes it more work to read. It's also more formal and distant, which makes the readers lose attention. You don't need complex sentences to express ideas. Even when specialists in some complicated field express their ideas, they don't use sentences any more complex than they do when talking about what to have for lunch. If you simply manage to write in spoken language, you have a good start as a writer.

① 구어체로 간결하게 글을 쓰라.
② 자신의 생각을 명확하게 표현하라.
③ 상대방의 입장을 고려하여 말하라.
④ 글을 쓸 때 진부한 표현을 자제하라.
⑤ 친근한 소재를 사용하여 대화를 시작하라.

내 생각?

◀ BACK TO THE PASSAGE

0 이 글의 전개 구조로 알맞은 것을 고르고, 각 단락이 시작되는 부분의 첫 두 단어를 쓰시오.

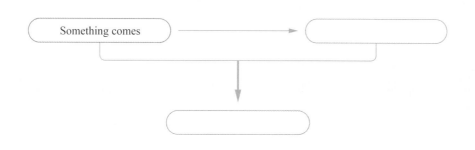

① 일반(주제) – 구체(사례 대조) – 결론
② 판단(주장) – 근거 – 결론(주장 반복)
③ 문제 제기 – 예시 – 해결책
④ 대립되는 주장 – 비교 분석 – 절충안

1 문어체 글의 단점으로 글쓴이가 언급한 것은?

① 필자의 주장을 거부하게 만든다.
② 글에 대한 독자의 신뢰감을 떨어뜨린다.
③ 독자가 읽기 힘들고 집중력을 잃게 된다.
④ 독자가 글의 요지를 이해하기 어렵다.

주장의 근거를 파악했나?

3

2018학년도 고1 학력평가

정답률 36%
난이도 상
제한시간 1분 40초

이 글의 내용을 한 문장으로 요약하고자 한다. 빈칸 (A), (B)에 들어갈 말로 가장 적절한 것은?

We cannot predict the outcomes of sporting contests, which vary from week to week. This heterogeneity is a feature of sport. It is the uncertainty of the result and the quality of the contest that consumers find attractive. For the sport marketer, this is problematic, as the quality of the contest cannot be guaranteed, no promises can be made in relations to the result and no assurances can be given in respect of the performance of star players. Unlike consumer products, sport cannot and does not display consistency as a key feature of marketing strategies. The sport marketer therefore must avoid marketing strategies based solely on winning, and must instead focus on developing product extensions such as the facility, parking, merchandise, souvenirs, food and beverages rather than on the core product (that is, the game itself).

*heterogeneity: 이질성(異質性)

Sport has the essential nature of being ____(A)____, which requires that its marketing strategies ____(B)____ products and services more than just the sports match.

	(A)		(B)
①	unreliable	....	feature
②	unreliable	....	exclude
③	risky	....	ignore
④	consistent	....	involve
⑤	consistent	....	promote

내 생각?

◀ **BACK TO THE PASSAGE**

0 이 글의 전개 구조로 알맞은 것을 고르고, 각 단락이 시작되는 부분의 첫 세 단어를 쓰시오.

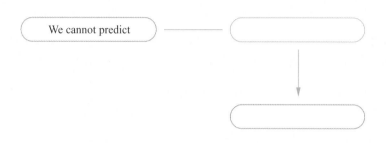

① 문제 제기 – 예시 – 전망
② 화제 도입 – 문제 제기 – 해결책(대안)
③ 화제 도입 – 주장 – 근거
④ 문제 제기 – 비교 분석 – 결론과 요지

1 스포츠 마케팅이 지닌 근본적인 문제를 해결하기 위한 방안으로 글쓴이가 제시한 것은?

① 유명한 선수의 경기 능력 향상과 기념품 개발에 집중한다.
② 경기의 승패가 아니라 시설과 상품, 기념품 등에 집중한다.
③ 양질의 스포츠 장비를 판매하여 소비자가 직접 운동하게 만든다.
④ 경기 관람을 유도하기 위해 응원을 강화하고 볼거리를 제공한다.

▶ 문제의 원인에 주목해야 해결 방안이 이해될 거야.

구조독해가 정답이다

구조를 반영한 요약!
문제가 문제인 이유를 제대로 파악해야
다른 단어로 요약할 수 있겠군!

문단 요약_분량은 짧게, 내용은 충실하게! 글의 핵심을 재구성

요약은 단순히 글자 수를 줄이는 것이 아니다. 분량은 짧게, 내용은 충실하게, 글의 핵심을 파악하여 재구성하는 것이다. 주제와 생각을 효과적으로 전달하기 위해 글쓴이가 만들었던 설계도(구조)를 거꾸로 찾아가는 과정과 같다고 할 수 있다. 파악한 글의 구조에 핵심 내용을 얹되, 핵심 내용을 다른 표현으로 바꿔쓰기, 또는 구체적인 내용들을 일반화하여 재구성하면 그것이 바로 '요약'이다. 그래서 요약할 줄 안다는 건 곧 글의 핵심과 구조를 이해했다는 의미나 마찬가지다.

이 글의 빈칸에 들어갈 말로 가장 적절한 것은?

Motivation may come from several sources. It may be the respect I give every student, the daily greeting I give at my classroom door, the undivided attention when I listen to a student, a pat on the shoulder whether the job was done well or not, an accepting smile, or simply "I love you" when it is most needed. It may simply be asking how things are at home. For one student considering dropping out of school, it was a note from me after one of his frequent absences saying that he made my day when I saw him in school. He came to me with the note with tears in his eyes and thanked me. He will graduate this year. Whatever technique is used, the students must know that you _____. But the concern must be genuine — the students can't be fooled.

① care about them
② keep your words
③ differ from them
④ evaluate their performance
⑤ communicate with their parents

내 생각?

◀ BACK TO THE PASSAGE

0 이 글의 전개 구조로 알맞은 것을 고르고, 각 단락이 시작되는 부분의 첫 세 단어를 쓰시오.

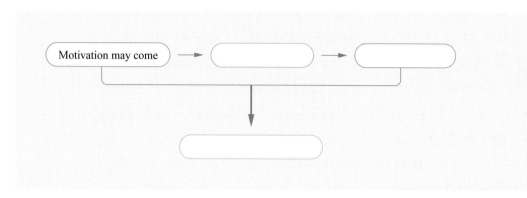

① 문제 제기 – 원인 분석 – 해결책 – 결론
② 일반(주제) – 구체(예 – 사례) – 결론
③ 화제 도입 – 판단(주장) – 근거(예 – 사례)
④ 화제 도입 – 문제 제기 – 해결책 – 결론

1 이 글의 글쓴이가 주장하는 바로 가장 적절한 것은?

① 학생이 꿈을 실현하도록 교사가 도와야 한다.
② 학생의 학업 성취도는 교사의 주요 관심사이다.
③ 교사는 학생의 심리 상태에 주의를 기울여야 한다.
④ 교사는 학생에게 진심 어린 관심을 보여야 한다.

구조독해가 정답이다

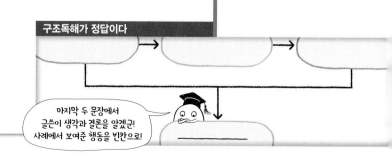

마지막 두 문장에서
글쓴이 생각과 결론을 알겠군!
사례에서 보여준 행동을 빈칸으로!

5

2021학년도 고1 학력평가

정답률 76%
난이도 중
제한시간 1분 20초

밑줄 친 translate it from the past tense to the future tense가 이 글에서 의미하는 바로 가장 적절한 것은?

Get past the 'I wish I hadn't done that!' reaction. If the disappointment you're feeling is linked to an exam you didn't pass because you didn't study for it, or a job you didn't get because you said silly things at the interview, or a person you didn't impress because you took entirely the wrong approach, accept that it's *happened* now. The only value of 'I wish I hadn't done that!' is that you'll know better what to do next time. The learning pay-off is useful and significant. This 'if only I ...' agenda is virtual. Once you have worked that out, it's time to translate it from the past tense to the future tense: 'Next time I'm in this situation, I'm going to try to ...'.

*agenda: 의제   **tense: 시제

① look for a job linked to your interest
② get over regrets and plan for next time
③ surround yourself with supportive people
④ study grammar and write clear sentences
⑤ examine your way of speaking and apologize

내 생각?

◀ BACK TO THE PASSAGE

0 이 글의 전개 구조로 알맞은 것을 고르고, 각 단락이 시작되는 부분의 첫 세 단어를 쓰시오.

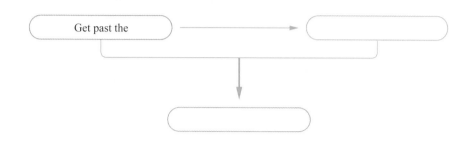

① 판단(주장) – 반론 – 절충안
② 화제 도입 – 문제 제기 – 해결책
③ 판단(주장) – 근거(예) – 결론(주장 반복)
④ 문제 제기 – 문제 분석 – 해결책

상징적인 표현을 포함, 글의 핵심 내용이 계속 반복되고 있는 글이다.

1 이 글의 요지로 가장 적절한 것은?

① 실수나 실패한 뒤에는 자기 모습을 뒤돌아보라.
② 과거 실수를 잊고 미래에는 잘하려고 노력하라.
③ 실수를 사실 그대로 인정하고 진심으로 사과하라.
④ 실수를 다시는 반복하지 않기 위해 되새겨보라.

2 이 글에 쓰인 learning pay-off가 의미하는 것은?

① 배우면서 느끼는 기쁨
② 일을 잘해서 받은 보상
③ 학습자가 내는 수업료
④ 과거 실수를 통해 배운 교훈

구조독해가 정답이다

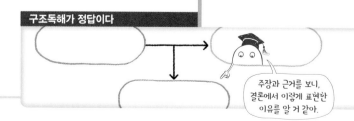

주장과 근거를 보니, 결론에서 이렇게 표현한 이유를 알 거 같아.

6

2021학년도 고1 학력평가

정답률 73%
난이도 중
제한시간 1분 35초

주어진 글 다음에 이어질 글의 순서로 가장 적절한 것은?

Starting from birth, babies are immediately attracted to faces. Scientists were able to show this by having babies look at two simple images, one that looks more like a face than the other.

(A) These changes help the organisms to survive, making them alert to enemies. By being able to recognize faces from afar or in the dark, humans were able to know someone was coming and protect themselves from possible danger.

(B) One reason babies might like faces is because of something called evolution. Evolution involves changes to the structures of an organism (such as the brain) that occur over many generations.

(C) By measuring where the babies looked, scientists found that the babies looked at the face-like image more than they looked at the non-face image. Even though babies have poor eyesight, they prefer to look at faces. But why?

① (A)−(C)−(B)　　② (B)−(A)−(C)　　③ (B)−(C)−(A)
④ (C)−(A)−(B)　　⑤ (C)−(B)−(A)

내 생각?

◀ BACK TO THE PASSAGE

0 각 단락의 역할을 |보기|에서 고르고, 세 번째 단락이 시작되는 부분의 첫 두 단어를 쓰시오.

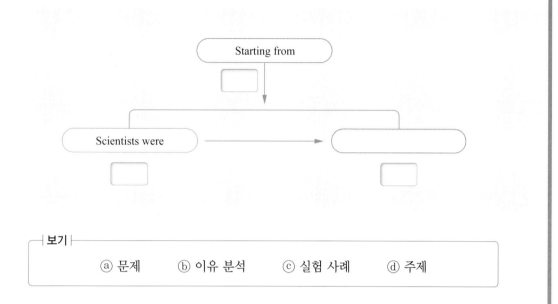

┤보기├

ⓐ 문제　　ⓑ 이유 분석　　ⓒ 실험 사례　　ⓓ 주제

1 이 글의 주제로 가장 적절한 것은?

① why babies have poor eyesight

② how babies can recognize faces

③ why babies are attracted to faces

④ how to protect babies from danger

2 (A)의 밑줄 친 These changes가 의미하는 것은?

① danger

② evolution

③ organisms

④ eyesight

수능,
구조독해가 정답이다!

글의 흐름으로 보아, 주어진 문장이 들어가기에 가장 적절한 곳을 고르시오.

> Retraining current employees for new positions within the company will also greatly reduce their fear of being laid off.

Introduction of robots into factories, while employment of human workers is being reduced, creates worry and fear. (①) It is the responsibility of management to prevent or, at least, to ease these fears. (②) For example, robots could be introduced only in new plants rather than replacing humans in existing assembly lines. (③) Workers should be included in the planning for new factories or the introduction of robots into existing plants, so they can participate in the process. (④) It may be that robots are needed to reduce manufacturing costs so that the company remains competitive, but planning for such cost reductions should be done jointly by labor and management. (⑤) Since robots are particularly good at highly repetitive simple motions, the replaced human workers should be moved to positions where judgment and decisions beyond the abilities of robots are required.

글의 구조와 글쓴이 의도에
맞게 문장을 넣어 일관성 있는
글을 완성할 수 있나?

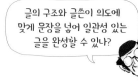

내가 **왜 이런 구조**로 썼는지,
그래서 뭘 말하고 싶은지 생각해 봐.
그게 내 의도!

문제 상황으로 몰아 넣고
해결책을 제시!

관심을 기울이도록 문제 상황부터 먼저!
문제의 원인 속에서 해결책 제시하기.
이게 내가 문제–해결 구조를 택한 이유!

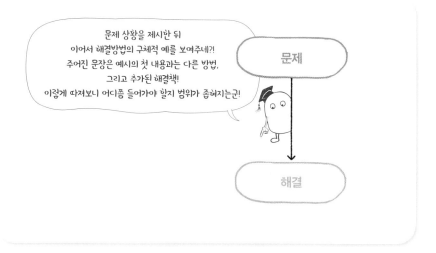

문제 상황을 제시한 뒤
이어서 해결방법의 구체적 예를 보여주네?!
주어진 문장은 예시의 첫 내용과는 다른 방법,
그리고 추가된 해결책!
이렇게 따져보니 어디쯤 들어가야 할지 범위가 좁혀지는군!

문제

해결

CHAPTER 04

1

2020학년도 고1 학력평가

정답률 77%
난이도 중
제한시간 1분 30초

이 글의 제목으로 가장 적절한 것은?

Chewing leads to smaller particles for swallowing, and more exposed surface area for digestive enzymes to act on. In other words, it means the extraction of more fuel and raw materials from a mouthful of food. This is especially important for mammals because they heat their bodies from within. Chewing gives mammals the energy needed to be active not only during the day but also the cool night, and to live in colder climates or places with changing temperatures. It allows them to sustain higher levels of activity and travel speeds to cover larger distances, avoid predators, capture prey, and make and care for their young. Mammals are able to live in an incredible variety of habitats, from Arctic tundra to Antarctic pack ice, deep open waters to high-altitude mountaintops, and rainforests to deserts, in no small measure because of their teeth.

*enzyme: 효소

① Chewing: A Way to Ease Indigestion
② Boost Your Energy by Chewing More!
③ How Chewing Helps Mammals Survive
④ Different Types and Functions of Teeth
⑤ A Harsh Climate Makes Mammals Stronger

내 생각? 내가 어떤 구조로 글을 썼는지
숲을 먼저 보라구!

◀ **BACK TO THE PASSAGE**

0 이 글의 전개 구조로 알맞은 것을 고르고, 두 번째 단락이 시작되는 부분의 첫 세 단어를 쓰시오.

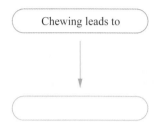

Chewing leads to

① 구체(사례) – 일반(결론)
② 통념 – 반박
③ 문제 제기 – 해결책
④ 일반(요지) – 구체(설명과 예시)

1 씹는 능력이 포유류에게 주는 혜택으로 글쓴이가 언급하지 <u>않은</u> 것은?

① 서늘한 밤에도 활동할 수 있다.
② 추운 기후대에서 살 수 있다.
③ 장거리를 이동할 수 있다.
④ 먹잇감을 물어 죽일 수 있다.

구조독해가 정답이다

장점을 밝히는 구조로 보니
요지를 반영한 제목도 척척!

2018학년도 고1 학력평가

정답률 72%
난이도 중
제한시간 1분 10초

이 글의 요지로 가장 적절한 것은?

Too many companies advertise their new products as if their competitors did not exist. They advertise their products in a vacuum and are disappointed when their messages fail to get through. Introducing a new product category is difficult, especially if the new category is not contrasted against the old one. Consumers do not usually pay attention to what's new and different unless it's related to the old. That's why if you have a truly new product, it's often better to say what the product is not, rather than what it is. For example, the first automobile was called a "horseless" carriage, a name which allowed the public to understand the concept against the existing mode of transportation.

① 과도한 광고 경쟁이 제품의 가격을 상승시킨다.
② 기존 제품과의 대비가 신제품 광고에 효과적이다.
③ 신제품 개발을 위해 정확한 수요 예측이 필요하다.
④ 수익 향상을 위해 새로운 고객 관리 방식이 요구된다.
⑤ 제품에 대한 올바른 정보 제공이 소비자의 신뢰를 높인다.

내 생각?

◀ **BACK TO THE PASSAGE**

0 이 글의 전개 구조로 알맞은 것을 고르고, 각 단락이 시작되는 부분의 첫 두 단어를 쓰시오.

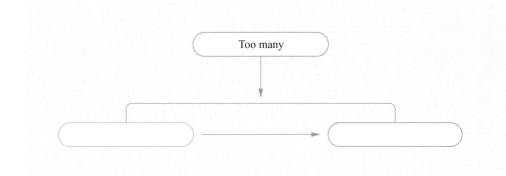

Too many

① 일반(요지) – 구체(예시) – 결론(요지 반복)
② 일반(요지) – 구체(설명 – 예시)
③ 화제 도입 – 문제 제기 – 문제 사례
④ 문제 제기 – 해결책 – 예시

1 이 글의 밑줄 친 to say what the product is not의 예로 글쓴이가 제시한 것은?

① the new category
② a truly new product
③ a "horseless" carriage
④ the existing mode of transportation

3

2020학년도 고1 학력평가

정답률 56%
난이도 중상
제한시간 1분 45초

이 글의 내용을 한 문장으로 요약하고자 한다. 빈칸 (A), (B)에 들어갈 말로 가장 적절한 것은?

Have you noticed that some coaches get the most out of their athletes while others don't? A poor coach will tell you what you did wrong and then tell you not to do it again: "Don't drop the ball!" What happens next? The images you see in your head are images of you dropping the ball! Naturally, your mind recreates what it just "saw" based on what it's been told. Not surprisingly, you walk on the court and drop the ball. What does the good coach do? He or she points out what could be improved, but will then tell you how you could or should perform: "I know you'll catch the ball perfectly this time." Sure enough, the next image in your mind is you *catching* the ball and *scoring* a goal. Once again, your mind makes your last thoughts part of reality — but this time, that "reality" is positive, not negative.

Unlike ineffective coaches, who focus on players' ____(A)____, effective coaches help players improve by encouraging them to ____(B)____ successful plays.

	(A)		(B)
①	scores	······	complete
②	scores	······	remember
③	mistakes	······	picture
④	mistakes	······	ignore
⑤	strengths	······	achieve

내 생각?

◀ BACK TO THE PASSAGE

0 이 글의 전개 구조로 알맞은 것을 고르고, 각 단락이 시작되는 부분의 첫 세 단어를 쓰시오.

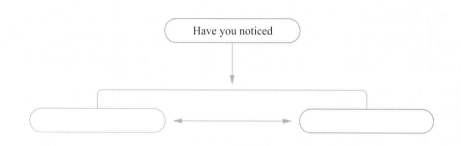

① 의문을 제기한 뒤 예시를 통해 이유를 밝히는 구조
② 문제의 원인을 분석하고 문제에 대한 전망을 제시하는 구조
③ 주장부터 제시한 뒤 사례들을 통해 타당성을 증명하는 구조
④ 질문으로 주제를 제시하고 사례를 대조하여 주제를 구체화하는 구조

1 "Don't drop the ball!"이라는 말을 들은 선수가 경기 중 공을 떨어뜨리는 이유는?

① 감독의 말에 화가 나서
② 감독에게 꾸중을 듣는 것이 두려워서
③ 감독의 말이 정신 집중에 방해가 되어서
④ 감독으로부터 들은 말이 마음속에 재현되어서

글의 구조 및 동의어 관계를 파악했나?
• poor = ineffective
• good = effective
• image = picture

질문에서 구조가 딱 드러나는 구조!
다른 점에 주목, 동의어를 찾아
요약하면 되네!

구조독해가 정답이다

이 글의 빈칸에 들어갈 말로 가장 적절한 것은?

Remember that _____ is always of the essence. If an apology is not accepted, thank the individual for hearing you out and leave the door open for if and when he wishes to reconcile. Be conscious of the fact that just because someone accepts your apology does not mean she has fully forgiven you. It can take time, maybe a long time, before the injured party can completely let go and fully trust you again. There is little you can do to speed this process up. If the person is truly important to you, it is worthwhile to give him or her the time and space needed to heal. Do not expect the person to go right back to acting normally immediately.

*reconcile: 화해하다

① curiosity
② independence
③ patience
④ creativity
⑤ honesty

내 생각?

◀ BACK TO THE PASSAGE

0 이 글의 전개 구조로 알맞은 것을 고르고, 두 번째 단락이 시작되는 부분의 첫 두 단어를 쓰시오.

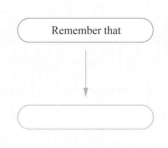

Remember that

① 구체(사례) – 일반(결론)
② 원인 – 결과
③ 판단(주장) – 근거(설명)
④ 문제 – 해결책

1 이 글의 요지로 가장 적절한 것은?

① 용서하지 못하는 사람은 용서받을 자격도 없다.
② 용서를 받기 전까지 오랜 시간을 참고 기다려라.
③ 잘못을 저지르면 진심으로 상대방에게 사과하라.
④ 상대방을 용서하는 것이 자기 자신을 용서하기보다 더 쉽다.

구체적인 상황을 근거로 글쓴이가 말하고자 한 바가 요지.

이 글의 빈칸에 들어갈 말로 가장 적절한 것은?

The last two decades of research on the science of learning have shown conclusively that we remember things better, and longer, if _____. This is the teaching method practiced by physics professor Eric Mazur. He doesn't lecture in his classes at Harvard. Instead, he asks students difficult questions, based on their homework reading, that require them to pull together sources of information to solve a problem. Mazur doesn't give them the answer; instead, he asks the students to break off into small groups and discuss the problem among themselves. Eventually, nearly everyone in the class gets the answer right, and the concepts stick with them because they had to find their own way to the answer.

① they are taught repeatedly in class
② we fully focus on them without any distractions
③ equal opportunities are given to complete tasks
④ there's no right or wrong way to learn about a topic
⑤ we discover them ourselves rather than being told them

내 생각?

◀ **BACK TO THE PASSAGE**

0 이 글의 전개 구조로 알맞은 것을 고르고, 두 번째 단락이 시작되는 부분의 첫 두 단어를 쓰시오.

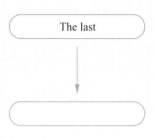

The last

① 구체(사례) – 일반(요지)
② 일반(요지) – 구체(사례)
③ 사례의 원인 – 결과
④ 문제 사례 – 해결책

1 이 글의 요지로 가장 적절한 것은?

① 우리가 스스로 발견한 지식이 오래 기억된다.
② 과학 과목들을 통합해 수업하는 것이 도움이 된다.
③ 학생과 교사가 협력하여 수업을 진행하는 것이 좋다.
④ 모든 학생이 과학의 논리를 이해하도록 충분한 설명이 필요하다.

▶ Eric Mazur 교수의 교수법 사례에서 알 수 있는 것은?

2 Eric Mazur 교수가 한 일이 <u>아닌</u> 것은?

① 문제를 주기 전에 짧게 강의했다.
② 정보를 통합해 문제를 풀게 했다.
③ 문제에 대한 정답을 주지 않았다.
④ 학생들이 문제를 논의하게 했다.

구조독해가 정답이다

얘네들이 연구 결과를 설명하는 사례?!
뭘 해야 이런 결과를 얻는지 사례로
역추적하니 알겠군!

이 글의 흐름으로 보아, 주어진 문장이 들어가기에 가장 적절한 곳은?

> Meanwhile, improving by 1 percent isn't particularly notable, but it can be far more meaningful in the long run.

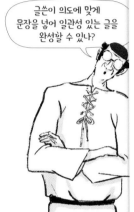

글쓴이 의도에 맞게
문장을 넣어 일관성 있는 글을
완성할 수 있나?

It is so easy to overestimate the importance of one defining moment and underestimate the value of making small improvements on a daily basis. Too often, we convince ourselves that massive success requires massive action. (①) Whether it is losing weight, winning a championship, or achieving any other goal, we put pressure on ourselves to make some earthshaking improvement that everyone will talk about. (②) The difference this tiny improvement can make over time is surprising. (③) Here's how the math works out: if you can get 1 percent better each day for one year, you'll end up thirty-seven times better by the time you're done. (④) Conversely, if you get 1 percent worse each day for one year, you'll decline nearly down to zero. (⑤) What starts as a small win or a minor failure adds up to something much more.

내 생각?

◀ BACK TO THE PASSAGE

0 이 글의 전개 구조로 알맞은 것을 고르고, 두 번째 단락이 시작되는 부분의 첫 세 단어를 쓰시오.

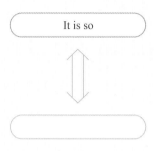

It is so

① 구체(사례 나열) – 일반(결론)
② 연구 사례 – 원인과 결과
③ 대립(통념 – 반론과 근거)
④ 원인과 결과 – 분석과 요지

1 이 글의 요지를 가장 잘 표현한 문장은?

① What we think, we become.
② Slow and steady wins the race.
③ Every moment is a fresh beginning.
④ Change the world by being yourself.

> Too often, we convince ~(너무 자주, 우리는 ~을 굳게 믿는다)와 같이 통념을 이끄는 신호가 보인다면?

2 이 글의 밑줄 친 this tiny improvement가 가리키는 것은?

① one defining moment
② winning a championship
③ earthshaking improvement
④ improving by 1 percent

> 대명사나 지시사(this)도 접속사 못지않게 논리적 흐름을 보여주는 중요한 장치.

구조독해가 정답이다

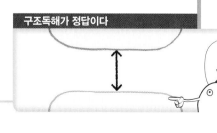

주어진 문장은 앞의 내용과 상반된 글쓴이의 주장 같은데? 그렇다면 바로 여기! 흐름이 바뀌는 곳!

CHAPTER 05

이 글의 주제로 가장 적절한 것은?

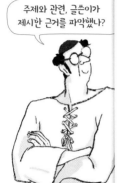

주제와 관련, 글쓴이가
제시한 근거를 파악했나?

Social relationships benefit from people giving each other compliments now and again because people like to be liked and like to receive compliments. In that respect, social lies such as making deceptive but flattering comments ("I like your new haircut.") may benefit mutual relations. Social lies are told for psychological reasons and serve both self-interest and the interest of others. They serve self-interest because liars may gain satisfaction when they notice that their lies please other people, or because they realize that by telling such lies they avoid an awkward situation or discussion. They serve the interest of others because hearing the truth all the time ("You look much older now than you did a few years ago.") could damage a person's confidence and self-esteem.

① ways to differentiate between truth and lies
② roles of self-esteem in building relationships
③ importance of praise in changing others' behaviors
④ balancing between self-interest and public interest
⑤ influence of social lies on interpersonal relationships

내 생각? 내가 어떤 구조로 글을 썼는지
숲을 먼저 보라구!

◀ **BACK TO THE PASSAGE**

0 이 글의 전개 구조로 알맞은 것을 고르고, 두 번째 단락이 시작되는 부분의 첫 세 단어를 쓰시오.

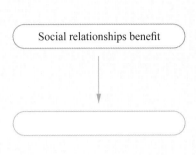

① 원인 – 결과
② 판단 – 근거(설명)
③ 문제 – 해결
④ 구체(사례) – 일반(결론)

1 사회적 거짓말의 순기능으로 글쓴이가 제시한 것은?

① 말하는 사람이 어색한 상황을 피할 수 있다.
② 말하는 사람의 자신감과 자존심을 높여준다.
③ 듣는 사람이 자기 실수를 깨닫도록 도와준다.
④ 듣는 사람이 자기 자신에 대해 말할 기회를 준다.

2019학년도 고1 학력평가

정답률 51%
난이도 중상
제한시간 1분 30초

이 글의 요지로 가장 적절한 것은?

Certainly praise is critical to a child's sense of self-esteem, but when given too often for too little, it kills the impact of real praise when it is called for. Everyone needs to know they are valued and appreciated, and praise is one way of expressing such feelings—but only after something *praiseworthy* has been accomplished. Awards are supposed to be *rewards*—*re*actions to positive actions, honors for *doing something well!* The ever-present danger in handing out such honors too lightly is that children may come to depend on them and do only those things that they know will result in prizes. If they are not sure they can do well enough to earn merit badges, or if gifts are not guaranteed, they may avoid certain activities.

① 올바른 습관은 어린 시절에 형성된다.
② 칭찬은 아이의 감성 발달에 필수적이다.
③ 아이에게 칭찬을 남발하지 않는 것이 중요하다.
④ 물질적 보상은 학습 동기 부여에 도움이 되지 않는다.
⑤ 아이에게 감정 표현의 기회를 충분히 줄 필요가 있다.

내 생각?

◀ **BACK TO THE PASSAGE**

0 이 글의 전개 구조로 알맞은 것을 고르고, 각 단락이 시작되는 부분의 첫 세 단어를 쓰시오.

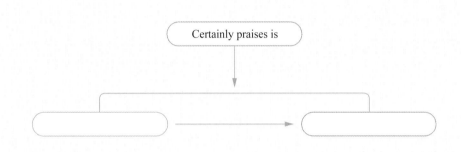

Certainly praises is

① 구체적인 사례를 통해 결론을 끌어내는 구조
② 주제를 제시하고 사례를 대조하여 주제를 구체화하는 구조
③ 주장부터 제시한 뒤 구체적인 설명과 예로 근거를 제시하는 구조
④ 문제의 원인을 분석하고 문제의 심각성을 강조하는 구조

1 이 글의 주제로 가장 적절한 것은?

① how to give out merit badges and gifts
② the negative impact of too much praise
③ the true meaning of values and honors
④ the importance of giving enough praise

글의 요지를 명사구로 나타낸 것이 주제.

2 이 글에서 real praise가 의미하는 것은?

① 듣는 사람이 듣고 싶은 말로 해 주는 칭찬
② 듣는 사람의 진심을 이해해 주는 칭찬
③ 칭찬을 주고받는 사람이 모두 공감하는 칭찬
④ 칭찬받을 만한 일을 해낸 뒤에 해 주는 칭찬

구조독해가 정답이다

주제에 대한 글쓴이의 의견이 요지!
첫 문장에 주목, 이어지는 근거를 보니
real praise의 의미를 알겠군!

3

2020학년도 고1 학력평가

정답률 48%
난이도 상
제한시간 1분 10초

이 글의 빈칸에 들어갈 말로 가장 적절한 것은?

Humans are champion long-distance runners. As soon as a person and a chimp start running they both get hot. Chimps quickly overheat; humans do not, because they are much better at shedding body heat. According to one leading theory, ancestral humans lost their hair over successive generations because less hair meant cooler, more effective long-distance running. That ability let our ancestors outmaneuver and outrun prey. Try wearing a couple of extra jackets—or better yet, fur coats—on a hot humid day and run a mile. Now, take those jackets off and try it again. You'll see what a difference _____ makes.

*shed: 떨어뜨리다   **outmaneuver: ~에게 이기다

① hot weather
② a lack of fur
③ muscle strength
④ excessive exercise
⑤ a diversity of species

내 생각?

◀ BACK TO THE PASSAGE

0 각 단락의 역할을 |보기에서 고르고, 각 단락이 시작되는 부분의 첫 두 단어를 쓰시오.

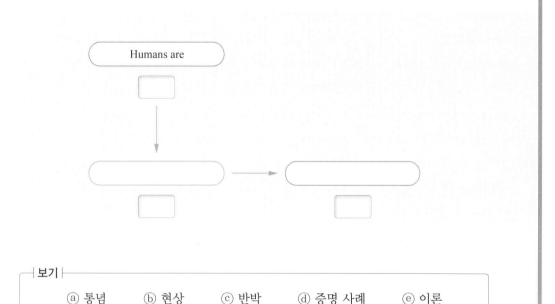

| 보기 |

ⓐ 통념　　　ⓑ 현상　　　ⓒ 반박　　　ⓓ 증명 사례　　　ⓔ 이론

1 이 글의 요지로 가장 적절한 것은?

① 인류는 털이 빠져 멀리 달릴 때 체온 조절이 쉬워졌다.
② 인류는 기후 변화에 적응하면서 넓은 지역으로 퍼졌다.
③ 인류는 다양한 도구를 사용해 최상위 포식자가 되었다.
④ 야생 모피를 이용하면서 인류의 몸에서 털이 없어졌다.

글쓴이가 이론이나 연구 결과를 인용했다면 그 내용이 글의 요지

2 이 글에서 take those jackets off가 비유하는 것은?

① lose hair　　　② grow hair　　　③ lose prey　　　④ outrun prey

우리 몸에서 jacket과 같은 역할을 할 수 있는 것은?

구조독해가 정답이다

둘 다 해 보면 빈칸이 만드는 차이를 안다? 유격한 이론의 내용을 보니, 그 차이가 뭔지 알겠네!

2020학년도 고1 학력평가

정답률 41%
난이도 상
제한시간 1분 25초

이 글의 빈칸에 들어갈 말로 가장 적절한 것은?

When reading another scientist's findings, think critically about the experiment. Ask yourself: Were observations recorded during or after the experiment? Do the conclusions make sense? Can the results be repeated? Are the sources of information reliable? You should also ask if the scientist or group conducting the experiment was unbiased. Being unbiased means that you have no special interest in the outcome of the experiment. For example, if a drug company pays for an experiment to test how well one of its new products works, there is a special interest involved: The drug company profits if the experiment shows that its product is effective. Therefore, the experimenters aren't _____. They might ensure the conclusion is positive and benefits the drug company. When assessing results, think about any biases that may be present!

① inventive
② objective
③ untrustworthy
④ unreliable
⑤ decisive

내 생각?

◀ **BACK TO THE PASSAGE**

0 이 글의 전개 구조로 알맞은 것을 고르고, 각 단락이 시작되는 부분의 첫 두 단어를 쓰시오.

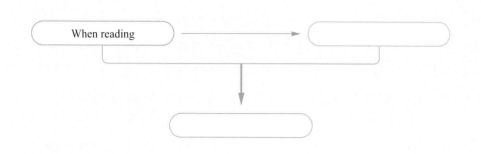

① 사례 – 문제 – 해결책
② 사례 – 비교 분석 – 결론
③ 판단(주장) – 근거(사례) – 비교 분석
④ 판단(주장) – 근거(사례) – 주장 반복

1 이 글의 요지로 가장 적절한 것은?

① 과학자의 실험 결과를 비판적으로 읽고 객관적인지 판단하라.
② 과학 실험 결과를 적용하면 누리게 될 사회적 혜택을 생각하라.
③ 과학자의 실험 결과가 혹시 사회적 피해를 초래할지 검토하라.
④ 실험 대상인 표본의 선정 과정이 공정한 실험 결과만 신뢰하라.

빈칸이 포함된 단락은 글 쓴이의 생각을 뒷받침하는 사례.

사례 속 연구자들이 어떤 경우에 해당하냐고? 그들의 연구 목적을 보니 어떤 기준에서 벗어나 있는지 알겠군!

구조독해가 정답이다

5

2021학년도 고1 학력평가

정답률 37%
난이도 상
제한시간 1분 30초

이 글의 밑줄 친 부분 중, 문맥상 낱말의 쓰임이 적절하지 <u>않은</u> 것은?

<u>Detailed study over</u> the past two or three decades is showing that the complex forms of natural systems are essential to their functioning. The attempt to ① <u>straighten</u> rivers and give them regular cross-sections is perhaps the most disastrous example of this form-and-function relationship. The natural river has a very ② <u>irregular</u> form: it curves a lot, spills across floodplains, and leaks into wetlands, giving it an ever-changing and incredibly complex shoreline. This allows the river to ③ <u>prevent</u> variations in water level and speed. Pushing the river into tidy geometry ④ <u>destroys</u> functional capacity and results in disasters like the Mississippi floods of 1927 and 1993 and, more recently, the unnatural disaster of Hurricane Katrina. A $50 billion plan to "let the river loose" in Louisiana recognizes that the ⑤ <u>controlled</u> Mississippi is washing away twenty-four square miles of that state annually.

*geometry: 기하학, 기하학적 구조 **capacity: 수용능력

내 생각?

◀ BACK TO THE PASSAGE

0 이 글의 전개 구조로 알맞은 것을 고르고, 각 단락이 시작되는 부분의 첫 세 단어를 쓰시오.

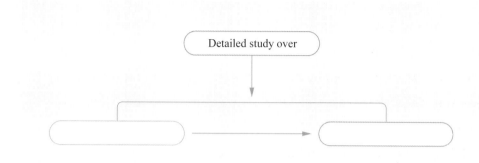

① 판단(연구 결과)–근거(설명–사례)
② 문제–원인–해결
③ 일반(요지)–구체(사례)–결론
④ 구체(연구 내용–연구 결과)–일반(결론)

1 마지막 문장에서 "let the river loose"가 의미하는 것은?

① 강의 흐름을 원래 자연 상태로 돌리다
② 강의 흐름을 기하학적 모양으로 만들다
③ 강의 범람을 막을 댐과 둑을 건설하다
④ 홍수로 무너진 강 주변 시설을 복구하다

연구 결과를 인용할 경우
그 내용에 주목하자.

객관적인 자료를 끌어와 주장하기

글쓴이가 주장하는 바가 개인의 의견에만 그친다면 그 글은 설득력이 떨어질 수밖에 없다. 그래서 객관적인 자료를 끌어와 주장하는 경우가 있다. 특히 통계 수치나, 연구 결과, 전문가의 견해 등 객관적으로 검증된 자료를 인용하면 주장에 설득력이 생기고 읽는 이들의 동의를 구하기가 쉬워진다. 따라서 인용된 내용을 잘 파악해야 글쓴이의 주장을 정확히 알 수 있다.

이 글에서 전체 흐름과 관계 없는 문장은?

Health and the spread of disease are very closely linked to how we live and how our cities operate. The good news is that cities are incredibly resilient. Many cities have experienced epidemics in the past and have not only survived, but advanced. ① The nineteenth and early-twentieth centuries saw destructive outbreaks of cholera, typhoid, and influenza in European cities. ② Doctors such as Jon Snow, from England, and Rudolf Virchow, of Germany, saw the connection between poor living conditions, overcrowding, sanitation, and disease. ③ A recognition of this connection led to the replanning and rebuilding of cities to stop the spread of epidemics. ④ In spite of reconstruction efforts, cities declined in many areas and many people started to leave. ⑤ In the mid-nineteenth century, London's pioneering sewer system, which still serves it today, was built as a result of understanding the importance of clean water in stopping the spread of cholera.

*resilient: 회복력이 있는 **sewer system: 하수 처리 시스템

내 생각?

◀ BACK TO THE PASSAGE

0 각 단락의 역할을 |보기|에서 고르고, 두 번째 단락이 시작되는 부분의 첫 두 단어를 쓰시오.

Health and ⟶ ( )

| 보기 |

ⓐ 문제   ⓑ 해결책   ⓒ 역사적 사례   ⓓ 주제

1 이 글의 주제로 가장 적절한 것은?

① what has led to the wide spread of epidemics
② how they improved the sewer system in cities
③ how we can supply a big city with clean water
④ how cities have survived epidemics and thrived

▶ 사례의 내용과 주제의
일관성을 확인했나?

수능,
구조독해가 정답이다!

다음 빈칸에 들어갈 말로 가장 적절한 것을 고르시오.

Since human beings are at once both similar and different, they should be treated equally because of both. Such a view, which grounds equality not in human uniformity but in the interplay of uniformity and difference, builds difference into the very concept of equality, breaks the traditional equation of equality with similarity, and is immune to monist distortion. Once the basis of equality changes so does its content. Equality involves equal freedom or opportunity to be different, and treating human beings equally requires us to take into account both their similarities and differences. When the latter are not relevant, equality entails uniform or identical treatment; when they are, it requires differential treatment. Equal rights do not mean identical rights, for individuals with different cultural backgrounds and needs might _____ in respect of whatever happens to be the content of their rights. Equality involves not just rejection of irrelevant differences as is commonly argued, but also full recognition of legitimate and relevant ones. [3점]

*monist: 일원론의 **entail: 내포하다

① require different rights to enjoy equality
② abandon their own freedom for equality
③ welcome the identical perception of inequality
④ accept their place in the social structure more easily
⑤ reject relevant differences to gain full understanding

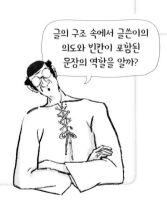

글의 구조 속에서 글쓴이의 의도와 빈칸이 포함된 문장의 역할을 알까?

내가 왜 이런 구조로 썼는지,
그래서 뭘 말하고 싶은지 생각해 봐.
그게 내 의도!

판단으로 강하게 단도직입!
탄탄한 근거로 마무리!

강력한 주장부터 먼저!
그리고 타당한 근거로 설득하기!
이게 내가 판단-근거 구조를 택한 이유!

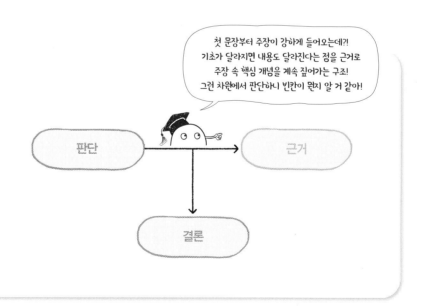

CHAPTER 06

1

2017학년도 고2 학력평가

정답률 66%
난이도 중
제한시간 1분 10초

이 글의 제목으로 가장 적절한 것은?

Numbers were invented to describe precise amounts: three teeth, seven days, twelve goats. When quantities are large, however, we do not use numbers in a precise way. We approximate using a 'round number' as a place mark. It is easier and more convenient. When we say, for example, that there were a hundred people at the market, we don't mean that there were exactly one hundred people there. And when we say that the universe is 13.7 billion years old, we don't mean exactly 13,700,000,000; we mean give or take a few hundred million years. Big numbers are understood approximately, small ones precisely, and these two systems interact uneasily. It is clear nonsense to say that next year the universe will be '13.7 billion and one' years old. It will remain 13.7 billion years old for the rest of our lives.

① Mystery in Inventing Numbers
② Numbers: The Mirror of Precision
③ Flexibility Allowed in Big Numbers
④ How Numbers Manipulate Our Lives
⑤ Don't Use Round Numbers in Science!

내 생각? 내가 어떤 구조로 글을 썼는지
숲을 먼저 보라구!

◀ **BACK TO THE PASSAGE**

0 이 글의 전개 구조로 알맞은 것을 고르고, 두 번째 단락이 시작되는 부분의 첫 세 단어를 쓰시오.

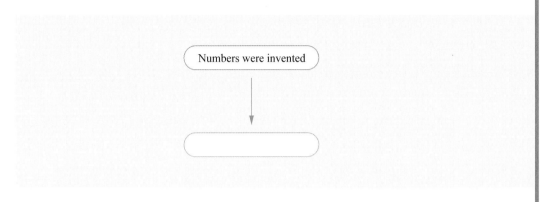

① 문제 제기 – 해결책

② 구체(비유적 사례) – 일반(요지)

③ 대립(통념 – 반박)

④ 일반(요지) – 구체(예시)

1 이 글의 요지로 가장 적절한 것은?

① 정확히 계산하려면 정확한 숫자를 써야 한다.

② 정확한 숫자와 단위를 사용해야 오해가 없다.

③ 수학의 발전이 과학의 발전에 크게 이바지했다.

④ 우리는 큰 숫자를 기술할 때 대략적으로 표현한다.

구조독해가 정답이다

구조를 보니, 예를 든 부분이 중요하군!
예를 통해 보여준 특징을 제목으로!

2020학년도 고2 학력평가

정답률 72%
난이도 중
제한시간 1분 30초

이 글의 요지로 가장 적절한 것은?

Personal blind spots are areas that are visible to others but not to you. The developmental challenge of blind spots is that you don't know what you don't know. Like that area in the side mirror of your car where you can't see that truck in the lane next to you, personal blind spots can easily be overlooked because you are completely unaware of their presence. They can be equally dangerous as well. That truck you don't see? It's really there! So are your blind spots. Just because you don't see them, doesn't mean they can't run you over. This is where you need to enlist the help of others. You have to develop a crew of special people, people who are willing to hold up that mirror, who not only know you well enough to see that truck, but who also care enough about you to let you know that it's there.

① 모르는 부분을 인정하고 질문하는 것이 중요하다.
② 폭넓은 인간관계는 성공에 결정적인 영향을 미친다.
③ 자기발전은 실수를 기회로 만드는 능력에서 비롯된다.
④ 주변에 관심을 가지고 타인을 도와주는 것이 바람직하다.
⑤ 자신의 맹점을 인지하도록 도와줄 수 있는 사람이 필요하다.

◀ **BACK TO THE PASSAGE**

0 이 글의 전개 구조로 알맞은 것을 고르고, 두 번째 단락이 시작되는 부분의 첫 세 단어를 쓰시오.

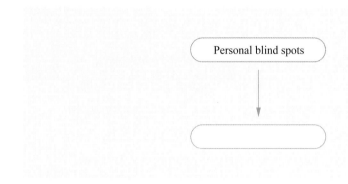

① 문제 – 해결책

② 통념 – 반박

③ 일반(주제) – 구체(예시)

④ 구체(사례) – 일반(결론)

1 개인이 겪을 수 있는 문제로 글쓴이가 제시한 것은?

① 알면서도 보지 않으려는 위험

② 친구의 정직한 경고를 무시하는 위험

③ 너무 익숙해서 의식하지 못하는 위험

④ 남들은 모두 알지만 본인만 모르는 위험

이 글의 빈칸에 들어갈 말로 가장 적절한 것은?

Even the most respectable of all musical institutions, the symphony orchestra, carries inside its DNA the legacy of the _____. The various instruments in the orchestra can be traced back to these primitive origins — their earliest forms were made either from the animal (horn, hide, gut, bone) or the weapons employed in bringing the animal under control (stick, bow). Are we wrong to hear this history in the music itself, in the formidable aggression and awe-inspiring assertiveness of those monumental symphonies that remain the core repertoire of the world's leading orchestras? Listening to Beethoven, Brahms, Mahler, Bruckner, Berlioz, Tchaikovsky, Shostakovich, and other great composers, I can easily summon up images of bands of men starting to chase animals, using sound as a source and symbol of dominance, an expression of the will to predatory power.

*legacy: 유산   **formidable: 강력한

① hunt   ② law   ③ charity
④ remedy   ⑤ dance

내 생각?

◀ BACK TO THE PASSAGE

0 이 글의 전개 구조로 알맞은 것을 고르고, 각 단락이 시작되는 부분의 첫 세 단어를 쓰시오.

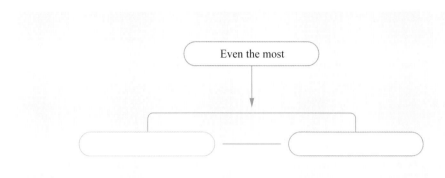

① 통념 – 비교 분석 – 반론
② 문제 – 원인과 결과 – 해결책
③ 판단 – 첫 번째 근거 – 두 번째 근거
④ 첫 번째 근거 – 두 번째 근거 – 결론

1 이 글의 요지로 가장 적절한 것은?

① 교향악단은 과거 사냥하던 인간의 유산을 반영한다.
② 교향악단 지휘자는 다양한 연주자와 교류해야 한다.
③ 교향악단이 연주하는 곡은 오랜 과거에도 존재했다.
④ 교향악단은 평화를 사랑하는 인간의 본능을 반영한다.

구조독해가 정답이다

교향악단의 유전자 속에
이어져 온 유산이 뭐냐고?
이어지는 설명과 사례를 보니
왜 이렇게 생각했는지 알겠군!

2020학년도 고2 학력평가

정답률 53%
난이도 중상
제한시간 1분 30초

이 글의 빈칸에 들어갈 말로 가장 적절한 것은?

In the current landscape, social enterprises tend to rely either on grant capital (e.g., grants, donations, or project funding) or commercial financing products (e.g., bank loans). Ironically, many social enterprises at the same time report of significant drawbacks related to each of these two forms of financing. Many social enterprises are for instance reluctant to make use of traditional commercial finance products, fearing that they might not be able to pay back the loans. In addition, a significant number of social enterprise leaders report that relying too much on grant funding can be a risky strategy since individual grants are time limited and are not reliable in the long term. Grant funding can also lower the incentive for leaders and employees to professionalize the business aspects, thus leading to unhealthy business behavior. In other words, there seems to be a substantial need among social enterprises for _____.

*grant: (정부나 단체에서 주는) 보조금

① alternatives to the traditional forms of financing
② guidelines for promoting employee welfare
③ measures to protect employees' privacy
④ departments for better customer service
⑤ incentives to significantly increase productivity

내 생각?

◀ **BACK TO THE PASSAGE**

0 이 글의 전개 구조로 알맞은 것을 고르고, 각 단락이 시작되는 부분의 첫 세 단어를 쓰시오.

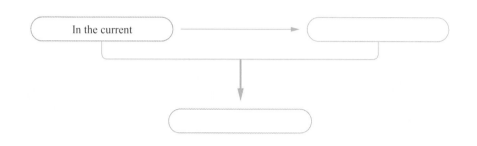

① 문제 – 해결책 – 결론(요지)
② 구체(사례) – 구체(비교 분석) – 결론(요지)
③ 일반(주제) – 구체(이유 열거) – 결론(요지)
④ 일반(주제) – 구체(비교 분석) – 주제 반복

▶ In other words는 앞 내용을 요약 또는 정리하겠다는 신호.

1 이 글의 주제로 가장 적절한 것은?

① the innovative ways social enterprises get their funding to do their businesses
② why social enterprises avoid grant funding and commercial financing products
③ why social enterprises fail to pay back traditional commercial finance products
④ why social enterprises welcome grant capital or commercial financing products

글쓴이 의도와 빈칸 포함 문장의 역할은?

구조독해가 정답이다

문제라고 말하는 이유가 이렇게 많으니
빈칸의 필요성을 강조할 수밖에!
글쓴이의 결론이 뭔지 알겠어!

5

2021학년도 고2 학력평가

정답률 70%
난이도 중
제한시간 1분 25초

밑줄 친 bringing together contradictory characteristics가 이 글에서 의미하는 바로 가장 적절한 것은?

The creative team exhibits paradoxical characteristics. It shows tendencies of thought and action that we'd assume to be mutually exclusive or contradictory. For example, to do its best work, a team needs deep knowledge of subjects relevant to the problem it's trying to solve, and a mastery of the processes involved. But at the same time, the team needs fresh perspectives that are unencumbered by the prevailing wisdom or established ways of doing things. Often called a "beginner's mind," this is the newcomers' perspective: people who are curious, even playful, and willing to ask anything—no matter how naive the question may seem—because they don't know what they don't know. Thus, bringing together contradictory characteristics can accelerate the process of new ideas.

*unencumbered: 방해 없는

① establishing short-term and long-term goals
② performing both challenging and easy tasks
③ adopting temporary and permanent solutions
④ utilizing aspects of both experts and rookies
⑤ considering processes and results simultaneously

내 생각?

◀ **BACK TO THE PASSAGE**

0 이 글의 전개 구조로 알맞은 것을 고르고, 각 단락이 시작되는 부분의 첫 두 단어를 쓰시오.

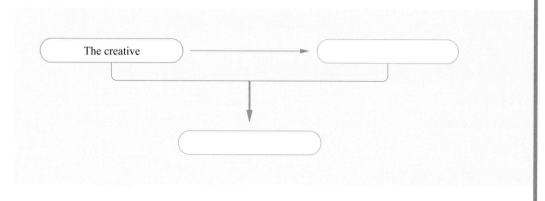

The creative

① 문제 – 원인 – 해결책
② 화제 도입 – 문제 – 해결책
③ 일반(요지) – 구체(사례 – 비교 분석)
④ 일반(요지) – 구체(예시) – 결론

1 이 글의 요지로 가장 적절한 것은?

① 격렬히 토론하는 팀이 창조적인 결과를 도출해 낸다.
② 여러 분야의 전문 지식을 공유한 팀의 효율성이 가장 높다.
③ 창의적인 팀은 전문가의 지식과 초보자의 관점을 통합한다.
④ 전문가들 혹은 초보자들만으로 팀을 구성하는 것이 더 효율적이다.

> Thus: 결론을 제시하겠다는 신호

2 이 글의 내용으로 보아, "beginner's mind"가 창의적인 팀에게 필요한 이유는?

① 다른 분야의 지식을 문제 해결에 적용한다.
② 전문가들보다 문제 해결에 더 적극적이다.
③ 전문가들 사이의 갈등 해소에 도움을 준다.
④ 전통적이지 않은 신선한 관점에서 문제를 본다.

이 글의 흐름으로 보아, 주어진 문장이 들어가기에 가장 적절한 곳은?

> While other competitors were in awe of this incredible volume, Henry Ford dared to ask, "Can we do even better?"

Ransom Olds, the father of the Oldsmobile, could not produce his "horseless carriages" fast enough. In 1901 he had an idea to speed up the manufacturing process—instead of building one car at a time, he created the assembly line. (①) The acceleration in production was unheard-of—from an output of 425 automobiles in 1901 to an impressive 2,500 cars the following year. (②) He was, in fact, able to improve upon Olds's clever idea by introducing conveyor belts to the assembly line. (③) As a result, Ford's production went through the roof. (④) Instead of taking a day and a half to manufacture a Model T, as in the past, he was now able to spit them out at a rate of one car every ninety minutes. (⑤) The moral of the story is that good progress is often the herald of great progress.

*in awe of: ~에 깊은 감명을 받은   **herald: 선구자

내 생각?

◀ BACK TO THE PASSAGE

0 이 글의 전개 구조로 알맞은 것을 고르고, 각 단락이 시작되는 부분의 첫 두 단어를 쓰시오.

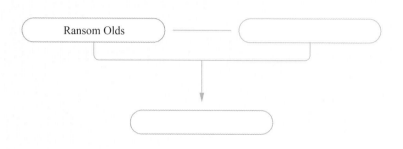

Ransom Olds

① 구체적인 두 사례들을 통해 결론을 끌어내는 구조
② 주장부터 제시한 뒤 근거 사례들로 설득하는 구조
③ 문제 사례들의 인과 관계를 밝히고 해결책을 제안하는 구조
④ 서로 다른 주장과 근거 사례를 소개하고 절충안을 찾아가는 구조

1 이 글의 요지로 가장 적절한 것은?

① 과거의 고정된 관념을 깨는 새로운 구상을 하라.
② 새로운 발전이 있으면 더 나은 발전을 생각하라.
③ 어려움에 직면했다면 혁신적인 돌파구를 찾아라.
④ 효율적인 생산 기술이 발견되면 빠르게 적용하라.

2 마지막 문장의 good progress와 great progress의 예로 글쓴이가 제시한 것을 |보기|에서 골라 쓰시오.

┤보기├

horseless carriage　　assembly line　　conveyor belt　　Model T

(1) good progress: _____
(2) great progress: _____

구조독해가 정답이다

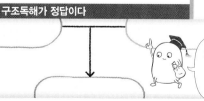

인물의 이야기로 시작, 결론을
끌어내는 구조에서 주어진 문장은
또 다른 인물의 이야기!
그렇다면 첫 번째 인물 이야기가
끝나는 바로 여기!

CHAPTER 07

1

2019학년도 고2 학력평가

정답률 54%
난이도 중상
제한시간 1분 30초

이 글의 주제로 가장 적절한 것은?

The original idea of a patent, remember, was not to reward inventors with monopoly profits, but to encourage them to share their inventions. A certain amount of intellectual property law is plainly necessary to achieve this. But it has gone too far. Most patents are now as much about defending monopoly and discouraging rivals as about sharing ideas. And that disrupts innovation. Many firms use patents as barriers to entry, suing upstart innovators who trespass on their intellectual property even on the way to some other goal. In the years before World War I, aircraft makers tied each other up in patent lawsuits and slowed down innovation until the US government stepped in. Much the same has happened with smartphones and biotechnology today. New entrants have to fight their way through "patent thickets" if they are to build on existing technologies to make new ones.

*trespass: 침해하다

① side effects of anti-monopoly laws
② ways to protect intellectual property
③ requirements for applying for a patent
④ patent law abuse that hinders innovation
⑤ resources needed for technological innovation

내 생각? 내가 어떤 구조로 글을 썼는지
숲을 먼저 보라구!

◀ **BACK TO THE PASSAGE**

0 이 글의 전개 구조로 알맞은 것을 고르고, 각 단락이 시작되는 부분의 첫 세 단어를 쓰시오.

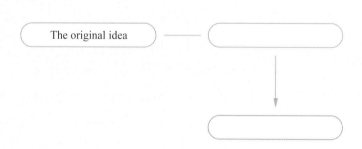

① 화제 도입 – 판단 – 근거(사례)
② 일반(주제) – 구체(예시) – 결론
③ 현상 – 원인 분석 – 문제 제기
④ 화제 도입 – 문제 제기 – 해결책

1 마지막 문장의 "patent thickets"에서 thickets가 의미하는 것은?

① applications   ② benefits   ③ barriers   ④ offices

구조독해가 정답이다

특허권에 대해 부정적인 입장을
갖게 된 이유를 사례로 보여주고 있으니,
그게 바로 주제!

2

2015학년도 고2 학력평가

정답률 75%
난이도 중
제한시간 1분 15초

이 글의 필자가 주장하는 바로 가장 적절한 것은?

In business school they teach an approach to management decisions that is designed to overcome our natural tendency to cling to the familiar, whether or not it works. If an executive wants to examine a company policy, he or she first puts aside whatever has been done historically, and focuses instead on what the policy should be. Follow the same approach as you examine how you should look, speak and act to best achieve your objectives. Don't assume that there is some inherent value to the way you have always done things. Keep focused on becoming the best you can be, not how you have always been.

① 우선순위를 결정한 뒤 일을 시작하라.
② 신중하게 판단하고 신속하게 결정하라.
③ 전문성 개발을 위해 끊임없이 공부하라.
④ 목표 달성을 위해 기존의 방식을 버려라.
⑤ 실패를 성장과 개선을 위한 기회로 이용하라.

내 생각?

◀ BACK TO THE PASSAGE

0 이 글의 전개 구조로 알맞은 것을 고르고, 두 번째 단락이 시작되는 부분의 첫 세 단어를 쓰시오.

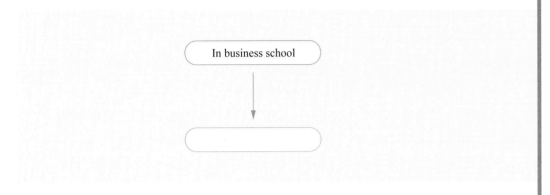

In business school

① 일반(주제) – 구체(사례)
② 문제 제기 – 해결책
③ 잘못된 통념 – 반박
④ 구체(예) – 일반(주장)

1 이 글의 주제로 가장 적절한 것은?

① achieving the best you can by abandoning the familiar
② our natural tendency to defend and cling to the familiar
③ learning a better approach to management decisions
④ inherent value to the way you have always done things

이 글의 내용을 한 문장으로 요약하고자 한다. 빈칸 (A), (B)에 들어갈 말로 가장 적절한 것은?

Why do we help? One widely held view is that self-interest underlies all human interactions, that our constant goal is to maximize rewards and minimize costs. Accountants call it cost-benefit analysis. Philosophers call it utilitarianism. Social psychologists call it social exchange theory. If you are considering whether to donate blood, you may weigh the costs of doing so (time, discomfort, and anxiety) against the benefits (reduced guilt, social approval, and good feelings). If the rewards exceed the costs, you will help. Others believe that we help because we have been socialized to do so, through norms that prescribe how we ought to behave. Through socialization, we learn the reciprocity norm: the expectation that we should return help, not harm, to those who have helped us. In our relations with others of similar status, the reciprocity norm compels us to give (in favors, gifts, or social invitations) about as much as we receive.

People help because helping gives them ____(A)____, but also because they are socially learned to ____(B)____ what others have done for them.

	(A)		(B)
①	advantages	....	repay
②	patience	....	evaluate
③	wisdom	....	forget
④	advantages	....	accept
⑤	patience	....	appreciate

내 생각?

◀ BACK TO THE PASSAGE

정답과 해설 48쪽

0 이 글의 전개 구조로 알맞은 것을 고르고, 각 단락이 시작되는 부분의 첫 두 단어를 쓰시오.

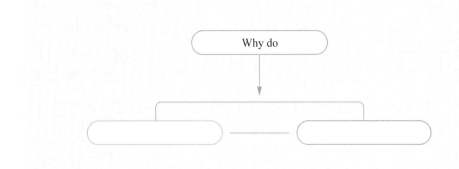

① 두 가지 관점을 평가하고 절충안을 모색하는 구조
② 질문으로 주제를 제시한 뒤 두 가지 관점을 근거로 설명하는 구조
③ 대립되는 주장을 소개한 뒤 한쪽의 주장을 지지하는 구조
④ 다양한 전문가들의 의견을 분석한 뒤 새로운 결론을 끌어내는 구조

1 마지막 문장에서 to give ~ about as much as we receive가 가리키는 것은?

① cost-benefit analysis
② utilitarianism
③ social exchange theory
④ reciprocity norm

구조독해가 정답이다

구조로 보니 답변의 구조가 훤히 보이네!
두 가지 이유를 담아 동의어로 요약하자!

4

2020학년도 고2 학력평가

정답률 70%
난이도 중
제한시간 1분 25초

이 글의 빈칸에 들어갈 말로 가장 적절한 것은?

We are often faced with high-level decisions, where we are unable to predict the results of those decisions. In such situations, most people end up quitting the option altogether, because the stakes are high and results are very unpredictable. But there is a solution for this. You should use the process of _____. In many situations, it's wise to dip your toe in the water rather than dive in headfirst. Recently, I was about to enroll in an expensive coaching program. But I was not fully convinced of how the outcome would be. Therefore, I used this process by enrolling in a low-cost mini course with the same instructor. This helped me understand his methodology, style, and content; and I was able to test it with a lower investment, and less time and effort before committing fully to the expensive program.

*stakes: (계획·행동 등의 성공 여부에) 걸려 있는 것

① trying out what other people do
② erasing the least preferred options
③ testing the option on a smaller scale
④ sharing your plans with professionals
⑤ collecting as many examples as possible

내 생각?

◀ BACK TO THE PASSAGE

0 각 단락의 역할을 |보기|에서 고르고, 각 단락이 시작되는 부분의 첫 두 단어를 쓰시오.

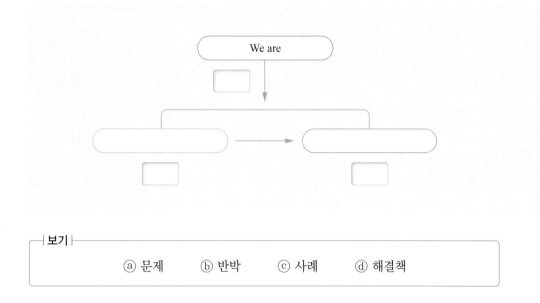

|보기|

ⓐ 문제　　　ⓑ 반박　　　ⓒ 사례　　　ⓓ 해결책

1 이 글의 내용으로 보아, dip your toe in the water가 의미하는 바를 우리말로 쓰시오.

_____

2 이 글의 내용으로 보아, dive in headfirst에 해당하는 행동은?

① make high-level decisions without thinking

② predict the possible results by reasoning

③ quit all the options altogether out of fear

④ try to test as many options as you can

2018학년도 고2 학력평가

정답률 34%
난이도 상
제한시간 1분 40초

이 글의 빈칸에 들어갈 말로 가장 적절한 것은?

Appreciating _____ can correct our false notions of how we see the world. People love heroes. Individuals are given credit for major breakthroughs. Marie Curie is treated as if she worked alone to discover radioactivity and Newton as if he discovered the laws of motion by himself. The truth is that in the real world, nobody operates alone. Scientists not only have labs with students who contribute critical ideas, but also have colleagues who are doing similar work, thinking similar thoughts, and without whom the scientist would get nowhere. And then there are other scientists who are working on different problems, sometimes in different fields, but nevertheless set the stage through their own findings and ideas. Once we start understanding that knowledge isn't all in the head, that it's shared within a community, our heroes change. Instead of focusing on the individual, we begin to focus on a larger group.

*radioactivity: 방사능

① the process of trial and error
② the changeable patterns of nature
③ the academic superiority of scholars
④ the diversity of scientific theories
⑤ the collective nature of knowledge

내 생각?

◀ BACK TO THE PASSAGE

0 각 단락의 역할을 |보기|에서 고르고, 각 단락이 시작되는 부분의 첫 두 단어를 쓰시오.

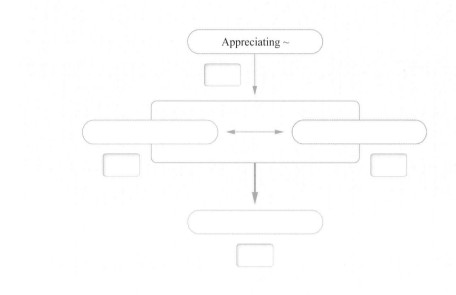

Appreciating ~

| 보기 |

ⓐ 통념　　　ⓑ 주제　　　ⓒ 반박　　　ⓓ 문제

ⓔ 해결책　　　ⓕ 결론(요지)

1 이 글의 요지로 가장 적절한 것은?

① 과학의 발전은 우리가 세상을 보는 시각을 바꿔왔다.

② 과학의 발전은 많은 사람의 노력이 합쳐진 결과이다.

③ 천재들의 획기적 발견 덕분에 과학은 크게 도약했다.

④ 과학적 발전으로 인해 우리의 생활이 매우 편리해졌다.

The truth is ~는 앞선 내용에 대해 반론을 제기 하겠다는 신호.

구조독해가 정답이다

빈칸을 이해하면 잘못된 세계관을 바로잡을 수 있다고? 잘못된 세계관과 그것을 뒤집는 글쓴이 생각을 대조하니 빈칸이 뭔지 알겠군!

이 글의 흐름으로 보아, 주어진 문장이 들어가기에 가장 적절한 곳은?

> But the necessary and useful instinct to generalize can distort our world view.

Everyone automatically categorizes and generalizes all the time. Unconsciously. It is not a question of being prejudiced or enlightened. Categories are absolutely necessary for us to function. (①) They give structure to our thoughts. (②) Imagine if we saw every item and every scenario as truly unique—we would not even have a language to describe the world around us. (③) It can make us mistakenly group together things, or people, or countries that are actually very different. (④) It can make us assume everything or everyone in one category is similar. (⑤) And, maybe, most unfortunate of all, it can make us jump to conclusions about a whole category based on a few, or even just one, unusual example.

◀ **BACK TO THE PASSAGE**

0 이 글의 전개 구조로 알맞은 것을 고르고, 두 번째 단락이 시작되는 부분의 첫 세 단어를 쓰시오.

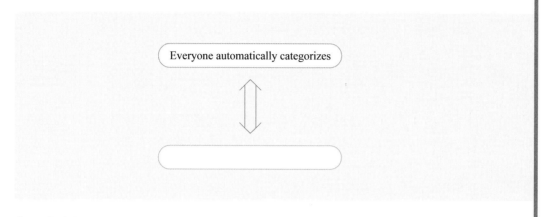

Everyone automatically categorizes

① 문제 제기 – 해결책

② 구체(사례) – 일반(결론)

③ 일반(주제) – 구체(예)

④ 대립(통념 – 반론)

1 이 글의 요지로 가장 적절한 것은?

① 분류하고 일반화하는 본능은 우리의 세계관을 왜곡할 수 있다.

② 무질서해 보이는 현상들도 분류하면 일관성을 발견할 수 있다.

③ 분류하고 일반화하는 능력 덕분에 우리의 이성이 발전해 왔다.

④ 인간은 이해하기 위해 항상 모든 현상을 분류하고 일반화한다.

글의 앞부분에서 인간의 일반적인 인식 과정(분류와 일반화)을 화제로 제시. 글쓴이의 입장은?

구조독해가 정답이다

흠... 끊어야 할 구조야! 순기능을 인정하되, 역기능을 대조하는 구조. 주어진 문장은 역기능을 언급하기 시작하는 부분!

↔

수능,
구조독해가 정답이다!

다음 글의 주제로 가장 적절한 것을 고르시오.

Some psychologists believe that insight is the result of a restructuring of a problem after a period of non-progress where the person is believed to be too focused on past experience and get stuck. A new manner to represent the problem is suddenly discovered, leading to a different path to a solution heretofore unpredicted. It has been claimed that no specific knowledge, or experience is required to attain insight in the problem situation. As a matter of fact, one should break away from experience and let the mind wander freely. Nevertheless, experimental studies have shown that insight is actually the result of ordinary analytical thinking. The restructuring of a problem can be caused by unsuccessful attempts in solving the problem, leading to new information being brought in while the person is thinking. The new information can contribute to a completely different perspective in finding a solution, thus producing the Aha! Experience.

*heretofore: 지금까지

① disadvantages of experience in creative thinking

② significance of analytical thinking in gaining insight

③ contribution of insight in forming a new perspective

④ necessity of separating insight from analytical thinking

⑤ difficulty of acquiring in-depth knowledge from experience

글쓴이가 무엇에 대해
어떤 구조로 서술하는지
파악할 수 있나?

내가 왜 이런 구조로 썼는지,
그래서 뭘 말하고 싶은지 생각해 봐.
그게 내 의도!

통념을 꺾고!
내 생각을 주장하기!

일반적인 통념을 먼저,
NO! 내 생각은 달라!
탄탄한 근거로 멋들어지게 설득하기!
이게 내가 대립 구조를 선택한 이유!

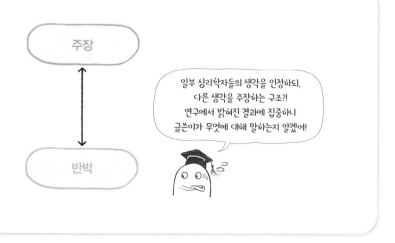

주장

반박

일부 심리학자들의 생각을 인정하되,
다른 생각을 주장하는 구조?!
연구에서 밝혀진 결과에 집중하니
글쓴이가 무엇에 대해 말하는지 알겠어!

CHAPTER 08

2018학년도 고2 학력평가

정답률 79%
난이도 중
제한시간 1분 20초

이 글의 제목으로 가장 적절한 것은?

Many parents do not understand why their teenagers occasionally behave in an irrational or dangerous way. At times, it seems like teens don't think things through or fully consider the consequences of their actions. Adolescents differ from adults in the way they behave, solve problems, and make decisions. There is a biological explanation for this difference. Studies have shown that brains continue to mature and develop throughout adolescence and well into early adulthood. Scientists have identified a specific region of the brain that is responsible for immediate reactions including fear and aggressive behavior. This region develops early. However, the frontal cortex, the area of the brain that controls reasoning and helps us think before we act, develops later. This part of the brain is still changing and maturing well into adulthood.

*frontal cortex: 전두엽

① Use Your Brain to the Fullest
② Exercise Boosts Kids' Brain Health
③ Fear Leads to Aggressive Behaviors
④ Teen Brains: On the Way to Maturity
⑤ Kids' Emotional Attachment to Parents

◀ BACK TO THE PASSAGE

내 생각? 내가 어떤 구조로 글을 썼는지
숲을 먼저 보라구!

0 이 글의 전개 구조로 알맞은 것을 고르고, 각 단락이 시작되는 부분의 첫 두 단어를 쓰시오.

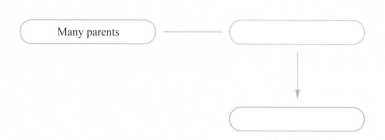

> Many parents ───

① 화제 도입 – 일반(주제) – 구체(연구 내용)
② 화제 도입 – 구체(사례) – 일반(결론)
③ 문제 제시 – 원인 분석 – 해결책
④ 대립(통념 – 사례 – 반론)

1 이 글의 내용을 한 문장으로 요약하고자 한다. 빈칸 (A), (B)에 들어갈 말로 가장 적절한 것은?

> Teenagers may behave _____(A)_____ , as the region of the brain responsible for fear and aggressiveness matures _____(B)_____ than the frontal cortex, which keeps growing.

	(A)		(B)
①	sensibly	⋯⋯⋯	later
②	sensibly	⋯⋯⋯	earlier
③	unreasonably	⋯⋯⋯	later
④	unreasonably	⋯⋯⋯	earlier

구조독해가 정답이다

객관적 설명이 필요한 주제!
연구 내용을 보니 요지를 반영한 제목이 보이네!

2020학년도 고2 학력평가

정답률 79%
난이도 중
제한시간 1분 10초

이 글의 요지로 가장 적절한 것은?

Many of the leaders I know in the media industry are intelligent, capable, and honest. But they are leaders of companies that appear to have only one purpose: the single-minded pursuit of short-term profit and "shareholder value." I believe, however, that the media industry, by its very nature and role in our society and global culture, must act differently than other industries—especially because they have the free use of our public airwaves and our digital spectrum, and have almost unlimited access to our children's hearts and minds. These are priceless assets, and the right to use them should necessarily carry serious and long-lasting responsibilities to promote the public good.

*shareholder: 주주(株主)

① 방송 통신과 관련된 법 개정이 시급하다.
② 공익 방송 시청률이 점점 하락하고 있다.
③ 미디어 산업은 공익을 증진할 책임이 있다.
④ 미디어 산업은 시설의 현대화를 꾀하고 있다.
⑤ 미디어에 대한 비판적 시각을 기를 필요가 있다.

내 생각?

◀ **BACK TO THE PASSAGE**

0 이 글의 전개 구조로 알맞은 것을 고르고, 두 번째 단락이 시작되는 부분의 첫 두 단어를 쓰시오.

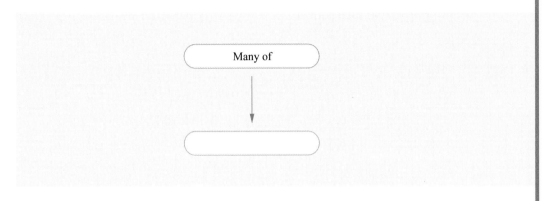

Many of

① 주장 – 사례
② 원인 – 결과
③ 사례 – 비교 분석
④ 화제 도입 – 주장

1 미디어 산업이 책임을 가져야 할 이유로 글쓴이가 제시한 것이 <u>아닌</u> 것은?

① 세계 문화에서 큰 역할을 한다.
② 공중파를 이용한다.
③ 아이들의 정서에 무제한으로 접근할 수 있다.
④ 많은 사람들이 정보를 공유한다.

이 글의 빈칸에 들어갈 말로 가장 적절한 것은?

When he was dying, the contemporary Buddhist teacher Dainin Katagiri wrote a remarkable book called *Returning to Silence*. Life, he wrote, "is a dangerous situation." It is the weakness of life that makes it precious; his words are filled with the very fact of his own life passing away. "The china bowl is beautiful because sooner or later it will break.... The life of the bowl is always existing in a dangerous situation." Such is our struggle: this unstable beauty. This inevitable wound. We forget—how easily we forget—that love and loss are intimate companions, that we love the real flower so much more than the plastic one and love the cast of twilight across a mountainside lasting only a moment. It is this very _____ that opens our hearts.

① fragility　　② stability　　③ harmony
④ satisfaction　　⑤ diversity

내 생각?

◀ BACK TO THE PASSAGE

0 이 글의 전개 구조로 알맞은 것을 고르고, 두 번째 단락이 시작되는 부분의 첫 세 단어를 쓰시오.

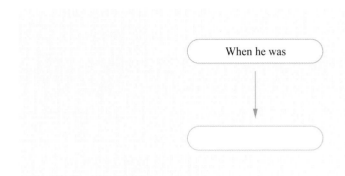

When he was

① 구체(인용) – 일반(주장)
② 문제 제기(인용) – 구체(사례)
③ 문제 제기(인용) – 해결책
④ 사례 분석(인용) – 반박

1 이 글에서 상징하는 바가 나머지 셋과 <u>다른</u> 것은?

① china bowl
② love
③ plastic flower
④ twilight

weakness,
passing away,
break, unstable,
lasting only a moment
↔ always existing

구조독해가 정답이다

책 내용을 인용, 예시들의 공통점을 보니 마지막 문장에서 강조하려는 게 뭔지 알겠군!

권위자나 전문가의 말을 끌어와 주장하기

글쓴이가 다른 사람의 주장을 소개하거나 자신의 주장을 펼칠 때 '그 생각들이 검증된 것인지, 신뢰할 만한지'가 중요하다. 그래서 글쓴이는 해당 분야의 권위자 또는 전문가의 말이나 책의 내용을 인용한다. 인용된 내용은 곧 글쓴이의 생각과 같거나 그것을 입증하는 근거임을 기억하자.

이 글의 빈칸에 들어갈 말로 가장 적절한 것은?

Would you expect the physical expression of pride to be biologically based or culturally specific? The psychologist Jessica Tracy has found that young children can recognize when a person feels pride. Moreover, she found that isolated populations with minimal Western contact also accurately identify the physical signs. These signs include a smiling face, raised arms, an expanded chest, and a pushed-out torso. Tracy and David Matsumoto examined pride responses among people competing in judo matches in the 2004 Olympic and Paralympic Games. Sighted and blind athletes from 37 nations competed. After victory, the behaviors displayed by sighted and blind athletes were very similar. These findings suggest that pride responses are _____.

① innate
② creative
③ unidentifiable
④ contradictory
⑤ offensive

내 생각?

◀ BACK TO THE PASSAGE

0 이 글의 전개 구조로 알맞은 것을 고르고, 각 단락이 시작되는 부분의 첫 두 단어를 쓰시오.

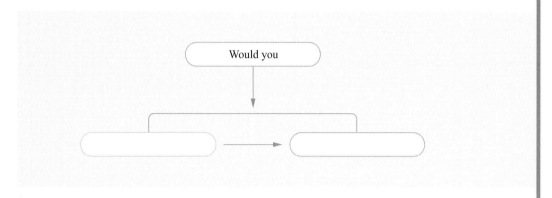

Would you

① 질문(주제 도입) – 답변(연구 사례 – 연구 결과)

② 문제 제기 – 비교 분석 – 해결책

③ 문제 제기 – 해결책 – 결론

④ 질문(주제 도입) – 답변(해당 사례 – 반대 사례)

1 이 글의 요지로 가장 적절한 것은?

① Every culture has its own way to accept or reject pride.

② Psychologists found no universal physical signs of pride.

③ The physical expression of pride is biologically based.

④ Good pride can represent our dignity and self-respect.

글쓴이의 질문에 대한 답이
바로 요지

2 첫 문장에 쓰인 biologically based와 의미가 <u>다른</u> 것은?

① innate   ② inborn   ③ intrinsic   ④ acquired

구조독해가 정답이다

질문에 대한 답은 둘 중 하나!
연구 사례의 공통점에 주목하니
빈칸은 둘 중 하나의 동의어일 수밖에!

2020학년도 고2 학력평가

정답률 64%
난이도 중
제한시간 1분 30초

이 글의 밑줄 친 부분 중, 문맥상 낱말의 쓰임이 적절하지 않은 것은?

I was sitting outside a restaurant in Spain one summer evening, waiting for dinner. The aroma of the kitchens excited my taste buds. My future meal was coming to me in the form of molecules drifting through the air, too small for my eyes to see but ① detected by my nose. The ancient Greeks first came upon the idea of atoms this way; the smell of baking bread suggested to them that small particles of bread ② existed beyond vision. The cycle of weather ③ disproved this idea: a puddle of water on the ground gradually dries out, disappears, and then falls later as rain. They reasoned that there must be particles of water that turn into steam, form clouds, and fall to earth, so that the water is ④ conserved even though the little particles are too small to see. My paella in Spain had inspired me, four thousand years too ⑤ late, to take the credit for atomic theory.

*taste bud: 미뢰(혀의 미각 기관)   **molecule: 분자
***paella: 파에야(스페인 요리의 하나)

내 생각?

◄ BACK TO THE PASSAGE

0 이 글의 전개 구조로 알맞은 것을 고르고, 각 단락이 시작되는 부분의 첫 세 단어를 쓰시오.

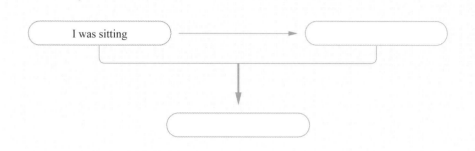

① 화제 도입(일화) – 요지와 설명 – 종합
② 화제 도입 – 문제 제기 – 해결책
③ 요지와 설명 – 연구 사례 – 종합
④ 일반(주제) – 구체(연구 사례 – 사례 분석)

1 이 글의 주제로 가장 적절한 것은?

① how experiments have proved the atomic theory
② how we can detect and identify different aromas
③ how matter is preserved while changing forms
④ how the ancient Greeks found the atomic theory

주어진 글 다음에 이어질 글의 순서로 가장 적절한 것은?

When an important change takes place in your life, observe your response. If you resist accepting the change it is because you are afraid; afraid of losing something.

(A) To learn to let go, to not cling and allow the flow of the river, is to live without resistances; being the creators of constructive changes that bring about improvements and widen our horizons.

(B) In life, all these things come and go and then others appear, which will also go. It is like a river in constant movement. If we try to stop the flow, we create a dam; the water stagnates and causes a pressure which accumulates inside us.

(C) Perhaps you might lose your position, property, possession, or money. The change might mean that you lose privileges or prestige. Perhaps with the change you lose the closeness of a person or a place.

*stagnate: (물이) 고이다

① (A) – (C) – (B)　　② (B) – (A) – (C)　　③ (B) – (C) – (A)

④ (C) – (A) – (B)　　⑤ (C) – (B) – (A)

◄ BACK TO THE PASSAGE ─┐

0 이 글의 전개 구조로 알맞은 것을 고르고, 각 단락이 시작되는 부분의 첫 두 단어를 쓰시오.

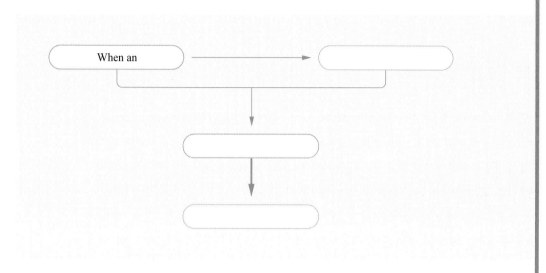

① 주제 도입 – 예시 – 문제 제기 – 결론(해결책)

② 주제 도입 – 현상 – 사례 – 결론

③ 화제 도입 – 반론 – 근거 – 결론

④ 판단(주장) – 설명 – 사례 – 주장 반복

1 이 글의 요지로 가장 적절한 것은?

① 새로운 변화를 받아들이고 과거는 놓아주어라.

② 더 나은 삶을 원한다면 새로운 곳으로 여행하라.

③ 발전된 문화와 과학을 적극적으로 받아들여라.

④ 손실의 고통을 극복하고 더 나은 삶을 살아라.

2 이 글의 내용으로 보아, 주어진 글의 something과 (B)의 all these things에 해당하는 것이 <u>아닌</u> 것은?

① 특권   ② 명성   ③ 재산   ④ 사랑

잃을까 봐 두려워하는 것,
인생에서 왔다 사라지는
것의 예로 제시한 것은?

다음 빈칸에 들어갈 말로 가장 적절한 것을 고르시오.

Whatever their differences, scientists and artists begin with the same question: can you and I see the same thing the same way? If so, how? The scientific thinker looks for features of the thing that can be stripped of subjectivity—ideally, those aspects that can be quantified and whose values will thus never change from one observer to the next. In this way, he arrives at a reality independent of all observers. The artist, on the other hand, relies on the strength of her artistry to effect a marriage between her own subjectivity and that of her readers. To a scientific thinker, this must sound like magical thinking: you're saying you will imagine something so hard it'll pop into someone else's head exactly the way you envision it? The artist has sought the opposite of the scientist's observer-independent reality. She creates a reality dependent upon observers, indeed a reality in which _____ in order for it to exist at all. [3점]

① human beings must participate

② objectivity should be maintained

③ science and art need to harmonize

④ readers remain distanced from the arts

⑤ she is disengaged from her own subjectivity

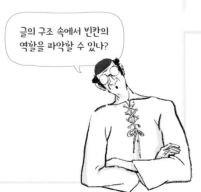

글의 구조 속에서 빈칸의
역할을 파악할 수 있나?

내가 왜 이런 구조로 썼는지,
그래서 뭘 말하고 싶은지 생각해 봐.
그게 내 의도!

궁금하게 질문부터!
내 생각은 답에서!

궁금하게 질문부터!
내가 하고 싶은 말은 답에서.
이게 내가 질문–답변 구조를 택한 이유!

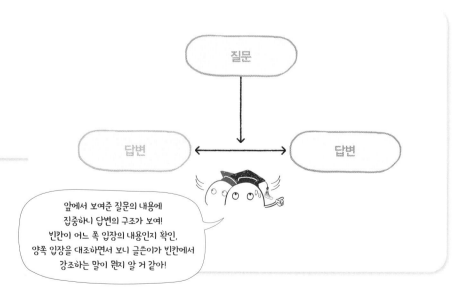

앞에서 보여준 질문의 내용에
집중하니 답변의 구조가 보여!
빈칸이 어느 쪽 입장의 내용인지 확인,
양쪽 입장을 대조하면서 보니 글쓴이가 빈칸에서
강조하는 말이 뭔지 알 거 같아!

CHAPTER 09

2018학년도 고2 학력평가

정답률 73%
난이도 중
제한시간 1분 15초

이 글의 제목으로 가장 적절한 것은?

Each spring in North America, the early morning hours are filled with the sweet sounds of songbirds, such as sparrows and robins. While it may seem like these birds are simply singing songs, many are in the middle of an intense competition for territories. For many birds, this struggle could ultimately decide whom they mate with and if they ever raise a family. When the birds return from their winter feeding grounds, the males usually arrive first. Older, more dominant males will reclaim their old territories: a tree, shrub, or even a window ledge. Younger males will try to challenge the older ones for space by mimicking the song that the older males are singing. The birds that can sing the loudest and the longest usually wind up with the best territories.

*ledge: 선반 모양의 공간

① Harmony Brings Peace
② Great Waves of Migration
③ Singing for a Better Home
④ An Endless Journey for Food
⑤ Too Much Competition Destroys All

내 생각? 내가 어떤 구조로 글을 썼는지
숲을 먼저 보라구!

◀ **BACK TO THE PASSAGE**

0 이 글의 전개 구조로 알맞은 것을 고르고, 두 번째 단락이 시작되는 부분의 첫 두 단어를 쓰시오.

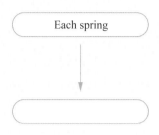

Each spring

① 원인 – 결과
② 일반(주제) – 구체(설명)
③ 구체(사례) – 일반(결론)
④ 문제 – 해결

1 이 글의 요지로 가장 적절한 것은?

① 새들은 짝지을 상대를 찾으려고 경쟁한다.
② 새들은 이른 봄 좋은 영역을 차지하려고 노래로 경쟁한다.
③ 새들은 출산 후 새로 태어난 새끼를 보호하려고 노래한다.
④ 새들은 아침마다 자신의 건강 상태를 과시하려고 노래한다.

구조독해가 정답이다

주제를 구체화하는 구조!
주제가 곧 제목이네!

2019학년도 고2 학력평가

정답률 72%
난이도 중
제한시간 1분 30초

이 글의 필자가 주장하는 바로 가장 적절한 것은?

I am sure you have heard something like, "You can do anything you want, if you just persist long and hard enough." Perhaps you have even made a similar assertion to motivate someone to try harder. Of course, words like these sound good, but surely they cannot be true. Few of us can become the professional athlete, entertainer, or movie star we would like to be. Environmental, physical, and psychological factors limit our potential and narrow the range of things we can do with our lives. "Trying harder" cannot substitute for talent, equipment, and method, but this should not lead to despair. Rather, we should attempt to become the best we can be within our limitations. We try to find our niche. By the time we reach employment age, there is a finite range of jobs we can perform effectively.

*assertion: 주장, 단언   **niche: 적소(適所)

① 수입보다는 적성을 고려해 직업을 선택해야 한다.
② 성공하려면 다양한 분야에서 경험을 쌓아야 한다.
③ 장래의 모습을 그리며 인생의 계획을 세워야 한다.
④ 자신의 재능과 역량을 스스로 제한해서는 안 된다.
⑤ 자신의 한계 내에서 최고가 되려고 시도해야 한다.

내 생각?

◀ BACK TO THE PASSAGE ─

0 이 글의 전개 구조로 알맞은 것을 고르고, 각 단락이 시작되는 부분의 첫 두 단어를 쓰시오.

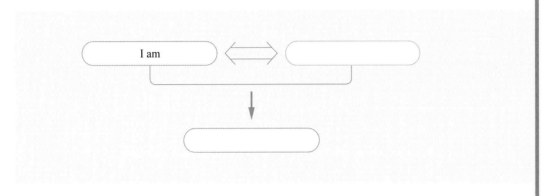

① 판단(주장) – 근거(사례) – 결론(주장 반복)
② 문제 제기 – 해결책 – 사례
③ 주제 도입 – 주장 – 반대 주장
④ 통념 – 반박 – 절충안

1 이 글의 주제로 가장 적절한 것은?

① long and hard persistence to achieve our goals
② the attempt to be the best within our limitations
③ a finite range of jobs we can perform effectively
④ the range of things that we can do with our lives

2 글쓴이가 제기한 우리의 문제는?

① 일상에 파묻혀 삶의 궁극적 목적을 망각하는 것
② 큰 목표에만 집착하여 간단한 방법을 간과하는 것
③ 노력하지 않고 원하는 목표를 달성하려고 하는 것
④ 애써 노력한다고 해도 원하는 모든 것을 이룰 수 없다는 것

이 글의 내용을 한 문장으로 요약하고자 한다. 빈칸 (A), (B)에 들어갈 말로 가장 적절한 것은?

Some natural resource-rich developing countries tend to create an excessive dependence on their natural resources, which generates a lower productive diversification and a lower rate of growth. Resource abundance in itself need not do any harm: many countries have abundant natural resources and have managed to outgrow their dependence on them by diversifying their economic activity. That is the case of Canada, Australia, or the US, to name the most important ones. But some developing countries are trapped in their dependence on their large natural resources. They suffer from a series of problems since a heavy dependence on natural capital tends to exclude other types of capital and thereby interfere with economic growth.

> Relying on rich natural resources without _____(A)_____ economic activities can be a _____(B)_____ to economic growth.

	(A)		(B)
①	varying	··········	barrier
②	varying	··········	shortcut
③	limiting	··········	challenge
④	limiting	··········	barrier
⑤	connecting	··········	shortcut

내 생각?

◀ BACK TO THE PASSAGE

0 이 글의 전개 구조로 알맞은 것을 고르고, 각 단락이 시작되는 부분의 첫 두 단어를 쓰시오.

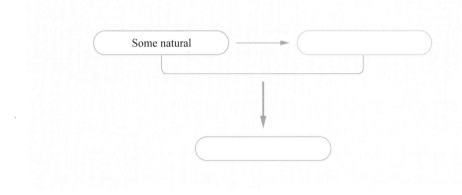

Some natural

① 판단(요지) – 근거(극복 사례) – 결론(요지 반복)
② 화제 도입 – 문제 제기 – 해결책
③ 문제 – 원인 분석 – 해결책
④ 일반(주제) – 구체(원인) – 결론

1 이 글의 요지로 가장 적절한 것은?

① 천연자원에 지나치게 의존하면 경제 발전이 저해된다.
② 천연자원의 혜택을 국민에게 공평하게 분배해야 한다.
③ 천연자원이 부족한 국가는 첨단 기술을 개발해야 한다.
④ 천연자원이 풍부한 국가는 다양한 국내 경제에 의존하게 된다.

캐나다, 호주, 미국 사례를
보여준 이유는?

구조독해가 정답이다

이 현상이 일으키는 문제, 문제를 극복한 사례를 보니
문제가 생기는 진짜 이유가 뭔지 알겠네.

4

2019학년도 고2 학력평가

정답률 69%
난이도 중
제한시간 1분 30초

이 글의 빈칸에 들어갈 말로 가장 적절한 것은?

Much of the spread of fake news occurs through ________________. A 2016 study from Columbia University in New York City and Inria, a French technology institute, found that 59 percent of the news from links shared on social media wasn't read first. People see an intriguing headline or photo in their news feed or on another website and then click the Share button to repost the item to their social media friends — without ever clicking through to the full article. Then they may be sharing fake news. To stop the spread of fake news, read stories before you share them. Respect your social media friends enough to know what information you are sending their way. You may discover, on close inspection, that an article you were about to share is obviously fraudulent, that it doesn't really say what the headline promises, or that you actually disagree with it.

*fraudulent: 속이는

① political campaigns
② irrational censorship
③ irresponsible sharing
④ overheated marketing
⑤ statistics manipulation

내 생각?

◀ **BACK TO THE PASSAGE**

0 이 글의 전개 구조로 알맞은 것을 고르고, 두 번째 단락이 시작되는 부분의 첫 두 단어를 쓰시오.

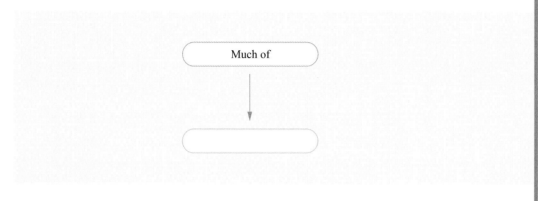

Much of

①대립(통념 – 반박)
②문제와 원인 – 해결책
③구체(연구 사례) – 일반(연구 결과)
④일반(주제) – 구체(사례)

1 이 글의 주제로 가장 적절한 것은?

① how to share intriguing news with friends
② why the wide spread of fake news occurs
③ why fake news spreads and how to stop it
④ how to find that a news article is fraudulent

글의 구조를 반영한 주제는?

2 연구를 통해 밝혀진 가짜 뉴스가 퍼지는 주된 원인은?

① 기자들이 호기심을 자극하는 기사만 쓰려고 한다.
② 뉴스를 읽지도 않고 소셜 미디어에 다시 게시한다.
③ 뉴스의 진실을 감시하는 기관이 존재하지 않는다.
④ 많은 사람이 소셜 미디어가 정확하다고 맹신한다.

구조독해가 정답이다

_____

문제의 원인이 뭐냐고?
이어지는 연구 내용을 보니,
원인이 뭔지 알겠군!

5

2019학년도 고2 학력평가

정답률 50%
난이도 중상
제한시간 1분 30초

(A), (B), (C)의 각 네모 안에서 문맥에 맞는 낱말로 가장 적절한 것은?

Our culture is biased toward the fine arts—those creative products that have no function other than pleasure. Craft objects are less worthy; because they serve an everyday function, they're not purely (A) creative / practical . But this division is culturally and historically relative. Most contemporary high art began as some sort of craft. The composition and performance of what we now call "classical music" began as a form of craft music (B) ignoring / satisfying required functions in the Catholic mass, or the specific entertainment needs of royal patrons. For example, chamber music really was designed to be performed in chambers—small intimate rooms in wealthy homes—often as background music. The dances composed by famous composers from Bach to Chopin originally did indeed accompany dancing. But today, with the contexts and functions they were composed for (C) born / gone , we listen to these works as fine art.

*mass: 미사　**patron: 후원자

	(A)		(B)		(C)
①	creative	………	satisfying	………	gone
②	creative	………	ignoring	………	gone
③	creative	………	satisfying	………	born
④	practical	………	ignoring	………	born
⑤	practical	………	satisfying	………	gone

내 생각?

◀ **BACK TO THE PASSAGE**

0 이 글의 전개 구조로 알맞은 것을 고르고, 각 단락이 시작되는 부분의 첫 두 단어를 쓰시오.

```
┌──────────────┐        ┌──────────────┐
│  Our culture  │  ⟺    │              │
└──────────────┘        └──────────────┘
                               │
                               ▼
                        ┌──────────────┐
                        │              │
                        └──────────────┘
```

① 문제 – 해결책 – 결론과 요지
② 통념 – 반론 – 구체적 사례
③ 일반(주제) – 구체(사례) – 결론
④ 구체적 사례 – 문제 – 해결책

1 고전 음악을 오늘날 순수 예술로 감상하게 된 이유는?

① 작곡 당시의 상황과 기능이 사라졌다.
② 긴 세월 동안 아름다움이 인정받았다.
③ 정돈된 형식과 고상한 이상이 보인다.
④ 보편적인 감성과 가치 등에 호소한다.

글쓴이 의도에 맞는 단어를
선택할 수 있나?

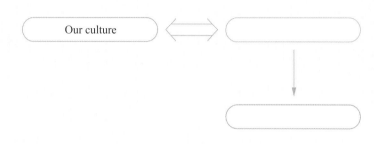

구조독해가 정답이다

그럼요! 편견을 뒤집기 위해
사례를 드는 구조! 구조로 보니
요지도, 단어도 척척!

2020학년도 고2 학력평가

정답률 68%
난이도 중
제한시간 1분 40초

이 글에서 전체 흐름과 관계 <u>없는</u> 문장은?

As far back as the seventeenth century, hair had a special spiritual significance in Africa. Many African cultures saw the head as the center of control, communication, and identity in the body. ① Hair was regarded as a source of power that personified the individual and could be used for spiritual purposes or even to cast a spell. ② Since it rests on the highest point on the body, hair itself was a means to communicate with divine spirits and it was treated in ways that were thought to bring good luck or protect against evil. ③ People had the opportunity to socialize while styling each other's hair, and the shared tradition of hair was passed down. ④ According to authors Ayana Byrd and Lori Tharps, "communication from the gods and spirits was thought to pass through the hair to get to the soul." ⑤ In Cameroon, for example, medicine men attached hair to containers that held their healing potions in order to protect the potions and enhance their effectiveness.

*potion: (마법의) 물약

내 생각?

◀ BACK TO THE PASSAGE

0 이 글의 전개 구조로 알맞은 것을 고르고, 각 단락이 시작되는 부분의 첫 두 단어를 쓰시오.

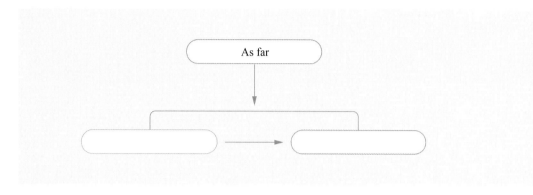

As far

① 일반(요지) – 구체(예시) – 결론
② 화제 도입 – 연구 사례 – 결론
③ 일반(주제) – 구체(설명 – 예시)
④ 화제 도입 – 문제 제기 – 해결책

1 이 글의 주제로 가장 적절한 것은?

① the old tradition of hair styling in African cultures
② the chance to socialize while styling hair in Africa
③ communication from the gods and spirits in Africa
④ the spiritual significance of hair in African cultures

2 과거 아프리카인들의 머리카락에 대한 인식이 <u>아닌</u> 것은?

① 다른 사람과 소통하는 수단   ② 주술을 거는 수단
③ 신성한 영혼과 소통하는 수단   ④ 행운을 가져오는 수단

주제에서 벗어난 내용은?

CHAPTER 10

2018학년도 고2 학력평가

정답률 51%
난이도 중상
제한시간 1분 20초

이 글의 제목으로 가장 적절한 것은?

We create a picture of the world using the examples that most easily come to mind. This is foolish, of course, because in reality, things don't happen more frequently just because we can imagine them more easily. Thanks to this prejudice, we travel through life with an incorrect risk map in our heads. Thus, we overestimate the risk of being the victims of a plane crash, a car accident, or a murder. And we underestimate the risk of dying from less spectacular means, such as diabetes or stomach cancer. The chances of bomb attacks are much rarer than we think, and the chances of suffering depression are much higher. We attach too much likelihood to spectacular, flashy, or loud outcomes. Anything silent or invisible we downgrade in our minds. Our brains imagine impressive outcomes more readily than ordinary ones.

① We Weigh Dramatic Things More!
② Brains Think Logically, Not Emotionally
③ Our Brains' Preference for Positive Images
④ How Can People Overcome Their Prejudices?
⑤ The Way to Reduce Errors in Risk Analysis

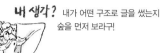

내 생각? 내가 어떤 구조로 글을 썼는지
숲을 먼저 보라구!

◀ BACK TO THE PASSAGE

0 이 글의 전개 구조로 알맞은 것을 고르고, 각 단락이 시작되는 부분의 첫 두 단어를 쓰시오.

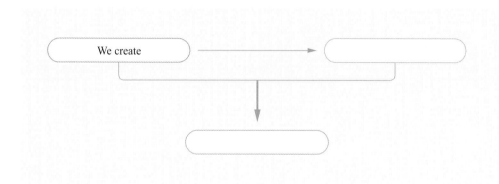

① 통념 비판 – 근거(사례 대조) – 결론
② 화제 도입 – 문제 제기 – 해결책
③ 문제 사례 – 원인 분석 – 전망
④ 문제 제기 – 해결책 – 결론

1 이 글에 쓰인 an incorrect risk map in our heads의 의미를 다음과 같이 표현하고자 한다. 빈칸 (A), (B)에 들어갈 말로 가장 적절한 것은?

overestimate
↔ underestimate,
downgrade

> Due to our biased imagination, we ____(A)____ the possibility of dramatic but rare dangers, while ____(B)____ the possibility of common everyday dangers.

      (A)   (B)
① acknowledge ········· avoiding
② avoid ········· acknowledging
③ overestimate ········· downgrading
④ downgrade ········· overestimating

구조독해가 정답이다

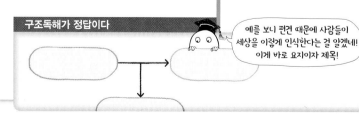

예를 보니 편견 때문에 사람들이
세상을 이렇게 인식한다는 걸 알겠네!
이게 바로 요지이자 제목!

이 글의 요지로 가장 적절한 것은?

Much has been written and said about positive self-talk—for example, repeating to ourselves "I am wonderful" when we feel down, "I am strong" when going through a difficult time, or "I am getting better every day in every way" each morning in front of the mirror. The evidence that this sort of pep talk works is weak, and there are psychologists who suggest that it can actually hurt more than it can help. Little, unfortunately, has been written about real self-talk, acknowledging honestly what we are feeling at a given point. When feeling down, saying "I am really sad" or "I feel so torn"—to ourselves or to someone we trust—is much more helpful than declaring "I am tough" or "I am happy."

*pep talk: 격려의 말

① 타인에 대한 비난은 자신의 감정도 상하게 한다.
② 우울할 때 자신에게 하는 격려의 말은 큰 힘이 된다.
③ 자아 성찰은 타인의 조언을 받는 것보다 효과적이다.
④ 가까운 사이일수록 말과 행동을 조심할 필요가 있다.
⑤ 자신이 느끼는 감정을 솔직히 인정하는 것이 도움이 된다.

내 생각?

◀ BACK TO THE PASSAGE

0 이 글의 전개 구조로 알맞은 것을 고르고, 두 번째 단락이 시작되는 부분의 첫 세 단어를 쓰시오.

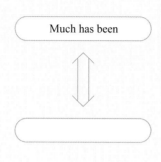

Much has been

① 문제 제기 – 해결책
② 근거 사례 – 주장
③ 일반(주제) – 구체(사례)
④ 대립(통념 – 반박)

1 이 글의 주제로 가장 적절한 것은?

글쓴이의 주장이 바로
글의 주제이자 요지.

① the help that psychologists can provide when you are in trouble
② the benefit of saying positive self-talk when you have hard times
③ the positive effect of saying your real feeling when feeling down
④ the overwhelming evidence of positive effects of real self-talk

이 글의 내용을 한 문장으로 요약하고자 한다. 빈칸 (A), (B)에 들어갈 말로 가장 적절한 것은?

When we see an adorable creature, we must fight an overwhelming urge to squeeze that cuteness. And pinch it, and cuddle it, and maybe even bite it. This is a perfectly normal psychological tick—an oxymoron called "cute aggression"—and even though it sounds cruel, it's not about causing harm at all. In fact, strangely enough, this compulsion may actually make us more caring. The first study to look at cute aggression in the human brain has now revealed that this is a complex neurological response, involving several parts of the brain. The researchers propose that cute aggression may stop us from becoming so emotionally overloaded that we are unable to look after things that are super cute. "Cute aggression may serve as a tempering mechanism that allows us to function and actually take care of something we might first perceive as overwhelmingly cute," explains the lead author, Stavropoulos.

*oxymoron: 모순 어법

According to research, cute aggression may act as a neurological response to ____(A)____ excessive emotions and make us ____(A)____ for cute creatures.

	(A)		(B)
①	evaluate	....	care
②	regulate	....	care
③	accept	....	search
④	induce	....	search
⑤	display	....	speak

내 생각?

◀ **BACK TO THE PASSAGE**

0 이 글의 전개 구조로 알맞은 것을 고르고, 두 번째 단락이 시작되는 부분의 첫 세 단어를 쓰시오.

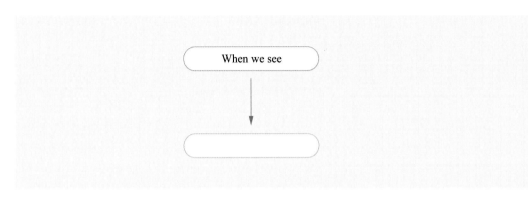

When we see

① 현상에 대한 문제를 제기하고 해결책을 제안하는 구조
② 현상을 주제로 제시, 현상의 원인을 연구 내용으로 밝히는 구조
③ 현상을 주제로 제시, 현상의 구체적인 사례를 나열하는 구조
④ 현상에 대한 문제 사례들을 제시하고 위험성을 경고하는 구조

1 이 글의 내용으로 보아, "cute aggression"을 느끼는 이유로 알맞은 것은?

① 자신의 열등감을 감추려고
② 정확한 상황을 파악하려고
③ 자신의 우월감을 보이려고
④ 지나친 감정을 통제하려고

글의 주제와 요지를 파악했나?

구조독해가 정답이다

연구 내용에서 밝혀진 현상의 원인과 기능이 핵심이군! 주된 연구자의 인용 내용을 동의어로 요약!

이 글의 빈칸에 들어갈 말로 가장 적절한 것은?

Psychologists Leon Festinger, Stanley Schachter, and sociologist Kurt Back began to wonder how friendships form. Why do some strangers build lasting friendships, while others struggle to get past basic platitudes? Some experts explained that friendship formation could be traced to infancy, where children acquired the values, beliefs, and attitudes that would bind or separate them later in life. But Festinger, Schachter, and Back pursued a different theory. The researchers believed that _____ was the key to friendship formation; that "friendships are likely to develop on the basis of brief and passive contacts made going to and from home or walking about the neighborhood." In their view, it wasn't so much that people with similar attitudes became friends, but rather that people who passed each other during the day tended to become friends and so came to adopt similar attitudes over time.

*platitude: 상투적인 말

① shared value
② physical space
③ conscious effort
④ similar character
⑤ psychological support

내 생각?

◀ BACK TO THE PASSAGE

0 이 글의 전개 구조로 알맞은 것을 고르고, 각 단락이 시작되는 부분의 첫 두 단어를 쓰시오.

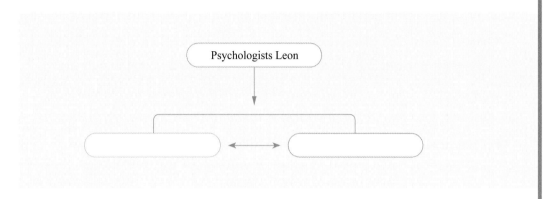

① 학자들의 관점을 대조한 뒤, 새로운 이론의 필요성을 강조하는 구조
② 학자들의 질문으로 문제를 제기, 원인을 분석한 뒤 대안을 찾아가는 구조
③ 학자들의 질문으로 주제를 도입, 일부 전문가들과 다른 관점으로 답을 제시하는 구조
④ 학자들의 질문으로 주제를 도입, 주제에 대한 원인 분석으로 답을 제시하는 구조

1 Festinger, Schachter, Back이 생각하는 '친구'란?

① 일상생활에서 자주 만나는 사람들
② 가치관과 믿음을 공유하는 사람들
③ 비슷한 수준의 교육을 받은 사람들
④ 경제적 사회적 지위가 같은 사람들

질문에 대한 답이 곧 요지.

구조독해가 정답이다

빈칸이 바로 질문을 던진 학자들의 생각이네! 이어지는 내용을 보니 그들이 생각하는 친구의 조건이 뭔지 알겠군!

5

2018학년도 고2 학력평가

정답률 18%
난이도 최상
제한시간 1분 10초

이 글의 빈칸에 들어갈 말로 가장 적절한 것은?

Most importantly, money needs to be _____ in a predictable way. Precious metals have been desirable as money across the millennia not only because they have intrinsic beauty but also because they exist in fixed quantities. Gold and silver enter society at the rate at which they are discovered and mined; additional precious metals cannot be produced, at least not cheaply. Commodities like rice and tobacco can be grown, but that still takes time and resources. A dictator like Zimbabwe's Robert Mugabe could not order the government to produce 100 trillion tons of rice. He was able to produce and distribute trillions of new Zimbabwe dollars, which is why they eventually became more valuable as toilet paper than currency.

*intrinsic: 내재적인

① invested
② scarce
③ transferred
④ divisible
⑤ deposited

내 생각?

◀ **BACK TO THE PASSAGE**

0 이 글의 전개 구조로 알맞은 것을 고르고, 각 단락이 시작되는 부분의 첫 두 단어를 쓰시오.

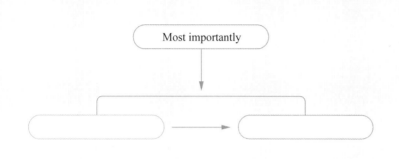

Most importantly

① 판단 – 근거(예) – 결론(교훈)
② 판단 – 근거(예시 – 사례)
③ 화제 도입 – 문제 제기 – 해결책
④ 화제 도입 – 구체(사례) – 일반(결론)

1 이 글의 요지로 가장 적절한 것은?

① 화폐는 희소성이 있어야 가치가 있다.   ② 정부 기관만이 화폐를 발행해야 한다.
③ 화폐가 너무 많으면 경제가 무너진다.   ④ 화폐 발행으로 국제 교역이 증가했다.

▶ 빈칸을 포함한 문장이 글의 요지

2 Robert Mugabe의 정책이 실패한 원인은?

① 무리하게 많은 양의 쌀을 수출해서 기아가 발생했다.
② 쌀 가격을 너무 많이 낮춰서 농민이 농사를 포기했다.
③ 화폐의 질이 낮아 범죄 단체들이 위폐를 만들어냈다.
④ 지나치게 많은 화폐 발행으로 화폐 가치가 폭락했다.

구조독해가 정답이다

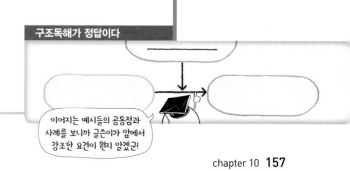

이어지는 예시들의 공통점과 사례를 보니까 글쓴이가 앞에서 강조한 요건이 뭔지 알겠군!

6

2020학년도 고2 학력평가

정답률 65%
난이도 중
제한시간 1분 30초

이 글에서 전체 흐름과 관계 없는 문장은?

There are many superstitions surrounding the world of the theater. ① Superstitions can be anything from not wanting to say the last line of a play before the first audience comes, to not wanting to rehearse the curtain call before the final rehearsal. ② Shakespeare's famous tragedy *Macbeth* is said to be cursed, and to avoid problems actors never say the title of the play out loud when inside a theater or a theatrical space (like a rehearsal room or costume shop). ③ The interaction between the audience and the actors in the play influences the actors' performance. ④ Since the play is set in Scotland, the secret code you say when you need to say the title of the play is "the Scottish play." ⑤ If you do say the title by accident, legend has it that you have to go outside, turn around three times, and come back into the theater.

내 생각?

◀ **BACK TO THE PASSAGE**

0 이 글의 전개 구조로 알맞은 것을 고르고, 두 번째 단락이 시작되는 부분의 첫 두 단어를 쓰시오.

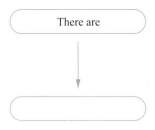

There are

① 통념 – 반박
② 일반(주제) – 구체(사례)
③ 구체(예시) – 일반(결론)
④ 문제 – 해결책

1 이 글의 주제로 가장 적절한 것은?

① interaction between the audience and the actors
② how to rehearse Shakespeare's plays in theaters
③ superstitions surrounding the world of the theater
④ the legend about Shakespeare's tragedy *Macbeth*

2 '멕베스'라는 연극의 제목을 실수로 말했을 때 저주를 푸는 방법으로 소개된 것은?

① 무대 위에서 연극의 제목을 다시는 말하지 않는다.
② 극장 밖으로 나가 세 바퀴 돌고 극장으로 돌아온다.
③ 연극의 제목을 "the Scottish play"로 바꿔 발표한다.
④ 예행연습 때까지 연극의 마지막 대사를 말하지 않는다.

▶ 사례의 내용을 정확히 파악했나?

정답과 해설

IV

구조독해 IV
정답과
해설

이 글의 주제로 가장 적절한 것은?

Sometimes, we are fascinated when our assumptions are turned inside out and around.

The artist Pablo Picasso, for example, used Cubism as a way to help us see the world differently. In his famous work *Three Musicians*, he used abstract forms to shape the players in such an unexpected way that when you first see this artwork, you assume that nothing makes sense. Yet when you look at the painting a second time, the figures come together. Picasso's work challenges your assumptions about how space and objects are used. His artwork helps you see the world differently and reminds you there are alternative ways of using shape, objects, and colors.

The reward for this is the intrinsic pleasure you get by looking at this work.

① emotional intelligence enhanced by appreciating Cubist artworks
② inner pleasure driven by viewing the world from different angles
③ abstract style formed by balancing reality with fantasy
④ artists' guild organized by cooperating with cultural institutions
⑤ great challenges experienced by musicians in the modern world

 내 생각?

사람들은 전제가 뒤집힐 때 거기에 매료된다는 게 내 주장! 그 예로 피카소 작품이 딱인데, 그 추상적 형태가 처음엔 낯설어도 세상을 다른 관점으로 보게 해서 내적 즐거움을 얻게 되니까.

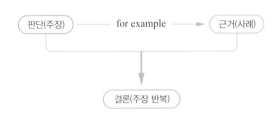

판단(주장) — for example → 근거(사례)

결론(주장 반복)

| 전문 해석 |

때때로, 우리는 우리의 전제가 뒤집힐 때 매료된다.

예를 들어, 화가 Pablo Picasso는 우리가 세상을 다르게 보도록 돕는 하나의 방법으로 큐비즘(입체파)을 이용했다. 그의 유명한 작품 'Three Musicians'에서 그는 아주 예상 밖의 방식으로 연주자들을 형상화하기 위해 추상적인 형태를 사용해서, 여러분이 처음 이 작품을 보면 여러분은 어떤 것도 이치에 맞지 않는다고 생각한다. 그러나 그 그림을 두 번째로 보면 그 인물들이 조화롭게 보인다. Picasso의 작품은 어떻게 공간과 사물들이 사용되는지에 대한 여러분의 전제에 도전한다. 그의 예술 작품은 여러분이 세상을 다르게 보도록 돕고 여러분에게 형체, 사물, 색을 사용하는 대안적인 방식들이 있다는 것을 상기시킨다.

이에 대한 보상은 이 작품을 봄으로써 여러분이 얻는 내적인 즐거움이다.

출제의도

주제 파악 ▶ 글쓴이가 무엇에 대해 어떤 구조로 서술하는지 파악할 수 있는가?

문제해설

세상을 다른 각도에서 바라볼 때 느끼는 기쁨을 사례를 들어 주장하는 글로, 글쓴이의 생각이 첫 문장과 마지막 문장에 제시되어 있다. 따라서 ② '세상을 다른 각도에서 바라볼 때 느끼는 내적 기쁨'이 글쓴이의 주장을 반영하는 글의 주제로 가장 적절하다.

① 입체파 예술 작품의 이해를 통해 향상되는 감성 지능
③ 현실과 환상을 균형 잡아 형성된 추상적인 스타일
④ 문화 재단과 협력해서 성립한 예술가들의 길드(조합)
⑤ 현대 세계에서 음악가들이 경험하는 커다란 도전들

| 어휘 • 어법 |

• fascinated 매료된 • assumption 전제 • abstract 추상적인
• shape 형상화하다; 형체 • unexpected 예상 밖의 • figure 형상, 형태
• alternative 대안적인 • intrinsic 내적인

• In his famous work *Three Musicians*, he used abstract forms to shape the players in **such an unexpected way that** when you first see this artwork, you assume that nothing makes sense.: 원인과 결과를 표현하는 「so ~ that ...(너무 ~해서 …하다)」 구문에서 so 대신 such를 쓴 경우이다. so는 형용사나 부사와 함께 사용하고, such는 명사와 함께 사용하는데, 여기서는 명사 way를 수식한다.

• His artwork **helps** you see the world differently *and* **reminds** you [there are alternative ways of using shape, objects, and colors].: 동사 helps와 reminds가 등위접속사 and로 병렬구조를 이루고 있다. 「help+목적어+목적격보어(동사원형/to부정사)」 구문은 '(목적어)가 ~하는 것을 돕다'의 의미이다. [ ]는 명사절로 「remind+목적어+that절」에서 접속사 that이 생략되었으며, '(목적어)에게 ~을 상기시켜 주다'의 의미이다.

2 — ②   **0** ②   **1** ③

이 글의 제목으로 가장 적절한 것은?

Simply providing students with complex texts is not enough for learning to happen. Assigning students to independently read, think about, and then write about a complex text is not enough, either.

Quality questions are one way that teachers can check students' understanding of the text. Questions can also promote students' search for evidence and their need to return to the text to deepen their understanding. Teachers take an active role in developing and deepening students' comprehension by asking questions that cause them to read the text again, resulting in multiple readings of the same text.

In other words, these text-based questions provide students with a purpose for rereading, which is critical for understanding complex texts.

① Too Much Homework Is Harmful
② Questioning for Better Comprehension
③ Too Many Tests Make Students Tired
④ Questions That Science Can't Answer Yet
⑤ There Is Not Always Just One Right Answer

 내 생각?

어려운 교재를 읽고 깊이 있게 이해하지 못하는 학생들의 문제를 해결하기 위해 교사가 학생들에게 양질의 질문을 해야 한다는 게 내 제안.

문제 제기 → 해결책 → 결론(요약)

| 전문 해석 |

그저 학생에게 어려운 교재를 제공하는 것으로는 학습이 일어나기에 충분하지 않다. 학생들에게 어려운 교재를 혼자서 읽고, 그것에 관해 생각해 본 다음, 그것에 관한 글을 쓰도록 명하는 것 역시 충분하지 않다.

양질의 질문은 교사가 학생들의 교재에 대한 이해를 확인할 수 있는 한 가지 방법이다. 질문은 또한 학생들의 이해를 심화시키기 위해 그들의 증거 탐색과 교재로 되돌아가야 할 필요를 촉진할 수 있다. 학생들로 하여금 교재를 다시 읽게 하는 질문을 던져서 결과적으로 동일한 교재를 여러 번 읽게 함으로써, 교사는 학생의 이해를 진전시키고 심화시키는 데 적극적인 역할을 한다.

다시 말해서, 이러한 교재에 근거한 질문은 학생들에게 다시 읽기의 목적을 제공해 주는데, 이것은 어려운 교재를 이해하는 데 대단히 중요하다.

제목 파악 ► 글의 구조 속에서 글쓴이가 의도한 바를 대표하거나 상징적으로 표현한 제목을 붙일 수 있는가?

어려운 교재를 읽고 교재 내용을 이해하지 못하는 학생들에게 교사가 좋은 질문을 하면 학생들이 교재를 이해하는 데 도움이 된다고 주장하는 글이므로, ② '더 나은 이해를 위한 질문'이 글의 구조와 주제를 반영한 제목으로 적절하다.

① 지나치게 많은 숙제는 해롭다
③ 지나치게 시험을 많이 보면 학생들을 지치게 한다
④ 과학이 아직 답할 수 없는 질문들
⑤ 늘 정답이 하나인 것은 아니다

| 어휘 • 어법 |

- provide A with B A에게 B를 제공하다 • complex 어려운, 복잡한
- assign (일 등을) 맡기다, (남에게 ~하도록) 명하다
- independently 혼자서, 자주적으로 • quality 양질의
- promote 장려하다, 촉진하다 • evidence 증거 • active 적극적인
- deepen 심화시키다 • comprehension 이해 • multiple 여러 번의
- text-based 교재에 근거한 • purpose 목적 • critical 매우 중요한

- [**Assigning** students {**to** independently **read**, **think** about, and then **write** about a complex text}] **is** not enough, either.: 문장의 주어는 [ ]의 동명사구이고, 동사는 is이다. { }는 동명사 assigning의 목적어인 students에 대한 목적격보어로, to read, (to) think, (to) write가 병렬 구조를 이루고 있다.

- Teachers take an active role in developing and deepening students' comprehension by asking *questions* [**that** cause them to read the text again, {**resulting in** multiple readings of the same text}].: [ ]는 주격 관계대명사절로 선행사 questions를 수식하며 질문이 미치는 영향을 구체적으로 서술하고 있다. { }는 연속동작을 나타내는 분사구문으로 '결과적으로 ~하게 하다'로 해석한다.

3 ① 0 ④ 1 ④

이 글의 내용을 한 문장으로 요약하고자 한다. 빈칸 (A), (B)에 들어갈 말로 가장 적절한 것은?

While there are many evolutionary or cultural reasons for cooperation, the eyes are one of the most important means of cooperation, and eye contact may be the most powerful human force we lose in traffic. It is, arguably, the reason why humans, normally a quite cooperative species, can become so noncooperative on the road.

Most of the time we are moving too fast—we begin to lose the ability to keep eye contact around 20 miles per hour— or it is not safe to look. Maybe our view is blocked. Often other drivers are wearing sunglasses, or their car may have tinted windows. (And do you really want to make eye contact with those drivers?) Sometimes we make eye contact through the rearview mirror, but it feels weak, not quite believable at first, as it is not "face-to-face."

While driving, people become (A)uncooperative, because they make (B)little eye contact.

	(A)		(B)
①	uncooperative	………	little
②	careful	………	direct
③	confident	………	regular
④	uncooperative	………	direct
⑤	careful	………	little

내 생각?

협력의 기본 조건인 시선 맞추기를 운전 중에 하지 않기 때문에 운전자들이 비협조적이라는 게 내 생각! 운전 중에 시선 맞추기를 못하는 이유를 조목조목 설명하기.

판단(주장)

↓

근거

| 전문해석 |

협동을 하는 진화적이거나 문화적인 많은 이유가 있지만, 눈은 가장 중요한 협동 수단 중 하나이고, 시선 맞추기는 우리가 차량 운행 중에 잃어버리는 가장 강력한 인간의 힘일지도 모른다. 그것은 보통 꽤 협동적인 종인 인간이 도로에서 그렇게 비협조적이 될 수 있는 이유라고 주장할 수 있다.

대부분의 시간에 우리는 너무 빨리 움직이고 있어서, 시속 20마일 정도에서 시선을 마주치는 능력을 잃어버리기 시작하거나, 혹은 (서로를) 보는 것이 안전하지 않다. 어쩌면 우리의 시야가 차단되어 있을 수도 있다. 흔히 다른 운전자들이 선글라스를 끼고 있거나 그들의 차는 색이 옅게 들어간 창문이 있을 수 있다. (그리고 당신은 정말로 그러한 운전자들과 시선을 마주치고 싶은가?) 때로는 백미러를 통해 시선을 마주치지만, '얼굴을 마주하고 있는 것'이 아니기 때문에 처음에는 그다지 믿을 수 없을 정도로 약하게 느껴진다.

→ 운전하는 동안, 사람들은 (A)비협조적이 되는데, 왜냐하면 그들이 (B)거의 시선을 마주치지 않기 때문이다.

문단 요약 ▶ 글의 구조 속에서 핵심 개념들의 관계를 파악하고 한 문장으로 표현할 수 있는가?

글의 구조 및 핵심 내용을 중심으로 글에 사용된 어휘 또는 그와 유사한 어휘를 사용해서 요약할 수 있다. 이 글은 운전 중에 시선 맞추기를 할 수 없어 운전자들이 비협조적으로 행동한다는 인과 관계를 주장하는 내용이므로, 빈칸 (A)에는 uncooperative(비협조적인), (B)에는 little(거의 ~않는)이 들어가야 한다.

② 조심하는 – 직접적인
③ 자신 있는 – 규칙적인
④ 비협조적인 – 직접적인
⑤ 조심하는 – 거의 ~않는

1 글쓴이는 운전 중에는 시선 맞추기를 할 수 없어서 도로에서 운전자들이 비협조적인 상태가 된다고 주장하고 있다.

| 어휘 · 어법 |

- evolutionary 진화의 • cooperation 협동, 협력 • means 수단
- eye contact 시선 맞추기 • traffic (차량) 운행, 교통
- arguably 주장하건대 • noncooperative 비협조적인
- block 차단하다 • tinted 색이 옅게 들어간 • rearview mirror 백미러

- It is, arguably, *the reason* [**why humans**, {normally a quite cooperative species}, can become so noncooperative on the road].: [ ]는 선행사 the reason을 수식하는 이유의 관계부사절로, 그 안의 humans(주어)와 { }는 동격 관계이며 동사는 can become이다.

CHAPTER 01

4 ① **0** ⓒ, ⓓ **1** ①

이 글의 빈칸에 들어갈 말로 가장 적절한 것은?

Most of us are suspicious of rapid cognition. We believe that the quality of the decision is directly related to the time and effort that went into making it. That's what we tell our children: "Haste makes waste." "Look before you leap." "Stop and think." "Don't judge a book by its cover." We believe that we are always better off gathering as much information as possible and spending as much time as possible in careful consideration.

But there are moments, particularly in time-driven, critical situations, when <u>haste does not make waste</u>, when our snap judgments and first impressions can offer better means of making sense of the world. Survivors have somehow learned this lesson and have developed and sharpened their skill of rapid cognition.

① haste does not make waste
② it is never too late to learn
③ many hands make light work
④ slow and steady wins the race
⑤ you don't judge by appearances

 내 생각?

 신중한 결정이 중요하다고 보통 생각하지만 내 생각은 달라! 신속한 판단이 중요한 상황도 있다는 게 내 생각!

통념

⇕

반박

| 전문해석 |

우리 대부분은 신속한 인식에 의구심을 갖는다. 우리는 결정의 질은 결정을 내리는 데 들어간 시간 및 노력과 직접적인 관계가 있다고 믿는다. 그것은 우리가 자녀들에게 말하는 것이다. '서두르면 일을 망친다.', '돌다리도 두드려 보고 건너라.', '멈춰서 생각하라.', '겉만 보고 판단하지 마라.' 우리는 최대한 정보를 모아서 주의 깊게 숙고하는 데 최대한 시간을 보내는 것이 늘 우리에게 더 낫다고 믿는다.

하지만 특히 시간에 쫓기는 중대한 상황 속에서는 <u>서두르는데도 일을 망치지 않는</u>, 즉 우리가 순식간에 내리는 판단과 첫인상이 세상을 파악하는 더 나은 수단을 제공할 수 있는 순간들이 있다. 생존자들은 어쨌든 이 교훈을 배웠고 그들의 신속한 인식 능력을 기르고 갈고 닦아 왔다.

출제의도

빈칸 추론 ▶ 글의 구조 속에서 글쓴이의 의도와 빈칸이 포함된 문장의 역할을 파악할 수 있는가?

문제해설

글의 첫 단락에서는 신중한 판단과 행동을 중요하게 생각하는 사람들의 생각(통념)을 언급하고, 빈칸이 포함된 문장부터 글의 흐름을 바꿔 신속한 판단이 중요한 상황이 있음을 주장하고 있다. 따라서 빈칸에 들어갈 속담으로 ① '서두르는데도 일을 망치지 않는'이 가장 적절하다.

② 배움에는 늦음이 없는
③ 많은 사람이 함께하면 쉽게 일할 수 있는(백지장도 맞들면 나은)
④ 느려도 착실하면 경주에서 이기는
⑤ 겉모습만으로 판단하지 않는

1 글의 구조를 보면, 글쓴이가 사람들의 통념과 달리 순식간에 내리는 판단과 첫인상이 더 나을 수 있다고 주장하고 있음을 알 수 있다.

| 어휘 · 어법 |

- suspicious 의심하는 · rapid 신속한 · be related to ~와 관계가 있다
- effort 노력 · haste 서두름 · leap (껑충) 뛰다
- better off (형편이) 더 나은 · consideration 숙고
- time-driven 시간에 쫓기는 · critical 중대한
- snap judgment 순식간에 내리는 판단 · impression 인상
- make sense of ~을 파악하다[이해하다] · survivor 생존자
- sharpen (기량 등을) 갈고 닦다 · cognition 인식

- We believe that we are always better off [**gathering** *as* much information *as possible*] and [**spending** *as* much time *as possible* in careful consideration].: 두 개의 [ ]는 동시동작을 나타내는 분사구문이며, 그 안의 「as+원급+as possible」은 '가능한 한 ~한'의 의미를 나타낸다.

이 글의 빈칸에 들어갈 말로 가장 적절한 것은?

Say you normally go to a park to walk or work out. Maybe today you should choose a different park. Why? Well, who knows? Maybe it's because you need the connection to the different energy in the other park. Maybe you'll run into people there that you've never met before. You could make a new best friend simply by visiting a different park.

You never know what great things will happen to you until you step outside the zone where you feel comfortable. If you're staying in your comfort zone and you're not pushing yourself past that same old energy, then you're not going to move forward on your path. By forcing yourself to do something different, you're awakening yourself on a spiritual level and you're forcing yourself to do something that will benefit you in the long run. As they say, <u>variety is the spice of life</u>.

① variety is the spice of life
② fantasy is the mirror of reality
③ failure teaches more than success
④ laziness is the mother of invention
⑤ conflict strengthens the relationship

내 생각?

늘 가던 공원이 아닌 새로운 공원을 산책하면 생길 수 있는 일을 구체적으로 제시하면서 내가 끌어내고 싶은 결론은? 평소와 다른 일, 즉 다양성을 추구하면 긍정적인 변화가 있다는 것!

구체(예시) ──→ 일반(요지)

| 전문 해석 |

보통 어떤 공원에 산책이나 운동을 하러 간다고 하자. 어쩌면 오늘 여러분은 다른 공원을 선택하는 편이 좋겠다. 왜? 글쎄, 누가 알겠는가? 어쩌면 여러분이 다른 공원에서 다른 기운과 연결되는 것이 필요할지도 모르기 때문이다. 어쩌면 여러분은 거기서 전에 만난 적이 없는 사람들을 만나게 될 것이다. 여러분은 그저 다른 공원을 방문함으로써 새로운 단짝 친구를 사귈 수 있다.

여러분은 편안함을 느끼는 지대 밖으로 나가고 나서야 비로소 자신에게 어떤 대단한 일이 일어날지 안다. 여러분이 안락 지대에 머무르고 있으면서, 자신을 밀어붙여 늘 똑같은 기운에서 벗어나도록 하지 않는다면, 자신의 진로에서 앞으로 나아가지 못할 것이다. 자신에게 다른 어떤 것을 하게 만듦으로써, 여러분은 영적인 차원에서 자신을 깨우치고, 결국에는 자신을 이롭게 할 어떤 일을 스스로 하고 있을 것이다. 사람들이 말하듯이, <u>다양성은 인생의 향신료이다</u>.

출제의도

빈칸 추론 ▶ 글의 구조 속에서 글쓴이의 의도와 빈칸이 포함된 문장의 역할을 파악할 수 있는가?

문제해설

있음직한 상황에 빗대어 일상에서 벗어나 새로운 일을 해보라고 주장하는 글이다. 새로움이란 '다양성'과도 일맥상통하므로 ① '다양성은 인생의 양념이다'가 글쓴이의 의도와 일치하는 표현이다.

② 공상은 현실을 비추는 거울이다
③ 실패는 성공보다 더 많은 것을 가르친다
④ 게으름은 발명의 어머니이다
⑤ 갈등은 관계를 강화한다

2 comfort zone(안락 지대)은 '(이제는 아주 익숙해진) 늘 하던 일을 계속하는 것'을 의미한다.

| 어휘 · 어법 |
- work out 운동하다   • connection 연결   • run into ~을 만나다
- never A until B B하고 나서야 비로소 A하다   • comfort zone 안락 지대
- move forward 앞으로 나아가다   • path 진로
- force (어쩔 수 없이) ~하게 하다   • awaken 자각시키다, 일깨우다
- spiritual 영적인, 정신적인   • benefit 이롭게 하다
- in the long run 결국

- By **forcing** yourself **to do** something different, you're awakening yourself on a spiritual level and you're forcing yourself to do *something* [**that** will benefit you in the long run].: 「force+목적어+to부정사」 구문으로 '(목적어)가 ~하게 하다'라는 의미이다. [   ]는 선행사 something을 수식하는 관계대명사절이다. 선행사에 -thing이나 최상급, 서수, the only, all, the same, the very 등이 포함될 때는 관계대명사로 that만 쓸 수 있다.

6 ④

0 ④ / Zeigarnik did further   **1** ④

이 글에서 전체 흐름과 관계 없는 문장은?

The Zeigarnik effect is commonly referred to as the tendency of the subconscious mind to remind you of a task that is incomplete until that task is complete.

Bluma Zeigarnik was a Lithuanian psychologist who wrote in the 1920s about the effects of leaving tasks incomplete. ① She noticed the effect while watching waiters serve in a restaurant. ② The waiters would remember an order, however complicated, until the order was complete, but they would later find it difficult to remember the order.

③ Zeigarnik did further studies giving both adults and children puzzles to complete then interrupting them during some of the tasks. ④ (They developed cooperation skills after finishing tasks by putting the puzzles together.) ⑤ The results showed that both adults and children remembered the tasks that hadn't been completed because of the interruptions better than the ones that had been completed.

내 생각?

과업이 끝날 때까지 그 내용을 기억하는 인간의 심리, Zeigarnik effect의 정의부터 먼저! Zeigarnik의 관찰 내용과 연구결과로 구체적으로 이해시키기.

| 전문 해석 |

Zeigarnik(자이가르닉) 효과는 보통 끝나지 않은 어떤 과업을 그 과업이 끝날 때까지 여러분에게 상기시켜 주는 잠재적인 마음의 경향을 말한다.

Bluma Zeigarnik은 1920년대에 과업을 완료하지 못한 채로 남겨두는 것이 주는 효과에 대해 쓴 리투아니아 심리학자였다. 그녀는 한 식당에서 종업원들이 서빙하는 것을 보면서 그 효과에 주목했다. 그 종업원들은 아무리 복잡하더라도 그 주문이 완료될 때까지 주문을 기억했지만, 이후에는 그 주문을 기억하는 것이 어렵다는 것을 알았다.

Zeigarnik은 어른들과 아이들 둘 다에게 완성할 퍼즐을 주고 나서 그 과업들 중 몇 가지를 하는 도중에 그들을 중단시키는 더 깊은 연구를 했다. ④(그들은 퍼즐을 맞추면서 작업을 마친 후 협동 기술을 개발했다.) 그 결과들이 보여주는 것은 어른들과 아이들 둘 다 중단해서 완료되지 못한 과업들을 완료된 것들보다 더 잘 기억했다는 점이다.

출제의도

무관한 문장 판단 ► 글의 구조 속에서 각 문장이 글의 주제 또는 글쓴이 의도와 일치하는지 판단할 수 있는가?

문제해설

모든 문장이 Zeigarnik effect에 대한 설명이어야 하는데, ④는 퍼즐 맞추기 게임을 함께 하면서 발달하는 협동 기술에 관한 내용이므로 글의 요지에서 벗어나 글쓴이의 의도와 일치하지 않는다.

1 Zeigarnik 효과의 정의를 내린 뒤 그에 관해 설명하고 있는 글이므로, ④ '완료되지 못한 과업을 기억하는 무의식적인 경향'이 글의 주제로 가장 적절하다.
① 주문이 끝날 때까지 기억하는 방법
② 완료되지 못한 과업을 완료하는 방법
③ 복잡한 과업을 완료하지 못하고 방치하는 어리석음

| 어휘 · 어법 |

• Zeigarnik effect 자이가르닉 효과('미완성 효과'라고도 불리며, 완료하지 못한 일이 기억에 계속 남는 것을 의미)
• commonly 일반적으로   • refer to A as B A를 B라고 말하다
• tendency 경향   • subconscious 잠재의식의

• remind A of B A에게 B를 상기시키다   • task 과업, 업무
• incomplete 미완성의   • complete 완성한; 완성하다
• leave ~한 상태로 두다   • notice 주목하다   • order 주문
• complicated 복잡한   • find ~라고 생각하다, 여기다
• further (정도) 더 나아가   • interrupt 중단시키다, 방해하다
• develop 발전시키다   • cooperation 협동

• The waiters would remember an order, **however complicated**, until the order was complete, but they would later *find it difficult to remember* the order.: 「복합관계부사 however+형용사/부사+(주어+동사)」 구문으로 '아무리 ~가 …할지라도'라는 의미이며, 이때 「(주절과 동일한) 부사절의 주어+be동사」는 생략 가능하다. 「find+가목적어 it+형용사+진목적어 to부정사구」 구문은 '~을 …라고 생각하다'의 의미이다.

• Zeigarnik did further studies [**giving** both adults and children puzzles to complete] then [**interrupting** them during some of the tasks].: 두 개의 [ ]는 동시동작(~하면서)을 나타내는 분사구문이다. 첫 번째 문장은 「수여동사 give+간접목적어+직접목적어」 구문으로 직접목적어 puzzles를 to부정사 to complete가 수식하고 있다.

수능, 구조독해가 정답이다!

다음 빈칸에 들어갈 말로 가장 적절한 것을 고르시오.

The debates between social and cultural anthropologists concern not the differences between the concepts but the analytical priority: which should come first, the social chicken or the cultural egg?

British anthropology emphasizes the social. It assumes that social institutions determine culture and that universal domains of society (such as kinship, economy, politics, and religion) are represented by specific institutions (such as the family, subsistence farming, the British Parliament, and the Church of England) which can be compared cross-culturally.

American anthropology emphasizes the cultural. It assumes that culture shapes social institutions by providing the shared beliefs, the core values, the communicative tools, and so on that make social life possible. It does not assume that there are universal social domains, preferring instead to discover domains empirically as aspects of each society's own classificatory schemes—in other words, its culture. And it rejects the notion that any social institution can be understood <u>in isolation from its own context</u>.

*anthropology: 인류학 **subsistence farming: 자급 농업

***empirically: 경험적으로

① in relation to its cultural origin
② in isolation from its own context
③ regardless of personal preferences
④ without considering its economic roots
⑤ on the basis of British-American relations

내 생각?

분석의 우선순위에 대한 인류학자들의 논쟁에 주목, 사회 인류학자와 문화 인류학자의 생각이 어떻게 다른지 영국과 미국의 인류학이 강조하는 바를 비교하여 이해시키기!

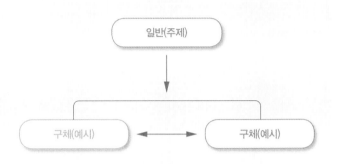

일반 (주제)	분석의 우선순위에 대한 사회 인류학자들과 문화 인류학자들의 논쟁
구체 (예시)	사회적인 것을 강조하는 영국 인류학 – 사회 제도가 문화를 결정하며 사회의 보편적 영역은 비교 문화적인 구체적인 제도를 통해 표현된다고 생각함.
구체 (예시)	문화적인 것을 강조하는 미국 인류학 – 사회의 보편적 영역이 있는 게 아니라 문화가 사회 제도를 형성하며 경험적으로 영역을 알아낸다는 입장. 사회 제도는 문화적 맥락에서 분리하여 이해할 수 없다고 생각함.

전문해석

사회 인류학자와 문화 인류학자 사이의 논쟁은 개념들 간의 차이에 관한 것이 아니라 분석의 우선순위에 관한 것이다. 즉 사회적인 닭이 먼저인가, 문화적인 달걀이 먼저인가?

영국의 인류학은 사회적인 것을 강조한다. 영국의 인류학에서는 사회 제도가 문화를 결정하고 사회의 보편적 영역(예를 들면, 친족, 경제, 정치, 종교)이 여러 문화 간에 비교될 수 있는 구체적인 제도(예를 들면, 가족, 자급 농업, 영국 의회, 영국 국교회)에 의해 표현된다고 가정한다.

미국의 인류학은 문화적인 것을 강조한다. 미국의 인류학에서는 문화가 사회생활을 가능하게 하는 공유된 믿음, 핵심적 가치관, 의사소통 도구 등을 제공함으로써 사회 제도를 형성한다고 판단한다. 보편적인 사회적 영역이 있다고 가정하지 않고, 대신에 각 사회의 고유한 분류 체계라는 측면, 다시 말해 각 사회의 문화라는 측면으로서의 영역들을 경험적으로 알아내는 것을 선호한다. 그리고 어떤 사회 제도도 <u>그 자체의 맥락으로부터 분리되어</u> 이해될 수 있다는 개념을 거부한다.

빈칸 추론 ► 글의 구조 속에서 글쓴이의 의도와 빈칸이 포함된 문장의 역할을 파악할 수 있는가?

사회, 문화 인류학자들의 분석의 우선순위 논쟁을 주제로, 각 입장을 대비하여 구체화한 글이다. 글의 마지막 부분에 누락된 정보(빈칸)가 미국 문화 인류학자들의 입장과 관련된 내용임을 고려했다면 문제에 대한 접근이 쉬워진다.

영국의 사회 인류학은 사회라는 보편적 영역이 존재한다고 생각하는 반면, 미국의 문화 인류학은 보편적인 사회 영역을 가정하지 않고, 문화가 공유된 믿음, 가치관, 의사소통 도구 등을 제공하여 사회 제도를 형성한다고 가정하며, 문화적 측면에서 사회 영역을 경험적으로 알아내는 걸 선호한다는 내용이 언급되어 있다.

이 흐름과 함께 빈칸이 포함된 마지막 문장이 미국 문화 인류학자들이 거부하는 내용이라는 점을 주목한다면, 어떤 사회 제도라도 ② '그것 자체의 맥락으로부터 분리되어' 이해될 수 없다는 게 그들의 생각임을 추론할 수 있다.

선택지별 선택비율 ①29% ②42% ③11% ④7% ⑤9%

① 그것의 문화적 기원과 관련하여
→ '인류학자'라는 단어와, '분석의 우선순위'와 관련한 질문, '사회적 닭이 먼저냐 문화적 달걀이 먼저냐'를 보고 문화적 기원이라고 성급하게 판단하면 안 된다.

③ 개인적 선호에 관계없이
→ 미국 인류학자가 선호하는 바에 대한 언급만 있다.

④ 그것의 경제적 근원을 고려하지 않고
→ 이 글의 주제와 전혀 무관한 내용이다.

⑤ 영미 관계에 근거하여
→ 영미 인류학자들의 생각을 다룬 글이지. 영미 관계에 대한 내용이 전혀 아니다.

|어휘·어법|
- debate 논쟁 • anthropologist 인류학자 • concern ~에 관한 것이다
- analytical 분석적인 • priority 우선순위
- emphasize 강조하다 • assume 가정[추정]하다, 판단하다
- institution 제도, 기관 • determine 결정하다 • universal 보편적인
- domain 영역 • kinship 친족 관계 • specific 구체적인
- cross-culturally 비교 문화적으로
- core value 핵심적 가치관 • aspect 측면
- classificatory scheme 분류 체계 • reject 거부하다 • notion 개념

- [**The debates** between social and cultural anthropologists] **concern not** the differences between the concepts **but** the analytical priority: which should come first, the social chicken or the cultural egg?
  → 문장의 주어 [ ]에서 핵심은 The debates이므로 수를 일치시켜 동사를 concern으로 썼다. not A but B 구문은 B를 강조하는 표현이다. 인류학자들 사이에서 논쟁은 바로 '분석의 우선순위'임을 강조했으므로, 이것을 중심으로 글이 전개될 것임을 예측할 수 있다.

- It assumes [that social institutions determine culture] and [that universal domains of society (such as kinship, economy, politics, and religion) are represented by **specific institutions (such as** the family, subsistence farming, the British Parliament, and the Church of England) {**which** can be compared cross-culturally}].
  → 두 개의 [ ]은 동사 assumes의 목적어인 명사절이다. 두 번째 that절 [ ]에서 specific institutions를 구체화하는 장치가 2개 있는데, 괄호 안의 such as(예를 제시하겠다는 신호)와 which가 이끄는 관계사절 { }이다. 구체적인 제도의 예와, 그것들이 여러 문화 간에 비교될 수 있는 성질의 것임을 보여주고 있다.

- It assumes that culture shapes social institutions by providing {the shared **beliefs**, the core **values**, the communicative **tools**, **and so on**} [that make social life possible].
  → { }에 열거된 선행사들은 뒤에 이어지는 관계사절 [ ]의 내용으로 구체화되고 있다.

- And it rejects **the notion** [**that** any social institution can be understood in isolation from its own context].
  → [ ]는 the notion의 내용을 보여주는 동격절이다.

이 글의 주제로 가장 적절한 것은?

If you've ever seen a tree stump, you probably noticed that the top of the stump had a series of rings. These rings can tell us how old the tree is, and what the weather was like during each year of the tree's life. Because trees are sensitive to local climate conditions, such as rain and temperature, they give scientists some information about that area's local climate in the past.

For example, tree rings usually grow wider in warm, wet years and are thinner in years when it is cold and dry. If the tree has experienced stressful conditions, such as a drought, the tree might hardly grow at all during that time. Very old trees in particular can offer clues about what the climate was like long before measurements were recorded.

① use of old trees to find direction
② traditional ways to predict weather
③ difficulty in measuring a tree's age
④ importance of protecting local trees
⑤ tree rings suggesting the past climate

내 생각?

나무의 나이테를 보면 나무의 나이뿐 아니라 나무가 자라던 해의 기후 정보를 알 수 있다는 게 내가 하고 싶은 말! 어떻게 알 수 있는지 예를 들어 보여줄게.

일반(요지)

↓

구체(예시와 설명)

| 전문 해석 |

여러분이 나무의 그루터기를 본 적이 있다면, 아마도 그루터기의 윗부분에 일련의 나이테가 있는 것을 보았을 것이다. 이 나이테는 나무가 몇 살인지, 그 나무가 살아있던 해마다의 날씨가 어떠했는지를 우리에게 알려줄 수 있다. 나무는 비와 온도 같은 지역의 기상 조건에 민감해서, 과학자에게 과거 그 지역의 국지 기후에 대한 정보를 제공한다.

예를 들어, 나이테는 일반적으로 온화하고 비가 많이 내린 해에는 폭이 더 넓게 자라고, 춥고 건조한 해에는 폭이 더 좁다. 나무가 가뭄과 같은 힘든 기상 조건을 겪었다면, 그 시기 동안에는 거의 자라지 않을 수도 있다. 특히 나이가 아주 많은 나무는 관측이 기록되기 훨씬 이전에 기후가 어떠했는지에 대한 단서를 제공할 수 있다.

출제의도

주제 파악 ▶ 글쓴이가 무엇에 대해 어떤 구조로 서술하는지 파악할 수 있는가?

문제해설

나무의 그루터기에 있는 나이테는 나무의 나이와 나무가 자라온 동안의 기후 정보를 제공해 준다는 내용을 예를 들어 설명하는 글이다. 따라서 ⑤ '과거의 기후를 알려주는 나무의 나이테'가 글의 주제로 가장 적절하다.

① 방향을 찾는 데 나이 많은 나무 이용하기
② 날씨를 예측하는 전통적인 방법들
③ 나무의 나이를 측정할 때의 어려움
④ 지역의 나무들을 보호하는 것의 중요성

1 나이테와 기후 정보에 관한 글로, 나이테를 통해 재난의 기록을 알 수 있다는 언급은 없다.

| 어휘 · 어법 |

• stump 그루터기   • ring 나이테   • sensitive 민감한
• climate condition 기상 조건   • thin 얇은, 가느다란   • drought 가뭄
• in particular 특히   • clue 단서   • measurement 관측, 측정

• These rings can tell us [**how** old the tree is], and [**what** the weather was like during each year of the tree's life].: 두 개의 [ ]는 각각 의문사 how와 what이 이끄는 명사절로, tell의 직접목적어 역할을 한다.

• Very old trees in particular can offer clues about [**what** the climate was like {*long before* measurements were recorded}].: [ ]는 의문사 what이 이끄는 명사절로, 전치사 about에 연결된다. { }는 시간의 부사절로, long before ~는 '~하기 오래 전에'라는 의미이다.

CHAPTER 02

2 ④   **0** ③ / The exact   **1** ①

이 글의 요지로 가장 적절한 것은?

> If you walk into a room that smells of freshly baked bread, you quickly detect the rather pleasant smell. However, stay in the room for a few minutes, and the smell will seem to disappear. In fact, the only way to reawaken it is to walk out of the room and come back in again.

> The exact same concept applies to many areas of our lives, including happiness. Everyone has something to be happy about. Perhaps they have a loving partner, good health, a satisfying job, a roof over their heads, or enough food to eat. As time passes, however, they get used to what they have and, just like the smell of fresh bread, these wonderful assets disappear from their consciousness. As the old proverb goes, you never miss the water till <u>the well runs dry</u>.

① 새로움을 추구하는 삶이 가치 있다.
② 작은 행복이 모여서 큰 행복이 된다.
③ 즐거움은 어느 정도의 고통을 수반한다.
④ 익숙함이 소중한 것의 가치를 잊게 한다.
⑤ 결과보다 과정에 집중하는 삶이 행복하다.

내 생각?

빵 냄새에 익숙해지면 그 냄새를 못 느끼게 되는 상황에 빗대어 내가 하고 싶은 말은, 우리 삶에서 소중한 것들도 익숙해지면 그 소중함을 잊기 쉽다는 것. 그 소중함을 잊지 말자는 게 내 생각!

구체(비유)

↓

일반(요지)

|전문 해석|

만약 당신이 갓 구운 빵 냄새가 나는 방으로 걸어 들어간다면, 꽤나 기분 좋은 그 냄새를 금방 감지하게 된다. 하지만, 몇 분 동안 방에 머무르면 그 냄새가 사라지는 것 같을 것이다. 사실, 냄새를 다시 일깨우는 유일한 방법은 방에서 나갔다 다시 들어오는 것이다.

정확히 똑같은 개념이 행복을 포함한 우리 삶의 많은 영역에 적용된다. 모든 사람에게는 행복을 느끼는 무언가가 있다. 아마도 사람들에겐 소중한 동반자, 건강, 만족스러운 직업, 보금자리, 혹은 충분한 음식이 있을 것이다. 그러나 시간이 지남에 따라, 사람들은 그들이 가진 것에 익숙해지고, 마치 갓 구운 빵 냄새처럼 이런 소중한 것들은 의식 속에서 사라진다. 옛 속담에 나오듯이, 사람들은 <u>우물이 마른</u> 후에야 물의 소중함을 알게 된다.

출제의도

요지 파악 ▶ 글의 구조 속에서 글쓴이가 끌어낸 결론 또는 의도한 바를 파악할 수 있는가?

문제해설

아무리 갓 구운 맛있는 빵 냄새도 몇 분 동안 계속 맡으면 그 냄새를 못 느끼듯이, 우리를 행복하게 하는 것들도 그것에 익숙해지면 소중함을 잊게 된다고 비유를 통해 주장하는 글이다. 따라서 ④가 글쓴이가 의도한 바, 즉 글의 요지로 가장 적절하다.

1 You never miss the water till the well runs dry.(우물이 마르고 나서야 물을 아쉬워한다.)라는 속담은 '보통 쉽게 구할 수 있는 것(water)은 당연시하게 된다'라는 의미로 쓰인다. 이 글에서 water는 '우리를 행복하게 만드는 매우 소중한 것'이라는 상징적인 의미로 쓰였다.

|어휘 · 어법|

- detect 감지하다, 알아내다 • disappear 사라지다
- reawaken 다시 불러일으키다, 환기시키다 • exact 정확한
- concept 개념 • apply to ~에 적용되다 • area 영역
- have a roof over one's head 거처할 집이 있다 • asset 자산, 소중한 것
- consciousness 의식 • miss 그리워하다 • well 우물
- run dry 마르다

- In fact, <u>the only way</u> **to reawaken** it **is to walk** out of the room and **come** back in again.: to reawaken은 문장의 주어 the only way를 수식하는 to부정사이다. to walk와 (to) come은 is의 보어 역할을 하는 to부정사로, 등위접속사 and로 연결된 병렬구조이다.
- [**As** time passes, however], they **get used to** *what they have* and, **just like** *the smell of fresh bread*, these wonderful assets disappear from their consciousness.: as는 접속사로 '~함에 따라'라는 의미이다. 「get used to+명사(구)」 구문은 '~에 익숙해지다'라는 의미로, 목적어인 what they have는 선행사를 포함한 관계대명사절이다. just like는 '마치 ~처럼'의 의미로, like가 전치사이므로 뒤에 명사구가 쓰였다.

이 글의 내용을 한 문장으로 요약하고자 한다. 빈칸 (A), (B)에 들어갈 말로 가장 적절한 것은?

> In one study, researchers asked pairs of strangers to sit down in a room and chat. In half of the rooms, a cell phone was placed on a nearby table; in the other half, no phone was present. After the conversations had ended, the researchers asked the participants what they thought of each other.

> Here's what they learned: when a cell phone was present in the room, the participants reported the quality of their relationship was worse than those who'd talked in a cell phone-free room. The pairs who talked in the rooms with cell phones thought their partners showed less empathy.

> Think of all the times you've sat down to have lunch with a friend and set your phone on the table. You might have felt good about yourself because you didn't pick it up to check your messages, but your unchecked messages were still hurting your connection with the person sitting across from you.

> The presence of a cell phone (A)weakens the connection between people involved in conversations, even when the phone is being (B)ignored.

	(A)		(B)
①	weakens	⋯⋯	answered
②	weakens	⋯⋯	ignored
③	renews	⋯⋯	answered
④	maintains	⋯⋯	ignored
⑤	maintains	⋯⋯	updated

내 생각?

연구 내용과 결과를 통해 내가 주장하는 바는, 대화 중엔 휴대전화가 있는 것만으로도 대화자들의 관계의 질이 떨어지니 꺼내 놓지 말라는 것!

| 전문 해석 |

한 연구에서 연구자들은 서로 모르는 사람들끼리 짝을 이루어 한 방에 앉아서 이야기하도록 했다. 방들의 절반에는 근처 탁자 위에 휴대전화가 놓여 있었고, 나머지 절반에는 휴대전화가 없었다. 대화가 끝난 후, 연구자들은 참가자들에게 서로에 대해 어떻게 생각하는지를 물었다.

여기에 그들이 알게 된 것이 있다. 휴대전화가 없는 방에서 대화했던 참가자들에 비해 방에 휴대전화가 있을 때 참가자들은 자신들의 관계의 질이 더 나빴다고 말했다. 휴대전화가 있는 방에서 짝을 이루어 대화한 사람들은 자신의 상대가 공감을 덜 보여주었다고 생각했다.

친구와 점심을 먹기 위해 자리에 앉아 탁자 위에 휴대전화를 놓았던 모든 순간을 떠올려 보라. 메시지를 확인하려고 휴대전화를 집어 들지 않았으니, 스스로 잘했다고 느꼈을지 모르지만, 확인하지 않은 여러분의 메시지는 여전히 맞은편에 앉아 있는 사람과의 관계를 상하게 하고 있었다.

→ 휴대전화의 존재는 심지어 휴대전화가 (B)무시되고 있을 때조차, 대화에 참여하는 사람들 간의 관계를 (A)약화시킨다.

출제의도

문단 요약 ▶ 글의 구조 속에서 핵심 개념들의 관계를 파악하고 한 문장으로 표현할 수 있는가?

문제해설

휴대전화가 주변에 있으면 휴대전화가 있는 것을 무시하고 확인하지 않아도(didn't check), 대화를 나누는 상대방은 두 사람이 나누는 대화의 질이 나빠진다고(worse/hurting) 느낀다는 내용의 글이다. 따라서 빈칸 (A)에는 weakens(약화시킨다), (B)에는 ignored(무시되고)가 들어가야 글의 요지를 보여주는 요약문으로 적절하다.

① 약화시킨다 – 통화되고   ③ 새롭게 한다 – 통화되고
④ 유지한다 – 무시되고   ⑤ 유지한다 – 업데이트되고

| 어휘 • 어법 |

• pair 짝   • stranger 모르는 사람, 낯선 사람   • chat 이야기하다
• place 놓다, 두다   • nearby 근처의   • present 존재하는, 있는
• conversation 대화   • participant 참가자   • report 말하다, 전하다
• quality 질   • relationship 관계   • partner 상대
• empathy 공감   • connection 관계, 연결

• Think of *all the times* [you've sat down to have lunch with a friend and set your phone on the table].: [ ]는 선행사 all the times 를 수식하는 관계부사절로, 앞에 when[that]이 생략되었다. 관계부사절의 주어는 you이고, 동사는 have sat과 (have) set이다.

4 ⑤ **0** ⓐ, ⓓ, ⓑ / By engaging the **1** ②

이 글의 빈칸에 들어갈 말로 가장 적절한 것은?

The prevailing view among developmental scientists is that people are active contributors to their own development. People are influenced by the physical and social contexts in which they live, but they also play a role in influencing their development by interacting with, and changing, those contexts.

Even infants influence the world around them and construct their own development through their interactions. Consider an infant who smiles at each adult he sees; he influences his world because adults are likely to smile, use "baby talk," and play with him in response. The infant brings adults into close contact, making one-on-one interactions and creating opportunities for learning.

By engaging the world around them, thinking, being curious, and interacting with people, objects, and the world around them, individuals of all ages are "manufacturers of their own development."

① mirrors of their generation
② shields against social conflicts
③ explorers in their own career path
④ followers of their childhood dreams
⑤ manufacturers of their own development

내 생각?

발달 과학자들의 견해를 가져와 내 생각 말하기! 모든 사람은 자기 발전에 필요한 환경을 스스로 만든다는 생각을 유아들의 사례로 증명하기.

판단(요지) ──→ 근거(사례)

결론(요지 반복)

| 전문 해석 |

발달 과학자들 사이에서 지배적인 견해는 사람들이 그들 자신의 발달에 능동적인 기여자라는 것이다. 사람들은 그들이 사는 물리적이고 사회적인 환경의 영향을 받지만, 또한 그 환경들과 상호작용하고, 변화시킴으로써, 자신들의 발달에 영향을 주는 역할을 한다.

심지어 유아들도 그들 주변의 세상에 영향을 주고 상호작용을 통해서 그들 자신의 발달을 구성한다. 자신이 바라보는 각각의 어른에게 미소 짓는 유아를 생각해 보라. 그 유아는 자신의 세상에 영향을 주는데 왜냐하면 어른들이 (미소에) 반응하여, 미소 짓고, '아기 말'을 사용하며, 자신과 함께 놀아줄 것이기 때문이다. 유아는 어른들을 친밀하게 접촉하게 하여 일대일 상호작용을 하고 학습의 기회를 만든다.

주변 세상의 관심을 끌고, 생각하고, 호기심을 가지며, 주변의 사람들, 사물들, 세상과 상호작용함으로써, 모든 연령대의 개인들은 '그들 자신의 발달을 만드는 사람들'이다.

빈칸 추론 ▶ 글의 구조 속에서 글쓴이의 의도와 빈칸이 포함된 문장의 역할을 파악할 수 있는가?

이 글은 모든 사람은 자기 발달에 필요한 환경을 스스로 만드는데, 유아조차 자기 발달에 필요한 환경을 만든다는 예를 들어 주장의 타당성을 증명하고 있다. 글의 마지막 단락에서는 보통 글의 요지를 다시 반복하는 경향이 있는데 이 글도 마찬가지다. 빈칸에는 첫 단락에서 말한 글의 요지를 반영한 ⑤ '그들 자신의 발달을 만드는 사람들'이 들어가야 한다.

① 그들 세대의 거울들
② 사회적 갈등을 막는 방패들
③ 그들 자신의 진로의 탐험가들
④ 어린 시절의 꿈을 추구하는 사람들

| 어휘 · 어법 |

• prevailing 널리 퍼진 • developmental 발달의 • contributor 기여자
• influence 영향을 주다 • context 환경 • interact 상호작용하다
• infant 유아 • in response (~에) 반응하여
• engage (마음·주의 등을) 끌다 • individual 개인

• People are influenced by the physical and social contexts in which they live, but they also play a role in influencing their development **by interacting** with, and **changing**, *those contexts*.: 「by+-ing」 구문으로 '~함으로써'의 의미를 나타낸다. 전치사 by 뒤에는 두 개의 동명사 interacting with와 changing이 병렬구조를 이루고 있으며, those contexts가 두 개의 동명사의 목적어 역할을 동시에 하고 있다.

• The infant brings adults into close contact, [**making** one-on-one interactions] and [**creating** opportunities for learning].: 두 개의 [ ]는 연속동작을 나타내는 분사구문으로, and he(= the infant) makes ~. and he(= the infant) creates ~를 의미한다.

③   0 ④ / Consider light   1 ④

이 글의 밑줄 친 부분 중, 문맥상 낱말의 쓰임이 적절하지 <u>않은</u> 것은?

> When the price of something fundamental drops greatly, the whole world can change.

> Consider light. Chances are you are reading this sentence under some kind of artificial light. Moreover, you probably never thought about whether using artificial light for reading was worth it. Light is so ①cheap that you use it without thinking. But in the early 1800s, it would have cost you four hundred times what you are paying now for the same amount of light. At that price, you would ②notice the cost and would think twice before using artificial light to read a book. The ③increase(→ decrease[drop]) in the price of light lit up the world. Not only did it turn night into day, but it allowed us to live and work in big buildings that ④natural light could not enter. Nearly nothing we have today would be ⑤possible if the cost of artificial light had not dropped to almost nothing.

내 생각?

필수품의 가격이 크게 하락하면 세상 전체가 바뀐다는 생각부터 먼저! 빛(조명)의 가격 하락으로 생긴 변화 사례로 이해시키기.

일반(요지)

↓

구체(사례)

│전문해석│

기본적인 어떤 것의 가격이 크게 하락할 때, 온 세상이 바뀔 수 있다.

빛(조명)을 생각해 보자. 아마 여러분은 어떤 유형의 인공 조명 아래에서 이 문장을 읽고 있을 것이다. 또한, 여러분은 독서를 위해 인공 조명을 이용하는 것이 그럴 만한 가치가 있는지에 대해 아마 생각해 본 적이 없을 것이다. 조명은 (가격이) 너무 ①싸서 여러분은 생각 없이 그것을 이용한다. 하지만 1800년대 초반에는, 같은 양의 빛에 대해 오늘날 지불하고 있는 것의 400배만큼의 비용이 들었을 것이다. 그 가격이면, 여러분은 비용을 ②의식할 것이고 책을 읽으려고 인공 조명을 이용하기 전에 다시 한 번 생각할 것이다. 조명 가격의 ③인상(→ 하락)은 세상을 밝혔다. 그것은 밤을 낮으로 바꾸었을 뿐 아니라, ④자연광이 들어올 수 없는 큰 건물에서 우리가 살고 일할 수 있게 해주었다. 만약 인공 조명의 비용이 거의 공짜 수준으로 하락하지 않았다면 우리가 오늘날 누리는 것 중에 ⑤가능한 것은 거의 없을 것이다.

출제의도

어휘 적합성 판단 ▶ 각 낱말이 포함된 문장이 글쓴이의 의도에 맞게 쓰였는지 판단할 수 있는가?

문제해설

조명의 가격 하락이 일상생활에 미친 영향을 예로 들어 필수적인 상품의 가격이 크게 하락하면 세상이 바뀐다는 내용을 전달하는 글이다. Consider ~라고 하면 예를 들겠다는 신호임을 알아두자. ③ increase(인상)는 글의 요지와 정반대의 상황을 말하고 있으므로 '하락'을 의미하는 decrease 또는 drop 등으로 바꿔야 글쓴이 의도와 일치한다.

│어휘 • 어법│

- price 가격   • fundamental 기본적인   • drop 하락하다
- consider 생각하다   • chances are (that) ~ 아마 ~일 것이다
- artificial 인공의   • worth 가치가 있는   • cheap 값이 싼
- cost ~의 비용이 들다; 비용   • pay 지불하다   • amount 양
- notice 의식하다   • increase 인상, 증가   • light up (불을) 밝히다
- turn A into B A를 B로 바꾸다   • nearly 거의   • possible 가능한

- Nearly nothing we have today **would be** possible **if** the cost of artificial light **had not dropped** to almost nothing.: 혼합 가정법 구문으로 실제 있었던(과거) 일을 반대로 가정, 그에 따른 현재의 결과가 갖는 의미를 되짚어 볼 때 사용한다. 여기서 if절은 '(과거에) 인공 조명의 비용이 하락하지 않았다면'이라는 의미로 과거 사실과 반대되는 상황을 가정하므로 가정법 과거완료 시제인 had not dropped를 사용한 반면, 주절은 '오늘날 누리는 것 중에 가능한 것은 없을 것이다'라는 현재 시점과 반대되는 상황을 말하고 있으므로 가정법 과거 시제인 would be를 썼다.

주어진 글 다음에 이어질 글의 순서로 가장 적절한 것은?

People spend much of their time interacting with media, but that does not mean that people have the critical skills to analyze and understand it.

(B) One well-known study from Stanford University in 2016 demonstrated that youth are easily fooled by misinformation, especially when it comes through social media channels.

This weakness is not found only in youth, however. (A) Research from New York University found that people over 65 shared seven times as much misinformation as their younger counterparts.

All of this raises a question: What's the solution to the misinformation problem? (C) Governments and tech platforms certainly have a role to play in blocking misinformation. However, every individual needs to take responsibility for combating this threat by becoming more information literate.

① (A) – (C) – (B)   ② (B) – (A) – (C)   ③ (B) – (C) – (A)

④ (C) – (A) – (B)   ⑤ (C) – (B) – (A)

내 생각?

미디어 이용에 대한 문제부터 먼저! 젊은이와 노인층의 정보 분석 능력 부족 문제를 연구 사례로 구체화. 정부와 기업의 역할, 개인의 노력으로 문제 해결하기. 이게 내가 이 글을 쓴 이유!

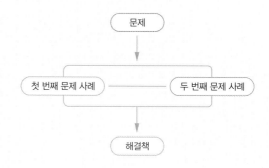

| 전문 해석 |

사람들은 미디어와 상호작용하는 데 많은 시간을 소비하지만, 그렇다고 해서 사람들이 미디어를 분석하고 이해하는 데 중요한 기술을 가지고 있는 것은 아니다.

(B) 2016년 Stanford 대학의 한 잘 알려진 연구는 특히 소셜 미디어 채널을 통해 젊은이들이 잘못된 정보에 쉽게 속는다는 것을 보여주었다.

그러나 이러한 약점은 젊은이에게서만 발견되는 것은 아니다. (A) New York 대학의 조사에 따르면 65세 이상의 사람들이 젊은이들보다 7배나 더 많은 잘못된 정보를 공유한다고 한다.

이 모든 것이 문제를 제기한다. 즉, 잘못된 정보 문제에 대한 해결책은 무엇인가? (C) 정부와 기술 플랫폼은 분명 잘못된 정보를 막아내는 데 있어 해야 할 역할이 있다. 반면에 모든 개인은 정보를 더 잘 읽을 수 있게 됨으로써 이러한 위협에 맞서 싸울 책임을 질 필요가 있다.

출제의도

글의 순서 판단 ▶ 주어진 글로 전체 구조를 예측하면서 흐름에 맞게 단락을 구성할 수 있는가?

문제해설

사람들은 미디어와 상호작용하는 데 많은 시간을 쓰지만, 미디어를 분석하고 이해하는 데 중요한 기술을 가지고 있는 것은 아니라는 문제를 제기하고 있으므로, 그렇게 생각한 이유나 구체적 사례 또는 해당 문제에 대한 해결책이 제시될 거라고 예상할 수 있다. (A)와 (B)는 각각 연구에서 밝혀진 문제 사례를 포함하고 있는데, (B)의 마지막 문장에서 이러한 약점은 젊은이에게서만 발견되는 것은 아니라고 했으므로 (B) 뒤에 (A)가 이어지고, (A)의 마지막 문장에서 글의 첫머리에 제기했던 문제를 종합하면서 그에 대한 해결책을 구하는 질문을 던지고 있으므로 (C)가 이어지는 것이 자연스럽다.

1 이 글은 ② '미디어의 잘못된 정보 문제를 해결하는 방법'을 주제로 다루고 있다.

① 미디어에서 정보를 더 잘 읽을 수 있는 방법

③ 정보를 분석하고 이해하는 중요한 기술

④ 소셜 미디어 채널에서 잘못된 정보를 차단하는 방법

| 어휘 • 어법 |

- interact 상호작용하다   • critical 중요한   • analyze 분석하다
- demonstrate (실험, 모형으로) 보여주다   • misinformation 잘못된 정보
- weakness 약점   • counterpart 상대, 대응 관계에 있는 사람[것]
- block 막다   • take responsibility for ~을 책임지다
- combat 맞서 싸우다   • threat 위협, 위험
- literate 글을 읽고 쓸 줄 아는, 학식이 있는

- People **spend** much of their time **interacting** with media, but **that** does not mean [**that** people have the critical skills to analyze and understand it].: 「spend+시간+-ing」 구문으로 '~하는 데 시간을 보내다'라는 의미이다. but 뒤의 that은 앞 문장을 가리키는 지시대명사이고, [ ] 안의 that은 접속사로 mean의 목적어 역할을 하는 명사절을 이끈다.

수능, 구조독해가 정답이다!

④

밑줄 친 부분 중, 문맥상 낱말의 쓰임이 적절하지 <u>않은</u> 것을 고르시오.

Suppose we know that Paula suffers from a severe phobia. If we reason that Paula is afraid either of snakes or spiders, and then ①establish that she is not afraid of snakes, we will conclude that Paula is afraid of spiders. However, our conclusion is reasonable only if Paula's fear really does concern either snakes or spiders. If we know only that Paula has a phobia, then the fact that she's not afraid of snakes is entirely ②consistent with her being afraid of heights, water, dogs or the number thirteen.

More generally, when we are presented with a list of alternative explanations for some phenomenon, and are then persuaded that all but one of those explanations are ③unsatisfactory, we should pause to reflect. Before ④denying(→ conceding) that the remaining explanation is the correct one, consider whether other plausible options are being ignored or overlooked. The fallacy of false choice misleads when we're insufficiently attentive to an important hidden assumption, that the choices which have been made explicit exhaust the ⑤sensible alternatives.

*plausible: 그럴듯한 **fallacy: 오류

내 생각?

잘못된 선택의 오류에 주목, 특정 상황으로 먼저 끌어들여 공감대를 넓히고, 일반적 상황으로 주장하기! 여러 대안 중 하나를 선택할 때 중요한 전제를 놓치고 있는 게 아닌지 확인하라는 게 내 생각!

구체

↓

일반(결론)

구체	Paula의 공포증 원인을 추론하는 상황 - 원인이 둘로 한정된 경우, A(뱀)가 원인이 아님을 밝히면 B(거미)가 원인인 것은 타당함. - 원인이 있다는 것만 아는 경우, A(뱀)가 원인이 아니라는 사실은 여러 다른 원인이 동시에 있다는 것을 보여 줌.
일반 (결론)	어떤 현상에 대해 제시받은 여러 대안적 설명을 선택해야 하는 상황에서 잘못된 선택의 오류 피하기 - 하나만 빼고 나머지 설명들이 불만족스러울 경우, 결정하기 전에 심사숙고해야 함. - 그 하나가 옳다는 걸 인정하기 전, 다른 타당한 설명이나 선택이 무시되거나 간과되고 있을 가능성에 주의해야 함. - 잘못된 선택의 오류 가려진 중요한 전제에 충분하게 주의를 기울이지 않으면, 명백하게 보이는 (잘못된) 선택들이 합리적인 대안을 가림.

전문해석

우리가 Paula가 심한 공포증을 겪고 있다는 것을 안다고 가정해보자. 만약 우리가 Paula가 뱀이나 거미 둘 중 하나를 무서워한다고 추론하고 나서 그녀가 뱀을 무서워하지 않는다고 ①규명한다면, 우리는 Paula가 거미를 무서워한다고 결론짓게 될 것이다. 그러나 우리의 결론은 Paula의 두려움이 정말로 뱀이나 거미 둘 중 하나와 관계가 있을 때에만 타당하다. 만약 우리가 Paula가 공포증을 가지고 있다는 것만 안다면, 그녀가 뱀을 두려워하지 않는다는 사실은 그녀가 높은 곳, 물, 개 또는 숫자 13을 두려워하는 것과 전적으로 ②양립한다.

더 나아가(보다 일반적으로), 우리가 어떤 현상에 대한 일련의 대안적인 설명을 제시받고, 그리고 나서 그 설명들 중 하나를 제외하고 모두 ③만족스럽지 않다고 설득될 때, 우리는 잠시 멈춰서 심사숙고해야 한다. 나머지 설명이 맞다는 것을 ④부인하기(→ 인정하기) 전에, 다른 타당해 보이는 선택 사항들이 무시되고 있는지 혹은 간과되고 있는지 생각해 보라. 잘못된 선택의 오류는, 우리가 중요한 숨겨진 가정에 충분하게 주의를 기울이지 않으면, 명백한 것으로 밝혀진 선택 사항들이 ⑤합리적인 대안을 고갈시키도록 오도한다(그릇된 길로 이끈다).

어휘 적합성 판단 ▶ 글의 구조 속에서 각 낱말이 포함된 문장이 글쓴이의 의도에 맞게 쓰였는지 판단할 수 있는가?

누구나 생각해 볼 수 있는 상황을 가정해 보라면서 글을 시작하는 경우, 글쓴이가 제시한 특정 상황은 글의 결론을 끌어내기 위한 필수적인 요소이다. 따라서, 무엇을 설명하려고 구체적 사례를 제시했는지, 그 사례와 결론을 어떻게 연결짓는지와 같이 글의 구조 속에서 글쓴이의 의도를 파악해야 한다. 이 문제에서는 그런 관점에서 글을 읽고, 글쓴이의 의도와 일치하는 문맥인지 판단해야 한다.

첫 단락에서는 Paula의 공포증과 관련된 추론 상황을 가정하여, 타당한 결론을 내릴 수 있는 경우와 그렇지 않은 경우를 설명하고 있다. 모든 조건이 명확하게 드러나지 않는 상황에서의 추론은, 여러 가능성이 있는 결론이 양립할 수밖에 없음을 말하고 있다.

두 번째 단락에서는 앞서 제시한 구체적인 상황을 보다 일반적으로 서술한 것으로, 어떤 현상에 대한 설명 중 하나만 빼고 모두 불만족스럽더라도, 그 하나의 설명을 받아들이고 선택하기 전에 심사숙고하라고 주장하고 있다. 이는 글쓴이가 주목한 '잘못된 선택의 오류' 때문인네, 앞 단락에서 언급한 사례처럼 조건이나 전제가 확실할 때는 타당한 결론을 내릴 수 있지만, 조건이 불확실한 때 성급히 결론을 내리려고 하면 옳은 선택처럼 보이는 것으로 인해 타당한 결론으로 이어지지 못하는 경우가 있음을 말하고 있다.

선택지별 선택비율　①3%　②15%　③16%　④54%　⑤9%

① establish 규명하다[밝히다]
→ Paula의 공포증과 관련하여 뱀이나 거미 둘 중에서 하나만 무서워한다고 추론할 때, Paula가 뱀을 무서워하지 않는다는 것을 규명해야 거미를 무서워한다고 결론짓게 된다.

② consistent 양립하는
→ Paula가 공포증을 가지고 있다는 것을 전제로 추론할 때, 뱀을 두려워하지 않는다는 사실과 다른 것들을 두려워한다는 것은 양립 가능한 일이다.

③ unsatisfactory 불만족스러운
→ 여러 설명 중 한 가지 설명만 빼고 모두 불만족스럽다는 경우를 말해야 잘못된 선택의 오류를 피하기 위해 심사숙고해야 한다는 글쓴이 의도와 어울리는 문장이 된다.

④ deny 부인하다 → concede 인정하다
→ 여러 설명 중 남은 설명(the remaining explanation) 하나가 맞다고 인정하기 전이라고 해야 앞 문장과 맥락이 이어진다. 따라서, denying을 conceding으로 고쳐야 한다.

⑤ sensible 합리적인
→ 잘못된 선택의 오류가 가져오는 결과를 언급한 문장이므로, 명백한 것으로 밝혀진 선택 사항들이 '합리적인' 대안을 고갈시킨다는 내용은 글쓴이의 의도와 일치한다.

| 어휘 · 어법 |

- suffer from ~을 겪다, ~로 고통받다 ● severe 심한 ● phobia 공포증
- reason 추론하다 ● establish 규명하다 ● reasonable 합리적인
- concern 관계가 있다 ● consistent 양립하는, 일치하는
- present 제시하다 ● alternative 대안의 ● phenomenon 현상
- persuade 확인시키다, 납득시키다 ● reflect 심사숙고하다
- overlook 간과하다 ● mislead 오도하다(그릇된 길로 이끌다)
- insufficiently 불충분하게 ● assumption 전제, 가정 ● explicit 명백한
- exhaust 고갈시키다 ● sensible 합리적인

- **Suppose** [we know that Paula suffers from a severe phobia].
  → 글쓴이가 특정 상황[　]을 가정하라(Suppose)면서 내용을 전개하고 있다. 앞으로 이 상황과 관련된 구체적인 사례가 제시될 것임을 알 수 있다.

- If we **reason** [that Paula is afraid **either** of snakes **or** spiders], and then **establish** [that she is not afraid of snakes], we will **conclude** [that Paula is afraid of spiders].
  → 세 개의 [　]은 각각 동사 reason, establish, conclude의 목적어인 명사절이다.
  → 첫 번째 명사절 안의 either A or B는 'A나 B 둘 중 하나'를 의미하며, 추론의 조건이 한정되어 타당한 결론을 내릴 수 있는 상황을 제시하기 위해 사용되었다.

- If we **know** only [that Paula has a phobia], then **the fact** [that she's not afraid of snakes] **is** entirely **consistent with** her being afraid of heights, water, dogs or the number thirteen.
  → 첫 번째 [　]은 동사 know의 목적어인 that절이고, 두 번째 [　]은 문장의 주어 the fact의 동격절로 둘 다 명사절이다.
  → be consistent with는 '~과 양립하다(모순이 되지 않는다)'는 의미이다. 여기서는 the fact와 her being ~ thirteen이 동시에 성립될 수 있음을 나타내는 표현으로, 추론의 조건이 불명확하면 타당한 결론을 내릴 수 없는 상황을 설명한다.

- The fallacy of false choice misleads [**when** we're insufficiently attentive to an important hidden assumption], that **the choices** [which have been made explicit] exhaust the sensible alternatives.
  → 첫 번째 [　]는 시간을 나타내는 부사절, 두 번째 [　]는 the choices를 수식하는 관계사절이다. 잘못된 선택의 오류가 언제, 어떤 결과로 이어지는지 설명하는 내용이다.

이 글의 제목으로 가장 적절한 것은?

Near an honesty box, in which people placed coffee fund contributions, researchers at Newcastle University in the UK alternately displayed images of eyes and of flowers. Each image was displayed for a week at a time. During all the weeks in which eyes were displayed, bigger contributions were made than during the weeks when flowers were displayed. Over the ten weeks of the study, contributions during the 'eyes weeks' were almost three times higher than those made during the 'flowers weeks.'

It was suggested that 'the evolved psychology of cooperation is highly sensitive to subtle cues of being watched,' and that the findings may have implications for how to provide effective nudges toward socially beneficial outcomes.

① Is Honesty the Best Policy?
② Flowers Work Better than Eyes
③ Contributions Can Increase Self-Respect
④ The More Watched, The Less Cooperative
⑤ Eyes: Secret Helper to Make Society Better

내 생각?

눈이 그려진 상자에 사람들이 더 많은 기부금을 넣은 실험 사례부터 먼저! 누군가 보고 있다고 느끼면 더 좋은 일을 하게 되는 심리가 사회적으로 유익한 결과를 내는 넛지가 된다는 결론으로 몰아가기!

구체(실험 사례)

↓

일반(결론)

| 전문 해석 |

사람들이 커피 기금을 위한 성금을 넣는 양심 상자 가까이에, 영국 Newcastle 대학의 연구자들이 눈과 꽃의 이미지를 번갈아가며 전시했다. 각각의 이미지는 한 번에 일주일 동안 전시되었다. 꽃 이미지가 전시된 주간보다 눈 이미지가 전시된 모든 주간 동안 더 많은 기부가 이루어졌다. 10주간의 연구 기간 동안, '눈 주간'의 기부금이 '꽃 주간'의 기부금보다 거의 세 배나 더 많았다.

'진화된 협력 심리는 누군가 지켜보고 있다는 미묘한 신호에 매우 민감하다'는 것과, 실험 결과가 사회적으로 유익한 결과를 내도록 효과적인 넛지를 제공하는 방법에 대해 시사하는 바가 있을 수 있음을 제시했다.

출제의도

제목 파악 ▶ 글의 구조 속에서 글쓴이가 의도한 바를 대표하거나 상징적으로 표현한 제목을 붙일 수 있는가?

문제해설

성금을 넣는 양심 상자 근처에 꽃과 눈의 이미지를 각각 전시한 실험에서 눈의 이미지를 전시했을 때 기부금이 더 많이 모였다는 결과를 통해, 사람들이 누군가 지켜보고 있다는 신호에 심리적으로 민감하게 반응하며 이것이 사회적으로 유익한 결과를 얻는 데 넛지가 될 수 있음을 보여주는 글이다. 따라서 글쓴이의 의도를 상징적으로 반영한 ⑤ '눈: 더 나은 사회를 만드는 숨은 협력자'가 제목으로 적절하다.

① 정직이 최상의 정책인가?
② 꽃이 눈보다 더 효과적이다
③ 기부는 자존감을 높일 수 있다
④ 더 많이 지켜볼수록, 덜 협력적이게 된다.

1 subtle cues of being watched는 ② images of eyes(눈의 이미지)를 가리킨다.
① 커피 기금을 위한 성금
③ 꽃의 이미지
④ 사회적으로 유익한 결과

| 어휘 • 어법 |

• honesty box 양심 상자   • fund 기금   • contribution 기부(금)
• alternately 번갈아, 교대로   • display 전시하다   • evolve 진화하다
• psychology 심리(학)   • cooperation 협력, 협동   • sensitive 민감한
• subtle 미묘한   • cue 단서   • implication 암시, 함축
• effective 효과적인   • nudge 넌지시 권하기, (팔꿈치로 살짝) 쿡 찌르기
• beneficial 유익한   • outcome 결과, 성과

• Over the ten weeks of the study, **contributions** during the 'eyes weeks' were almost **three times higher than those** [*made* during the 'flowers weeks.']: 「배수사+비교급+than」 구문으로 '~보다 -배 더 …한'의 의미를 나타낸다. those는 contributions를 가리키며, [ ]는 those를 수식하는 과거분사구이다.

• **It** was suggested [**that** 'the evolved psychology of cooperation is highly sensitive to subtle cues of being watched,' and **that** the findings may have implications for {*how to provide* effective nudges toward socially beneficial outcomes}].: It은 가주어이고 [ ]의 that절이 진주어로, 등위접속사 and로 두 개의 that절이 병렬구조를 이루고 있다. { }는 '~하는 방법'을 뜻하는 「how+to부정사구」로, 전치사 for에 연결된다.

2 — ① 0 ② / Written language − If you 1 ③

이 글의 필자가 주장하는 바로 가장 적절한 것은?

Something comes over most people when they start writing. They write in a language different from the one they would use if they were talking to a friend. If, however, you want people to read and understand what you write, write it in spoken language.

Written language is more complex, which makes it more work to read. It's also more formal and distant, which makes the readers lose attention. You don't need complex sentences to express ideas. Even when specialists in some complicated field express their ideas, they don't use sentences any more complex than they do when talking about what to have for lunch.

If you simply manage to write in spoken language, you have a good start as a writer.

① 구어체로 간결하게 글을 쓰라.
② 자신의 생각을 명확하게 표현하라.
③ 상대방의 입장을 고려하여 말하라.
④ 글을 쓸 때 진부한 표현을 자제하라.
⑤ 친근한 소재를 사용하여 대화를 시작하라.

내 생각?

글을 처음 쓰기 시작할 때 구어체로 간결하게 쓰라는 주장부터 먼저! 문어체로 복잡하게 쓰면 읽는 사람이 힘들어지고 집중을 못하게 된다는 점을 근거로 다시 한 번 강조하기!

| 전문 해석 |

대부분의 사람들이 글쓰기를 시작할 때, 어떤 생각이 밀려온다. 친구들에게 이야기하고 있다면 사용할 만한 말과는 다른 언어로 글을 쓴다. 하지만, 만약 사람들이 당신이 쓴 것을 읽고 이해하기를 원한다면, 그것을 구어체로 써라.

문어체는 더 복잡한데, 이것은 읽는 것을 더욱 수고롭게 만든다. 또한, 더 형식적이고 거리감이 들게 하여 독자로 하여금 주의력을 잃게 만든다. 생각을 표현하기 위해 복잡한 문장이 필요하지는 않다. 심지어 어떤 복잡한 분야의 전문가들이 자신의 생각을 표현할 때조차도, 그들이 점심으로 무엇을 먹을지에 대해 이야기할 때 사용하는 것보다 더 복잡한 문장을 사용하지는 않는다.

만약 당신이 그저 구어체로 글쓰기를 해낸다면, 당신은 작가로서 좋은 출발을 하는 것이다.

출제의도

주장 파악 ▶ 글의 구조 속에서 글쓴이가 제시한 구체적인 의견을 파악할 수 있는가?

문제해설

글을 쓸 때 문어체는 더 복잡하고 읽는 것을 더 수고롭게 하며 형식적이고 주의력을 잃게 한다는 점을 근거로 구어체로 간결하게 쓰라고 충고하는 글이다. 따라서 ①이 글쓴이의 충고를 반영하는 주장으로 가장 적절하다.

| 어휘 · 어법 |

• come over (생각·감정이) 밀려오다
• complex (내용이) 복잡하고 이해하기 어려운   • formal 형식적인
• distant 거리를 두는   • complicated (내용이) 복잡하고 다루기 어려운
• field 분야   • manage to (어떻게든) ∼해내다

• They **write** in a language different from the one [they would use if they **were** talking to a friend].: 문장의 동사 write는 실제 쓰는 행위를 의미해서 현재시제로 쓰였지만, if they were talking은 실제 말하는 행위가 아닌 가정의 상황이어서 가정법 과거 were와 함께 쓰였다.

• Even when specialists in some complicated field express their ideas, they don't **use** sentences any more complex than they **do** when talking about [*what to have* for lunch].: do는 대동사로 앞에 쓰인 동사를 가리키는데, 이 문장에서는 use (sentences)를 가리킨다. [ ]는 about의 목적어 역할을 하는 명사구로, 「what+to 부정사」는 '무엇을 ∼할지'의 의미이다.

이 글의 내용을 한 문장으로 요약하고자 한다. 빈칸 (A), (B)에 들어갈 말로 가장 적절한 것은?

> We cannot predict the outcomes of sporting contests, which vary from week to week. This heterogeneity is a feature of sport. It is the uncertainty of the result and the quality of the contest that consumers find attractive.

> For the sport marketer, this is problematic, as the quality of the contest cannot be guaranteed, no promises can be made in relations to the result and no assurances can be given in respect of the performance of star players. Unlike consumer products, sport cannot and does not display consistency as a key feature of marketing strategies.

> The sport marketer therefore must avoid marketing strategies based solely on winning, and must instead focus on developing product extensions such as the facility, parking, merchandise, souvenirs, food and beverages rather than on the core product (that is, the game itself).

> Sport has the essential nature of being (A)unreliable, which requires that its marketing strategies (B)feature products and services more than just the sports match.

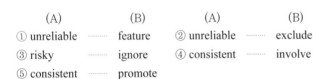

(A)	(B)	(A)	(B)
① unreliable	feature	② unreliable	exclude
③ risky	ignore	④ consistent	involve
⑤ consistent	promote		

 내 생각?

결과를 예측할 수 없는 스포츠의 특성 때문에 스포츠 마케터가 겪는 문제를 제기. 경기의 불확실성과 마케팅 전략의 일관성 결여 문제를 극복하기 위해 상품의 확장 개발이라는 대안 제시하기!

| 전문 해석 |

우리는 매주 바뀌는 스포츠 경기의 결과를 예측할 수 없다. 이런 이질성이 스포츠의 특징이다. 경기의 질과 결과에 대한 불확실성이야말로 소비자들이 매력적으로 느끼는 점이다.

스포츠 마케팅 담당자에게 이것은 문제가 된다. 왜냐하면 경기의 수준이 보장될 수 없고, 결과에 관하여 어떤 약속도 할 수 없으며, 스타 선수들의 경기력에 관해 어떤 보장도 할 수 없기 때문이다. 소비재와 다르게, 스포츠는 마케팅 전략의 중요한 특징으로서 일관성을 보여줄 수 없고, 보여주지도 않는다.

따라서 스포츠 마케팅 담당자는 오로지 승리에만 기초한 마케팅 전략을 피해야 하고, 대신에 핵심 제품 (즉, 경기 그 자체)보다는 시설과 주차, 상품, 기념품, 음식과 음료와 같은 상품 확장 개발에 집중해야 한다.

→ 스포츠는 (A)불확실하다는 본질적 속성을 갖고 있어서, 스포츠 마케팅 전략은 스포츠 경기 그 이상의 상품과 서비스를 (B)특별히 포함시킬 필요가 있다.

출제의도

문단 요약 ► 글의 구조 속에서 핵심 개념들의 관계를 파악하고 한 문장으로 표현할 수 있는가?

문제해설

스포츠는 결과가 불확실해서(uncertainty) 스포츠 경기 그 자체가 아니라 다른 상품과 서비스를 중점적으로 강조하는(focus on) 마케팅 전략을 이용해야 한다는 대안을 제시한 글이다. 따라서 빈칸 (A)에는 스포츠의 특성을 나타내는 unreliable(신뢰할 수 없는, 불확실한), (B)에는 feature(특별히 포함시키다, 특징으로 삼다)를 써서 요약할 수 있다.

② 불확실하다 – 제외할   ③ 위험하다 – 무시할
④ 일관되다 – 포함할   ⑤ 일관되다 – 홍보할

| 어휘 • 어법 |

- predict 예측하다   outcome 결과
- heterogeneity 이질성(성격이나 내용이 다양한 것의 성질·상태)
- feature 특징; ~을 특징으로 삼다   uncertainty 불확실성
- problematic 문제가 되는   guarantee 보장하다
- assurance 보장, 확인   consistency 일관성   strategy 전략
- extension 확장, 연장   facility (편의를 위한) 시설
- merchandise (특정 행사·단체와 관련되거나 그런 것의 홍보용) 상품
- souvenir 기념품   core 핵심
- For the sport marketer, this is problematic, [**as** {the quality of the contest cannot be guaranteed}, {no promises can be made in relations to the result} and {no assurances can be given in respect of the performance of star players}].: [ ]는 이유를 나타내는 부사절로, 세 개의 { }가 「A, B, and C」의 구조로 연결되어 있다.

이 글의 빈칸에 들어갈 말로 가장 적절한 것은?

Motivation may come from several sources.

It may be the respect I give every student, the daily greeting I give at my classroom door, the undivided attention when I listen to a student, a pat on the shoulder whether the job was done well or not, an accepting smile, or simply "I love you" when it is most needed. It may simply be asking how things are at home.

For one student considering dropping out of school, it was a note from me after one of his frequent absences saying that he made my day when I saw him in school. He came to me with the note with tears in his eyes and thanked me. He will graduate this year.

Whatever technique is used, the students must know that you care about them. But the concern must be genuine—the students can't be fooled.

① care about them
② keep your words
③ differ from them
④ evaluate their performance
⑤ communicate with their parents

내 생각?

동기 부여의 원천이라는 주제부터, 동기 부여의 방법들과 실제 사례까지. 동기 부여 방법이 무엇이든 학생들에 대한 교사의 진심 어린 관심이 필요하다는 게 내 결론!

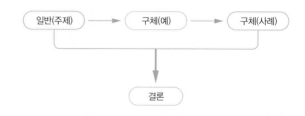

| 전문 해석 |

동기 부여는 여러 원천에서 올 수 있다.

그것은 내가 모든 학생에게 보내는 존중, 교실 문에서 매일 하는 인사, 학생의 말을 들을 때 완전히 집중하기, 일을 잘 했든 못 했든 어깨 토닥여 주기, 포용적인 미소, 혹은 "사랑해"라는 말이 가장 필요할 때 그저 그 말을 해주는 것일 수도 있다. 그것은 그저 집에 별일이 없는지를 물어보는 것일지도 모른다.

학교를 중퇴하는 것을 고려하던 한 학생에게 그것(동기 부여)은, 그 학생의 잦은 결석 중 어느 결석 후에 나한테서 받은 짧은 편지였는데, 그 학생을 학교에서 보니 매우 기뻤다고 쓴 것이었다. 그 학생은 눈물을 글썽이며 그 편지를 들고 내게 와서 고맙다고 했다. 그 학생은 올해 졸업할 것이다.

어떤 기법이 사용되든, 학생들은 여러분이 자기들에 대해 신경 쓴다는 것을 틀림없이 알 것이다. 그런데 그 관심은 진심이어야 하는데, 학생들이 속을 리가 없기 때문이다.

출제의도

빈칸 추론 ▶ 글의 구조 속에서 글쓴이의 의도와 빈칸이 포함된 문장의 역할을 파악할 수 있는가?

문제해설

동기 부여 방법들의 예와 자주 결석하던 학생의 사례를 통해 글쓴이가 자연스럽게 끌어낸 결론은 학생에 대한 교사의 관심은 겉모습이 아닌 진지한 애정에 기초해야 한다는 것이므로, 빈칸에는 ① '그들에 대해 신경 쓴다'가 들어가야 글쓴이의 주장과 일치한다.

② 약속을 지킨다
③ 그들과 다르다
④ 그들의 수행 능력을 평가한다
⑤ 그들의 부모와 의사소통한다

| 어휘 · 어법 |

- motivation 동기 부여   • several 여러   • source 원천
- respect 존중   • undivided 완전한   • pat 토닥임
- drop out of school 학교를 중퇴하다   • frequent 잦은, 빈번한
- absence 결석   • technique 기법, 기술   • concern 관심
- genuine 진심 어린, 진짜의   • fool 속이다

- **Whatever technique** is used, the students must know that you care about them.: 복합관계사 whatever는 「whatever+명사+동사 ~」와 같이 쓰여 '어떤 (명사)가 ~일지라도'를 의미한다. 관계대명사는 형용사절을 이끌지만, 복합관계사는 명사절 또는 부사절을 이끈다는 차이가 있으며 이 문장에서는 부사절로 쓰였다.

밑줄 친 <u>translate it from the past tense to the future tense</u>가
이 글에서 의미하는 바로 가장 적절한 것은?

Get past the 'I wish I hadn't done that!' reaction.

If the disappointment you're feeling is linked to an exam you didn't pass because you didn't study for it, or a job you didn't get because you said silly things at the interview, or a person you didn't impress because you took entirely the wrong approach, accept that it's *happened* now.

The only value of 'I wish I hadn't done that!' is that you'll know better what to do next time. The learning pay-off is useful and significant. This 'if only I ...' agenda is virtual. Once you have worked that out, it's time to <u>translate it from the past tense to the future tense</u>: 'Next time I'm in this situation, I'm going to try to ...'.

① look for a job linked to your interest
② get over regrets and plan for next time
③ surround yourself with supportive people
④ study grammar and write clear sentences
⑤ examine your way of speaking and apologize

내 생각?

후회를 넘어서라는 주장으로 강하게 단도직입! 과거의 여러 실수를 받아들이되, 후회를 딛고 미래에 어떻게 할지를 배우라는 게 내 생각!

판단(주장) → 근거(예)

결론(주장 반복)

| 전문 해석 |

'내가 그것을 하지 말았어야 했는데!'라는 반응을 넘어서라.

만일 여러분이 느끼는 실망이 시험공부를 하지 않았기 때문에 통과하지 못한 시험, 면접에서 바보같은 말을 해서 얻지 못한 일자리, 또는 완전히 잘못된 접근 방법을 택하는 바람에 좋은 인상을 주지 못한 사람과 연관되어 있다면, 이제는 그 일이 '일어나 버렸다'는 것을 받아들여라.

'내가 그것을 하지 말았어야 했는데!'의 유일한 가치는 다음에 무엇을 할지 더 잘 알게 될 것이라는 점이다. 배움으로 얻게 되는 이득은 유용하고 의미가 있다. 이러한 '내가 …하기만 했다면'이라는 의제는 가상의 것이다. 여러분이 그것을 파악했다면, 이제 그것을 과거 시제에서 미래 시제로 바꿀 때이다. 즉, '다음에 내가 이 상황일 때 나는 …하려고 할 것이다.'

출제의도

함축적 의미 추론 ► 글쓴이의 의도와 중심 내용을 상징적으로 표현한 어구의 의미를 이해할 수 있는가?

문제해설

밑줄 친 표현이 의미하는 바를 추론하려면 글쓴이의 중심생각과 요지를 확실하게 파악해야 한다. 특히 해당 표현이 상징적이라면 더욱 그렇다. 과거의 실수에 대한 후회를 넘어서는 것의 유일한 가치는 다음에 무엇을 할지 더 잘 알게 된다는 것으로, 배움으로 얻게 되는 이득의 중요성을 강조해서 말하고 있으므로 밑줄 친 표현의 의미로 ② '후회(과거 실수의 아픔)를 극복하고 다음을 위한 계획을 세우다'가 적절하다. it은 '실수를 통해 배운 교훈'을 의미한다.

① 당신의 흥미와 관련된 직업을 찾다
③ 주변에 당신을 돕는 사람들을 두다
④ 문법을 배워서 깔끔한 문장을 쓰다
⑤ 당신의 말하는 방식을 검토하고 사과하다

| 어휘 · 어법 |

- reaction 반응   disappointment 실망   be linked to ~과 연관되다
- pass 통과하다   silly 바보 같은   interview 면접, 인터뷰
- impress 좋은 인상을 주다   entirely 완전히, 전적으로
- approach 접근 방법   accept 받아들이다   value 가치
- pay-off 이득   significant 의미가 있는, 중요한   agenda 의제, 안건
- virtual 가상의   work ~ out ~을 파악하다
- translate 바꾸다, 번역하다, 고치다   tense (동사의) 시제; 긴장한
- situation 상황

- If the disappointment you're feeling is linked to [**an exam** {you didn't pass because you didn't study for it}, or **a job** {you didn't get because you said silly things at the interview}, or **a person** {you didn't impress because you took entirely the wrong approach}], accept that it's *happened* now.: [ ]는 전치사 (linked) to 의 목적어로, 세 개의 명사구가 「A, or B, or C」 형태로 병렬구조를 이루고 있다. 그 안의 { }는 각각의 선행사 an exam, a job, a person을 수식하는 관계사절로, 목적격 관계대명사 that이 생략되었다.

CHAPTER 03

6 ⑤   **0** ⓓ, ⓒ, ⓑ / But why?   **1** ③   **2** ②

주어진 글 다음에 이어질 글의 순서로 가장 적절한 것은?

Starting from birth, babies are immediately attracted to faces.

Scientists were able to show this by having babies look at two simple images, one that looks more like a face than the other. (C) By measuring where the babies looked, scientists found that the babies looked at the face-like image more than they looked at the non-face image. Even though babies have poor eyesight, they prefer to look at faces.

But why? (B) One reason babies might like faces is because of something called evolution. Evolution involves changes to the structures of an organism (such as the brain) that occur over many generations. (A) <u>These changes</u> help the organisms to survive, making them alert to enemies. By being able to recognize faces from afar or in the dark, humans were able to know someone was coming and protect themselves from possible danger.

① (A) – (C) – (B)　　② (B) – (A) – (C)　　③ (B) – (C) – (A)
④ (C) – (A) – (B)　　⑤ (C) – (B) – (A)

내 생각?
인간은 태어나면서부터 사람의 얼굴에 끌리는 특성이 있는데, 이 현상을 실험 내용으로 증명하고 그 이유를 진화론적으로 설명하기.

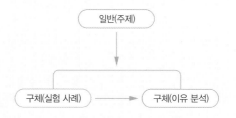

| 전문 해석 |

태어나면서부터, 아기는 즉각적으로 얼굴에 끌린다.

과학자들은 아기에게 간단한 두 개의 이미지, 즉 하나는 다른 것에 비해 더 사람 얼굴처럼 보이는 이미지를 보여줌으로써 이것을 보여줄 수 있었다. (C) 과학자들은 아기가 바라보는 곳을 유심히 살펴보면서, 아기가 얼굴처럼 보이지 않는 이미지보다는 얼굴처럼 보이는 이미지를 더 바라본다는 것을 알아냈다. 아기는 시력이 좋지 않음에도 불구하고, 얼굴을 보는 것을 더 좋아한다.

그러나 왜 그럴까? (B) 아기가 얼굴을 좋아하는 것 같은 하나의 이유는 진화라고 불리는 것 때문이다. 진화는 여러 세대를 거쳐 발생하는 (뇌와 같은) 유기체 구조의 변화를 수반한다. (A) 이런 변화들은 적들을 경계하게 해서 유기체가 생존하도록 도와준다. 멀리서 또는 어둠 속에서 얼굴을 알아볼 수 있음으로써, 인간은 누군가 다가오는지 알 수 있었고 있을 법한 위험으로부터 자신을 보호할 수 있었다.

출제의도

글의 순서 판단 ▶ 주어진 글로 전체 구조를 예측하면서 흐름에 맞게 단락을 구성할 수 있는가?

문제해설

주어진 글의 첫 문장에서 글의 주제인 '아기 때부터 얼굴에 끌리는 현상'을 언급한 뒤, 두 번째 문장과 (C)까지 주제를 증명하는 실험에 대해 설명하고 있다. (C)의 마지막 문장 But why?부터 (B)와 (A)로 이어지며 실험 결과의 원인을 설명하고 있는데, (A)의 첫 두 단어 These changes는 (B)의 내용을 가리키므로 (B) – (A)로 이어지는 것이 글의 흐름상 가장 적절하다.

1 태어나면서부터 얼굴에 관심을 주는 현상을 실험을 통해 증명하고 그 이유를 설명하는 글이므로 ③ '아기들이 얼굴에 끌리는 이유'가 글의 주제로 가장 적절하다.
① 아기들의 시력이 나쁜 이유
② 아기들이 얼굴을 인식할 수 있는 방법
④ 아기들을 위험으로부터 보호하는 방법

2 These changes는 구체적으로 (B)에 언급된 changes to the structures of an organism (such as the brain) that occur over many generations를 가리키므로, ② '진화'를 의미한다.
① 위험　③ 유기체, 생명체　④ 시력

| 어휘 · 어법 |

- attract 끌어당기다　· measure 유심히 바라보다, 측정하다
- eyesight 시력　· prefer 선호하다　· evolution 진화
- involve 수반하다　· organism 유기체, 생명체　· generation 세대
- survive 살아남다　· alert 경계하는　· danger 위험

- Scientists were able to show this **by having** babies look at two simple images, **one** that looks more like a face than **the other**.: 「by+-ing」 구문은 방법·수단의 의미(~함으로써)를 나타낸다. 두 대상을 구분하여 언급할 때 「one ~ the other ...」로 나타낸다.

수능, 구조독해가 정답이다!

⑤

글의 흐름으로 보아, 주어진 문장이 들어가기에 가장 적절한 곳을 고르시오.

> Introduction of robots into factories, while employment of human workers is being reduced, creates worry and fear.

(①) It is the responsibility of management to prevent or, at least, to ease these fears. (②) For example, robots could be introduced only in new plants rather than replacing humans in existing assembly lines. (③) Workers should be included in the planning for new factories or the introduction of robots into existing plants, so they can participate in the process. (④) It may be that robots are needed to reduce manufacturing costs so that the company remains competitive, but planning for such cost reductions should be done jointly by labor and management. ⑤Retraining current employees for new positions within the company will also greatly reduce their fear of being laid off. Since robots are particularly good at highly repetitive simple motions, the replaced human workers should be moved to positions where judgment and decisions beyond the abilities of robots are required.

내 생각?

로봇 도입에 따른 고용 감소와 노동 근로자들의 두려움이란 문제에 주목, 문제를 해결하기 위한 방안으로 노사 협의와 근로자 재교육 및 업무 재배치를 제안하기!

문제	로봇 도입에 따른 노동자의 고용 감소와 두려움
해결	경영진들은 노동자들의 두려움을 완화하기 위한 조치를 취해야 함. – 신규 공장에만 로봇을 도입하고 로봇 도입 과정에 노동자들을 참여시켜야 함. – 기존 노동자를 재교육하여 로봇이 대체하지 못하는 업무에 투입해야 함.

전문해석

공장에 로봇을 도입하는 것은, 한편으로는 인간 노동자의 고용이 줄어들면서 걱정과 두려움을 불러일으킨다.

이러한 두려움을 예방하거나 최소한 완화하는 것은 경영진의 책임이다. 예를 들어, 로봇은 기존 조립 라인에서 인간을 대체하기보다 새로운 공장에만 도입될 수 있다. 노동자는 새로운 공장을 계획하거나 기존의 공장에 로봇을 도입하는 데 포함되어야 하며, 그렇게 함으로써 그들은 그 과정에 참여할 수 있다. 회사가 경쟁력을 유지하도록 제조원가를 낮추기 위해 로봇이 필요할 수도 있지만, 그러한 원가절감을 위한 계획은 노사가 함께해야 한다.

회사 내 새로운 직책을 위해 현재 직원을 재교육하면 해고에 대한 두려움도 또한 크게 줄어들 것이다. 로봇은 특히 매우 반복적인 단순 동작을 잘하기 때문에 대체된 인간 노동자는 로봇의 능력을 넘어선 판단과 결정이 필요한 위치로 옮겨져야 한다.

주어진 문장의 위치 판단 ► 글의 구조와 글쓴이 의도에 맞게 문장을 넣어 일관성 있는 글을 완성할 수 있는가?

공장에 로봇을 도입함으로써 발생할 수 있는 문제와 해결방안의 예를 열거하고 있는 글이다. '글의 구조 속에서 주어진 문장의 역할'을 파악하면 주어진 문장의 위치를 쉽게 찾을 수 있다.

주어진 문장은 새로운 직책을 위해 기존 직원들을 재교육하는 방안을 제안하는 내용인데, also를 통해 문제에 대한 추가적인 해결방안을 제시하고 있는 문장임을 짐작할 수 있다.

따라서 신규 공장에만 로봇을 도입하고, 로봇 도입 과정에 노동자를 참여시켜야 한다는 해결방안이 제시된 다음에 이어서 추가적인 해결방안을 제시하는 위치인 ⑤에 주어진 문장이 들어가야 글쓴이의 의도에 맞다.

또한 ⑤ 다음에는 주어진 문장의 new positions에 대한 구체적인 설명 (로봇의 능력을 넘어서는 판단과 결정이 필요한 직책)이 언급되어 있으므로, ⑤에 주어진 문장이 들어가야 글의 흐름이 자연스럽게 연결된다는 것을 확인할 수 있다.

선택지별 선택비율 ①4% ②11% ③20% ④30% ⑤32%

① 뒤의 문장에서 these fears는 앞 문장의 worry and fear와 내용상 자연스럽게 연결된다.

② 뒤에 제시된 예는 주어진 문장에 대한 예가 아니다.

③ 앞 문장과 연결되는 내용이 이어지고 있으므로 주어진 문장이 들어가기에 어색하다.

④ 앞 문장에 이어 노동자들이 도입 과정에 참여해야 한다는 내용이 계속 이어지고 있다.

⑤ 주어진 문장의 new positions에 대한 구체적인 내용이 positions where 이하에 언급되고 있어서 주어진 문장을 넣으면 글의 흐름이 자연스럽다.

|어휘 · 어법|

- introduction 도입   - employment 고용
- responsibility 책임, 의무   - management 경영(진)
- ease 덜어주다, 완화하다   - plant 공장   - replace 대체하다
- existing 기존의   - assembly 조립   - participate in ~에 참여하다
- manufacturing cost 제조 원가   - competitive 경쟁력 있는
- jointly 합동으로, 공동으로   - labor and management 노사
- retrain 재교육시키다   - lay off 해고하다   - repetitive 반복적인
- judgment 판단

- [**Introduction** of robots into factories]. {**while** employment of human workers is being reduced}, **creates** worry and fear.
  → 문장의 주어 [　]에서 핵심은 Introduction이므로 수를 일치시켜 동사를 creates로 썼다. while이 이끄는 부사절 {　}이 주어와 동사 사이에 삽입되어 있다.

- [**It may be that** robots are needed to reduce manufacturing costs {**so that** the company remains competitive}], **but** planning for such cost reductions **should** be done jointly by labor and management.
  → It may be that ~은 '~일지도 모른다'의 의미이고, so that은 행위의 목적 (~하기 위해서)을 표현하기 위해 쓰인 접속사이다.
  → 역접의 접속사 but 이후에 권고, 제안을 나타내는 조동사 should를 써서 글쓴이의 주장을 표현하고 있다.

- [**Since** robots are particularly good at highly repetitive simple motions], the replaced human workers **should** be moved to **positions** [where judgment and decisions beyond the abilities of robots are required].
  → Since는 이유를 나타내는 부사절을 이끌고 있고, where가 이끄는 [　]는 선행사 positions를 구체적으로 보여주기 위해 사용된 관계사절이다. 이 문장에서도 조동사 should를 써서 글쓴이의 주장을 표현하고 있다.

이 글의 제목으로 가장 적절한 것은?

Chewing leads to smaller particles for swallowing, and more exposed surface area for digestive enzymes to act on. In other words, it means the extraction of more fuel and raw materials from a mouthful of food. This is especially important for mammals because they heat their bodies from within.

Chewing gives mammals the energy needed to be active not only during the day but also the cool night, and to live in colder climates or places with changing temperatures. It allows them to sustain higher levels of activity and travel speeds to cover larger distances, avoid predators, capture prey, and make and care for their young. Mammals are able to live in an incredible variety of habitats, from Arctic tundra to Antarctic pack ice, deep open waters to high-altitude mountaintops, and rainforests to deserts, in no small measure because of their teeth.

① Chewing: A Way to Ease Indigestion
② Boost Your Energy by Chewing More!
③ How Chewing Helps Mammals Survive
④ Different Types and Functions of Teeth
⑤ A Harsh Climate Makes Mammals Stronger

내 생각?

씹는 행위가 포유류에게 특히 중요하다는 점에 주목, 씹기를 통해 포유동물들이 얻는 이점을 조목조목 설명하기.

일반(요지)

↓

구체(설명과 예시)

|전문해석|

씹는 행위로 인해 삼키기 위한 입자가 더 작아지고 소화 효소가 작용할 수 있도록 표면적이 더 노출된다. 다시 말해서, 한입의 음식으로부터 더 많은 연료와 원료를 추출하는 것을 의미한다. 이것은 포유류들에게 특히 중요한데, 왜냐하면 체내에서 자신의 몸을 따뜻하게 하기 때문이다.

씹기는 포유류에게 낮은 물론 서늘한 밤 동안에도 활동하고, 더 추운 기후나 기온이 변하는 장소에서 사는 데 필요한 에너지를 준다. 그것은 그들에게 더 먼 거리를 가고, 천적을 피하고, 먹이를 포획하고, 새끼를 낳고 돌볼 수 있게 하는 더 높은 수준의 활동과 이동 속도를 유지하게 한다. 포유류는 북극 툰드라부터 남극의 유빙까지, 심해부터 고도가 높은 산꼭대기까지, 그리고 열대우림부터 사막까지, 믿을 수 없을 정도의 다양한 서식지에서 살 수 있는데 어느 정도는 이빨 때문이다.

출제의도

제목 파악 ▶ 글의 구조 속에서 글쓴이가 의도한 바를 대표하거나 상징적으로 표현한 제목을 붙일 수 있는가?

문제해설

씹는 능력은 다양한 환경에서 많은 에너지를 소비하는 포유류의 생존에 필수적이라는 내용을 설명과 예로 보여 주는 글이다. 따라서 ③ '씹기가 포유류의 생존을 어떻게 돕는가'가 글의 요지를 대표하는 제목으로 적절하다.

① 씹기: 소화불량을 덜어주는 방법
② 더 많이 씹어 당신의 에너지를 늘려라!
④ 이빨의 다양한 형태와 기능
⑤ 혹독한 기후가 포유류를 더 강하게 만든다

|어휘·어법|

- particle 조각, 부분   • swallow 삼키다   • surface area 표면적
- digestive 소화의   • enzyme 효소   • extraction 추출
- fuel 연료   • raw material 원료   • mammal 포유류
- temperature 온도   • sustain 지속시키다, 지탱하게 하다
- predator 천적, 포식자   • capture 포획하다   • prey 먹잇감
- incredible 믿을 수 없을 정도의   • habitat 서식지   • pack ice 유빙
- high-altitude 고도가 높은   • rainforest 열대우림

- in no small measure 어느 정도, 적지 않게
- Chewing gives mammals *the energy* [**needed** {to be active **not only** during the day **but also** the cool night}, and {to live in colder climates or places with changing temperatures}].: [ ]는 앞의 명사구 the energy를 수식하는 과거분사구로 그 안의 두 개의 to부정사구 { }가 needed에 연결되어 병렬구조를 이루고 있다. 「not only A but also B」 구문이 사용되어 'A뿐만 아니라 B도'라는 의미를 나타낸다.
- It **allows** them **to sustain** higher levels of activity and travel speeds [*to cover* larger distances, *avoid* predators, *capture* prey, and *make and care for* their young].: 「allow+목적어+목적격보어(to부정사)」 구문으로 '(목적어)가 ~하게 (허락)하다'의 의미이다. [ ]는 목적을 나타내는 부사적 용법의 to부정사구로, 네 개의 동사(구) cover, avoid, capture, make and care for가 병렬구조를 이루고 있다.

2 ② **0** ④ / That's why − For example **1** ③

이 글의 요지로 가장 적절한 것은?

Too many companies advertise their new products as if their competitors did not exist. They advertise their products in a vacuum and are disappointed when their messages fail to get through. Introducing a new product category is difficult, especially if the new category is not contrasted against the old one. Consumers do not usually pay attention to what's new and different unless it's related to the old.

That's why if you have a truly new product, it's often better to say what the product is not, rather than what it is.

For example, the first automobile was called a "horseless" carriage, a name which allowed the public to understand the concept against the existing mode of transportation.

① 과도한 광고 경쟁이 제품의 가격을 상승시킨다.
② 기존 제품과의 대비가 신제품 광고에 효과적이다.
③ 신제품 개발을 위해 정확한 수요 예측이 필요하다.
④ 수익 향상을 위해 새로운 고객 관리 방식이 요구된다.
⑤ 제품에 대한 올바른 정보 제공이 소비자의 신뢰를 높인다.

 내 생각?

새 제품을 광고할 때 기존에 없던 것처럼 광고하는 게 문제! 소비자들은 기존 것과 관련되지 않으면 관심을 두지 않기 때문에 새 제품이 기존과 무엇이 다른지 이야기해야 한다는 게 내 생각!

| 전문 해석 |

너무도 많은 회사들이 마치 경쟁자들이 존재하지 않는 것처럼 신제품들을 광고한다. 그들은 자신들의 제품들을 외부와 단절된 상태로(다른 영향을 받지 않는 것처럼) 광고하고서 자신들의 메시지가 전달되지 못할 때 실망한다. 새로운 제품 범주를 도입하는 것은 어려운데, 특히나 이전 것들과 대조되지 않는다면 말이다. 새롭고 다른 것이 예전의 것과 연관되지 않으면 소비자들은 일반적으로 그것에 관심을 주지 않는다.

그래서 당신에게 정말로 새로운 제품이 있다면, 그것이 무엇인지보다는 무엇이 아닌지를 말하는 것이 대체로 더 좋다.

예를 들어, 최초의 자동차는 '말이 없는' 마차라고 불렸으며, 이 명칭은 대중이 기존의 운송 방식과 대조하여 그 개념을 이해하도록 해주었다.

요지 파악 ▶ 글의 구조 속에서 글쓴이가 끌어낸 결론 또는 의도한 바를 파악할 수 있는가?

새로운 제품이 기존의 제품과 대조되지 않는다면 소비자의 관심을 받기 어렵기 때문에 기존의 제품과 대조하여 신제품을 광고하는 것이 효과적이라고 주장하는 글이므로, ②가 글쓴이의 주장을 반영하는 글의 요지로 가장 적절하다.

1 to say what the product is not은 기존의 제품과 대비하여 새로운 제품을 광고하는 것을 의미하며, ③ "말이 없는' 마차'가 기존의 운송 방식인 '마차'와 신제품인 '자동차'를 대비하는 예로 제시되었다.
① 새로운 부류
② 진짜 새로운 제품
④ 기존 교통수단

| 어휘 · 어법 |

- advertise 광고하다 • competitor 경쟁자
- in a vacuum 외부와 단절된 상태로
- get through (∼에게) …가 닿다[전달되다] • contrast 대조하다
- carriage 마차 • transportation 운송. 수송

- Too many companies advertise their new products [**as if** their competitors **did not** exist].: [ ]는 「as if + 가정법 과거」 구문으로 '실제는 아니지만, 마치 ∼인 것처럼'의 의미이다.

- **That's why** if you have a truly new product, **it's** often better [**to say** {what the product is not, *rather than* what it is}].: That's why ∼는 '그것이 바로 ∼한 이유이다'의 의미이다. it은 가주어이고 [ ]의 to부정사구가 진주어이다. 그 안의 { }는 say의 목적어로 의문사 what이 이끄는 명사절이 「A rather than B (B 라기보다는 오히려 A)」와 같이 병렬구조를 이루고 있다.

- For example, the first automobile was called a "**horseless**" **carriage**, **a name** {which allowed the public to understand the concept against the existing mode of transportation}.: a name은 앞의 명사구 a "horseless" carriage에 대한 동격 표현이며, 관계사절 { }로 구체화되고 있다.

이 글의 내용을 한 문장으로 요약하고자 한다. 빈칸 (A), (B)에 들어갈 말로 가장 적절한 것은?

Have you noticed that some coaches get the most out of their athletes while others don't?

A poor coach will tell you what you did wrong and then tell you not to do it again: "Don't drop the ball!" What happens next? The images you see in your head are images of you dropping the ball! Naturally, your mind recreates what it just "saw" based on what it's been told. Not surprisingly, you walk on the court and drop the ball.

What does the good coach do? He or she points out what could be improved, but will then tell you how you could or should perform: "I know you'll catch the ball perfectly this time." Sure enough, the next image in your mind is you *catching* the ball and *scoring* a goal. Once again, your mind makes your last thoughts part of reality—but this time, that "reality" is positive, not negative.

Unlike ineffective coaches, who focus on players' (A) mistakes, effective coaches help players improve by encouraging them to (B) picture successful plays.

	(A)		(B)		(A)		(B)
①	scores	.....	complete	②	scores	.....	remember
③	mistakes	.....	picture	④	mistakes	.....	ignore
⑤	strengths	.....	achieve				

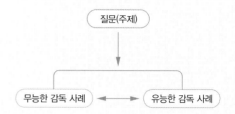

내 생각?

궁금하게 질문부터! 하고 싶은 말은 답에서! 유능한 감독과 무능한 감독의 차이를 구체적인 사례로 대조, 유능한 감독이 선수들의 경기력을 끌어내는 방법을 보여주기.

질문(주제)

↓

무능한 감독 사례 ◄────► 유능한 감독 사례

| 전문 해석 |

어떤 감독들은 운동선수들에게서 최상의 결과를 이끌어 내는 반면 다른 감독들은 그렇지 않다는 것을 알아챘는가?

무능한 감독은 당신이 무엇을 잘못했는지 알려주고 나서 다시는 그러지 말라고 말할 것이다. "공을 떨어뜨리지 마라!" 그 다음에 무슨 일이 일어날까? 당신이 머릿속에서 보게 되는 이미지는 당신이 공을 떨어뜨리는 이미지이다! 당연히, 당신의 마음은 들은 것을 바탕으로 방금 '본' 것을 재현한다. 놀랄 것도 없이, 당신은 코트에 걸어가서 공을 떨어뜨린다.

좋은 감독은 무엇을 하는가? 그 사람은 개선될 수 있는 것을 지적하지만, 그런 뒤에 어떻게 할 수 있는지 또는 어떻게 해야 하는지에 대해 말할 것이다. "이번에는 네가 공을 완벽하게 잡을 거라는 것을 알아." 아니나 다를까, 당신의 마음속에 떠오르는 다음 이미지는 당신이 공을 '잡고' '득점하는' 것이다. 또 다시 당신의 마음은 당신의 마지막 생각을 현실의 일부로 만들지만, 이번에는, 그 '현실'은 부정적이지 않고, 긍정적이다.

→ 선수의 (A) 실수에 초점을 맞추는 무능한 감독과 달리, 유능한 감독은 선수들이 성공적인 경기를 (B) 마음속에 그리도록 격려함으로써 그들이 향상하도록 돕는다.

문단 요약 ► 글의 구조 속에서 핵심 개념들의 관계를 파악하고 한 문장으로 표현할 수 있는가?

선수의 실수를 강조하는 무능한 감독(ineffective coach = poor coach)과 선수가 잘할 수 있는 능력을 마음속에 그리게 해서 경기력을 발휘하게 하는 유능한 감독(effective coach = good coach)의 사례를 대조하여 질문에 대한 답을 제시하는 글이다. 따라서 빈칸 (A)에는 mistakes (실수), (B)에는 picture(마음속에 그리도록)를 써서 요약할 수 있다.

① 득점 – 완성하도록   ② 득점 – 기억하도록
④ 실수 – 무시하도록   ⑤ 힘 – 성취하도록

| 어휘 · 어법 |

- notice (~을 보고) 알아차리다   get the most out of ~을 최대한 활용하다
- athlete (운동)선수   recreate 재현하다   point out 지적하다
- improve 향상시키다   score a goal 득점하다   reality 사실, 현실
- Unlike ineffective *coaches*, [**who** focus on players' mistakes], effective coaches *help players improve* by encouraging them to picture successful plays.: [ ]는 선행사 coaches를 부연 설명하는 관계대명사절이다. help는 준사역동사로 「help＋목적어＋목적격보어(동사원형/to부정사)」형태로 쓴다.

CHAPTER 04

③　　　0 ③ / If an　　　1 ②

이 글의 빈칸에 들어갈 말로 가장 적절한 것은?

Remember that patience is always of the essence.

If an apology is not accepted, thank the individual for hearing you out and leave the door open for if and when he wishes to reconcile. Be conscious of the fact that just because someone accepts your apology does not mean she has fully forgiven you. It can take time, maybe a long time, before the injured party can completely let go and fully trust you again. There is little you can do to speed this process up. If the person is truly important to you, it is worthwhile to give him or her the time and space needed to heal. Do not expect the person to go right back to acting normally immediately.

① curiosity
② independence
③ patience
④ creativity
⑤ honesty

 내 생각?

인내가 가장 중요하다는 걸 기억하라는 주장부터 먼저! 사과하고 용서받을 때까지 인내심을 갖고 기다려야 하는 이유가 내 주장의 근거!

판단(주장)

↓

근거(설명)

| 전문 해석 |

인내가 항상 가장 중요하다는 것을 기억하라.

사과가 받아들여지지 않으면, 그 사람이 여러분의 말을 끝까지 들어줬다는 것에 감사하고, 그 사람이 화해하고 싶을 경우와 시기를 위해 문(가능성)을 열어 두어라. 여러분의 사과를 받아들인다고 해서 그 사람이 여러분을 온전히 용서했다는 뜻이 아니라는 사실을 알고 있어라. 상처받은 당사자가 완전히 떨쳐 버리고 여러분을 온전히 다시 믿기까지 시간이 걸릴 수 있고, 어쩌면 오래 걸릴 수 있다. 이 과정을 빨라지게 하기 위해 여러분이 할 수 있는 것은 거의 없다. 그 사람이 여러분에게 진정으로 중요하다면, 그 사람에게 치유되는 데 필요한 시간과 공간을 주는 것이 가치 있다. 그 사람이 즉시 평상시처럼 행동하는 것으로 바로 돌아갈 것이라고 기대하지 마라.

출제의도

빈칸 추론 ▶ 글의 구조 속에서 글쓴이의 의도와 빈칸이 포함된 문장의 역할을 파악할 수 있는가?

문제해설

빈칸이 포함된 첫 문장에 명령문을 썼으므로 글쓴이의 주장임을 짐작할 수 있다. 이어지는 단락에서 용서를 받는 데에는 시간이 오래 걸릴 수 있으며, 중요한 사람이라면 기다릴 만한 가치가 있다고 그 이유를 제시했으므로, 빈칸의 내용을 역추적해 보면, ③ '인내'라는 말이 적절함을 알 수 있다.

① 호기심　　② 자립　　④ 창의성　　⑤ 정직

1 첫 문장 Remember that patience is always of the essence.가 주제문이자 글쓴이의 주장이므로 이를 반영한 ② '용서를 받기 전까지 오랜 시간을 참고 기다려라.'가 글의 요지이다.

| 어휘 · 어법 |

- of the essence 절대적으로 필요한, 중요한　　• apology 사과, 사죄
- accept 받아들이다　　• hear ~ out ~의 말을 끝까지 듣다
- reconcile 화해하다　　• conscious of ~을 알고 있는, 의식하는
- completely 완전히　　• let go (걱정·근심 등을) 떨쳐 버리다
- process 과정　　• be worthwhile to ~하는 것이 가치가 있다
- heal 치유되다　　• go back to (이전 상황·상태)로 돌아가다
- normally 평상시처럼　　• immediately 즉시, 곧

- Remember that patience is always **of the essence**.: 「of+명사」는 형용사의 의미를 지니며, 이 문장에서 of the essence는 essential로 표현할 수 있다.
- Be conscious of **the fact** [**that** {*just because* someone accepts your apology} does not mean she has fully forgiven you].: [ ]는 the fact의 실제가 무엇인지 보여주는 동격절, 그 안의 { }는 does not mean과 함께 쓰여 '~라고 해서 …한 것은 아니다'란 의미로, 주어의 행동이 갖는 의미를 제시할 때 사용한다.

이 글의 빈칸에 들어갈 말로 가장 적절한 것은?

> The last two decades of research on the science of learning have shown conclusively that we remember things better, and longer, if we discover them ourselves rather than being told them.

> This is the teaching method practiced by physics professor Eric Mazur. He doesn't lecture in his classes at Harvard. Instead, he asks students difficult questions, based on their homework reading, that require them to pull together sources of information to solve a problem. Mazur doesn't give them the answer; instead, he asks the students to break off into small groups and discuss the problem among themselves. Eventually, nearly everyone in the class gets the answer right, and the concepts stick with them because they had to find their own way to the answer.

① they are taught repeatedly in class
② we fully focus on them without any distractions
③ equal opportunities are given to complete tasks
④ there's no right or wrong way to learn about a topic
⑤ we discover them ourselves rather than being told them

내 생각?

스스로 깨우친 지식이 오래 기억된다는 연구 결과가 곧 내 생각. 하버드 대학 물리학 교수의 실제 교수법 사례로 이해시키기!

일반(요지)
↓
구체(사례)

| 전문 해석 |

학습 과학에 대한 지난 20년간의 연구는 만약 우리가 무언가를 듣는 것보다 스스로 발견한다면 더 잘 기억하고 더 오래 기억한다는 것을 결론적으로 보여주었다.

이것은 Eric Mazur 물리학 교수가 실천한 교수법이다. 그는 하버드 대학에서 설명식 강의를 하지 않는다. 대신, 그는 학생들에게 숙제 읽기를 바탕으로, 문제를 해결하기 위해 정보의 출처를 모으도록 요구하는 어려운 질문을 던진다. Mazur는 그들에게 정답을 주지 않는다. 대신, 그는 학생들에게 작은 그룹으로 나누어 그들 사이에서 그 문제를 논의할 것을 요구한다. 결국, 반에 있는 거의 모든 사람들이 정답을 맞히고, 그들은 그 답에 대한 그들만의 방법을 찾아야 했기 때문에 이러한 개념들은 그들에게 오래 남는다.

출제의도

빈칸 추론 ▶ 글의 구조 속에서 글쓴이의 의도와 빈칸이 포함된 문장의 역할을 파악할 수 있는가?

문제해설

빈칸이 포함된 문장은 학습 과학의 연구결과에 해당하는 내용이다. 이어지는 단락에 제시된 Eric Mazur 교수의 교수법 사례를 통해 빈칸의 내용을 추론할 수 있다. 해당 사례는 학생들에게 지식을 전달하는 게 아니라 지식을 스스로 찾도록 하면 그 지식을 오래 기억한다는 내용이므로, 빈칸에 ⑤ '우리가 무언가를 듣는 것보다 스스로 발견한다'가 들어가야 글쓴이의 의도와 일치한다.

① 그것들을 교실에서 반복해서 가르친다
② 우리가 조금도 방해받지 않고 그것들에 전적으로 집중한다
③ 과제를 완성하는 데 동등한 기회를 준다
④ 주제에 대해 배우는 옳거나 틀린 방법은 없다

| 어휘 · 어법 |

- conclusively 결론적으로 • practice 실천하다; 실천
- lecture 강의하다 • pull together 한데 모으다
- break off into ~로 나뉘다 • concept 개념
- stick with ~에게 오래 남다

- Mazur doesn't give them the answer; instead, he asks students **difficult questions**, [**based on** their homework reading]. {**that** require them to pull together sources of information to solve a problem}.: [ ]는 '~을 바탕으로, ~에 기반하여'라는 의미로 앞에 being이 생략된 수동태 분사구문이며, 선행사와 관계사절 [ ] 사이에 삽입되어 있다. { }는 asks의 직접목적어이자 선행사인 difficult questions에 대해 구체적 설명을 덧붙이는 관계대명사절이다.

이 글의 흐름으로 보아, 주어진 문장이 들어가기에 가장 적절한 곳은?

It is so easy to overestimate the importance of one defining moment and underestimate the value of making small improvements on a daily basis. Too often, we convince ourselves that massive success requires massive action. (①) Whether it is losing weight, winning a championship, or achieving any other goal, we put pressure on ourselves to make some earthshaking improvement that everyone will talk about.

②Meanwhile, improving by 1 percent isn't particularly notable, but it can be far more meaningful in the long run. The difference this tiny improvement can make over time is surprising. (③) Here's how the math works out: if you can get 1 percent better each day for one year, you'll end up thirty-seven times better by the time you're done. (④) Conversely, if you get 1 percent worse each day for one year, you'll decline nearly down to zero. (⑤) What starts as a small win or a minor failure adds up to something much more.

내 생각?

흔히 결정적인 한순간의 중요성을 과대평가하면서 대단한 성공에는 대단한 행동이 필요하다고 생각하는 경향이 있지만, 내 생각은 달라! 눈에 띄지 않는 작은 개선이 갖는 의미를 조목조목 밝혀 볼게.

통념

⇕

반론과 근거

| 전문 해석 |

결정적인 한순간의 중요성을 과대평가하고 매일 작은 발전을 이루는 것의 가치를 과소평가하는 것은 매우 쉽다. 너무 자주, 우리는 엄청난 성공에는 대단한 행동이 필요하다고 굳게 믿는다. 체중을 줄이는 것이든, 결승전에서 이기는 것이든, 혹은 어떤 다른 목표를 달성하는 것이든 간에, 우리는 모두가 이야기하게 될 엄청난 발전을 이루기 위해 스스로를 압박한다.

②한편, 1퍼센트씩 발전하는 것은 특별히 눈에 띄지는 않지만, 장기적으로는 훨씬 더 의미가 있을 수 있다. 시간이 지남에 따라 이 작은 발전이 이룰 수 있는 차이는 놀랍다. 다음과 같이 계산이 이루어지는데, 만일 여러분이 1년 동안 매일 1퍼센트씩 더 나아질 수 있다면, 끝마칠 때 즈음 여러분은 결국 37배 더 나아질 것이다. 반대로, 1년 동안 매일 1퍼센트씩 나빠지면 여러분은 거의 0까지 떨어질 것이다. 작은 승리나 사소한 패배로 시작한 것은 쌓여서 훨씬 더 큰 무언가가 된다.

출제의도

주어진 문장의 위치 판단 ▶ 글의 구조와 글쓴이 의도에 맞게 문장을 넣어 일관성 있는 글을 완성할 수 있는가?

문제해설

주어진 문장은 대조의 연결어 Meanwhile로 시작하고 1퍼센트씩 발전하는 것(조금씩 발전하는 것)은 특별히 눈에 띄지는 않지만, 장기적으로는 훨씬 더 의미가 있을 수 있다는 내용으로, 글의 전반부에 제시된 통념(한번에 큰 발전을 이루려는 시도)과 대비되는 생각이다. ②의 뒷부분에 조금씩 발전해서 결국 커다란 발전을 성취한다는 내용은 주어진 문장에 대한 근거가 되므로 ②에 들어가야 글쓴이 의도와 일치한다.

1 글쓴이는 조금씩 꾸준히 발전하면 큰 성과를 거둘 수 있다고 주장하고 있으므로, ② '느려도 착실하면 경기에서 이긴다.'가 적절하다.
① 우리가 생각하는 대로 된다.
③ 매 순간이 새로운 시작이다.
④ 더 자기 자신이 되어 세상을 변화시켜라.

2 this tiny improvement는 주어진 문장의 improving by 1 percent (1퍼센트씩 발전하는 것)를 가리킨다.
① 결정적인 한 순간

② 결승전에서 이기는 것
③ 엄청난 발전

| 어휘 · 어법 |
- overestimate 과대평가하다 • defining 결정적인
- underestimate 과소평가하다 • on a daily basis 매일, 일상적으로
- convince 굳게 믿게 하다, 확신시키다 • require 필요로 하다, 요구하다
- action 행동, 조치 • lose weight 체중을 줄이다
- a championship 결승전 • achieve 달성하다, 성취하다
- pressure 압력 • earthshaking 지축을 흔드는, 엄청난
- meanwhile 한편 • improve 발전하다 • notable 눈에 띄는
- tiny 작은, 사소한 • conversely 정반대로

- **It** is so easy [**to overestimate** the importance of one defining moment and **underestimate** the value of making small improvements on a daily basis].: It은 문장의 가주어이고 to부정사구인 [ ]가 진주어인 문장으로, 그 안에서 to overestimate와 (to) underestimate가 등위접속사 and로 연결되어 있다.

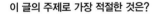
이 글의 주제로 가장 적절한 것은?

Social relationships benefit from people giving each other compliments now and again because people like to be liked and like to receive compliments. In that respect, social lies such as making deceptive but flattering comments ("I like your new haircut.") may benefit mutual relations. Social lies are told for psychological reasons and serve both self-interest and the interest of others.

They serve self-interest because liars may gain satisfaction when they notice that their lies please other people, or because they realize that by telling such lies they avoid an awkward situation or discussion. They serve the interest of others because hearing the truth all the time ("You look much older now than you did a few years ago.") could damage a person's confidence and self-esteem.

① ways to differentiate between truth and lies
② roles of self-esteem in building relationships
③ importance of praise in changing others' behaviors
④ balancing between self-interest and public interest
⑤ influence of social lies on interpersonal relationships

내 생각?

사회적 거짓말이 말하는 사람과 듣는 사람 모두에게 도움이 된다는 게 내 생각! 어떤 이득을 가져다주는지 구체적으로 보여줄게!

판단

↓

근거(설명)

| 전문해석 |

사회적 관계는 사람들이 사랑받기 좋아하고 칭찬받기 좋아하기 때문에 서로에게 때때로 칭찬을 해주는 것으로부터 덕을 본다. 그러한 측면에서, 속이는 말이지만 기분 좋게 만드는 말("너 머리 자른 게 마음에 들어.")과 같은 사회적 거짓말은 상호 관계에 도움이 될 수 있다. 사회적 거짓말은 심리적 이유 때문에 하며 자신의 이익과 타인의 이익 모두에 부합한다.

그것들(사회적 거짓말)은 자기 이익에 도움이 되는데 왜냐하면 그들(거짓말을 하는 사람들)이 자신들의 거짓말이 다른 사람들을 기분 좋게 한다는 것을 인식할 때 만족감을 느낄 수 있기 때문이며, 혹은 그들이 그런 거짓말을 함으로써 그들이 어색한 상황이나 토론을 피한다는 것을 인식하고 있기 때문이다. 사회적 거짓말이 타인의 이익에 부합하는 이유는 항상 진실("너 지금 몇 년 전보다 훨씬 더 나이 들어 보여.")을 듣는 것은 사람의 자신감과 자존감을 해칠 수 있기 때문이다.

주제 파악 ▶ 글쓴이가 무엇에 대해 어떤 구조로 서술하는지 파악할 수 있는가?

사회적 거짓말이 말하는 사람과 듣는 사람 모두의 상호 관계에 득이 되는 이유(순기능)를 근거로, 주장하는 글이므로 ⑤ '사회적 거짓말이 사람 사이의 관계에 미치는 영향'이 글의 요지를 반영하는 주제로 가장 적절하다.

① 진실과 거짓말을 구별하는 방법
② 관계 형성에서 자존심의 역할
③ 다른 사람들의 행동을 변화시키는 칭찬의 중요성
④ 자신의 이익과 대중의 이익 사이의 균형

| 어휘 · 어법 |

- compliment 칭찬   · now and again 때때로, 이따금   · respect 점, 측면
- deceptive 속이는, 기만적인   · flattering 기분 좋게 만드는, 아부하는
- comment 언급, 논평   · benefit 유익하다, (~에서) 득을 보다
- mutual 상호간의, 서로의   · psychological 심리적인
- serve 도움이 되다, 기여하다   · interest 이익   · awkward 어색한, 곤란한
- damage 손상시키다   · confidence 자신감   · self-esteem 자존감

- Social relationships benefit from [*people* **giving** each other compliments now and again] because people like to be liked and like to receive compliments.: [ ]는 benefit from(~로부터 이익을 얻다)의 목적어인 동명사구로, people은 giving ~의 의미상 주어이다.

- They serve self-interest [**because** liars may gain satisfaction when they notice {*that* their lies please other people}], or [**because** they realize {*that* by telling such lies they avoid an awkward situation or discussion}].: 두 개의 이유 부사절 [ ]가 등위접속사 or로 병렬구조를 이루고 있다. 그 안의 { }는 각각 notice와 realize의 목적어 역할을 하는 명사절이다.

이 글의 요지로 가장 적절한 것은?

Certainly praise is critical to a child's sense of self-esteem, but when given too often for too little, it kills the impact of real praise when it is called for.

Everyone needs to know they are valued and appreciated, and praise is one way of expressing such feelings—but only after something *praiseworthy* has been accomplished. Awards are supposed to be *rewards*—*reactions to positive actions, honors for *doing something well*!

The ever-present danger in handing out such honors too lightly is that children may come to depend on them and do only those things that they know will result in prizes. If they are not sure they can do well enough to earn merit badges, or if gifts are not guaranteed, they may avoid certain activities.

① 올바른 습관은 어린 시절에 형성된다.
② 칭찬은 아이의 감성 발달에 필수적이다.
③ 아이에게 칭찬을 남발하지 않는 것이 중요하다.
④ 물질적 보상은 학습 동기 부여에 도움이 되지 않는다.
⑤ 아이에게 감정 표현의 기회를 충분히 줄 필요가 있다.

내 생각?

사소한 일에 대해 아이에게 칭찬을 남발하지 말라는 게 내 생각! 칭찬받을 만한 일을 할 때 칭찬해야 효과가 있고, 칭찬을 남발하면 오히려 부정적인 효과가 생기기 때문이야.

| 전문 해석 |

분명히 칭찬은 아이의 자존감에 매우 중요하지만, 너무 사소한 일을 지나치게 자주 칭찬하면, 진정한 칭찬이 필요할 때 그것의 효과를 없애버린다.

모든 사람은 자신이 가치 있고 인정받고 있다는 것을 알 필요가 있고, 칭찬은 그런 감정을 표현하는 하나의 방법이지만, '칭찬할 만한' 일을 해낸 뒤에만 해야 한다. 상은 '보상', 즉 긍정적인 행동에 대한 '반응', '어떤 일을 잘한 것'에 대한 포상이어야 한다!

그런 상들을 지나치게 가볍게 나눠주는 것에 항상 존재하는 위험은 아이들이 상에 의존해 상을 가져다줄 것이라고 알고 있는 일들만을 하게 될 수도 있다는 것이다. 칭찬 배지를 받을 만큼 충분히 잘할 수 있다고 확신하지 않거나, 혹은 선물이 보장되지 않는다면, 그들은 특정한 활동들을 회피할 수도 있다.

출제의도

요지 파악 ▶ 글의 구조 속에서 주제에 대한 글쓴이의 의견과 핵심 내용을 파악할 수 있는가?

문제해설

첫 문장(첫 단락)에 '칭찬'에 대한 글쓴이의 판단이 제시되어 있다. 아이들의 사소한 행동에 칭찬을 남발하면 '진정한 칭찬'의 효과가 사라진다는 게 글쓴이의 주장이다. 이어지는 단락에서 진정한 칭찬의 의미를 '칭찬할 만한' 일을 했을 때 주는 보상이라고 설명한 뒤, 이러한 보상(포상)을 자주 하면 아이들이 상에 의존할 수 있다는 점을 예로 들고 있다. 글쓴이가 일관되게 주장하는 바가 곧 글의 요지, ③임을 알 수 있다.

1 글의 요지를 명사구로 쓰면 주제가 된다. 이 글은 아이에게 칭찬을 남발하지 말라는 내용이므로 ② '지나친 칭찬의 부정적 효과'가 글의 주제로 가장 적절하다.
① 칭찬 배지와 선물을 나눠주는 방법
③ 가치관과 명예의 진정한 의미
④ 충분히 칭찬하는 것의 중요성

| 어휘 · 어법 |

• praise 칭찬 • critical 중대한, 중요한 • self-esteem 자존감
• call for ~을 필요로 하다 • value 가치 있게[소중하게] 생각하다

• appreciate 진가를 알아보다[인정하다] • praiseworthy 칭찬할 만한
• accomplish 해내다, 성취하다 • award 상
• be supposed to ~해야 한다 • reward 보상 • honors (복수형) 포상
• ever-present 항상 존재하는 • guarantee 보장하다, 약속하다

• ~. but [**when** given too often for too little], **it** kills the impact of real praise [**when it** is called for].: 두 개의 [ ]는 시간을 의미하는 부사절로, 첫 번째 [ ]에서 when과 given 사이에는 it(= praise) is가 생략되었다. 주절의 it은 문맥상 giving praise too often for too little(너무 사소한 일을 지나치게 자주 칭찬하는 것)을 가리키며, 두 번째 [ ]의 it은 real praise를 가리킨다.

• The ever-present danger in [**handing out** such honors too lightly] is [**that** children may **come to** *depend* on them and *do* only *those things* {**that** ⟨they know⟩ will result in prizes}].: 첫 번째 [ ]는 handing out이 이끄는 동명사구로 전치사 in에 연결되고, 두 번째 [ ]는 접속사 that이 이끄는 명사절로 is의 주격보어이다. 그 안의 depend와 do는 동사원형으로, come to(~하게 되다)에 연결되어 병렬구조를 이루고 있다. { }는 주격 관계대명사절로 선행사 those things를 수식하며, ⟨ ⟩는 삽입절로 they는 children을 가리킨다.

CHAPTER 05

3

②   **0** ⓑ, ⓔ, ⓓ / According to ~ Try wearing
   1 ①   **2** ①

이 글의 빈칸에 들어갈 말로 가장 적절한 것은?

Humans are champion long-distance runners. As soon as a person and a chimp start running they both get hot. Chimps quickly overheat; humans do not, because they are much better at shedding body heat.

According to one leading theory, ancestral humans lost their hair over successive generations because less hair meant cooler, more effective long-distance running. That ability let our ancestors outmaneuver and outrun prey.

Try wearing a couple of extra jackets—or better yet, fur coats—on a hot humid day and run a mile. Now, take those jackets off and try it again. You'll see what a difference a lack of fur makes.

① hot weather
② a lack of fur
③ muscle strength
④ excessive exercise
⑤ a diversity of species

내 생각?

인간과 침팬지의 달리기 능력과 체온 변화 현상부터 먼저! 현상을 설명하는 유력한 이론이 곧 내 생각! 외투를 입고 뛰는 것과 벗고 뛰는 걸 비교해 보면 확실히 알 수 있어.

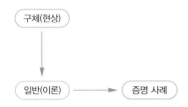

|전문해석|

인간은 최고의 장거리 달리기 선수들이다. 한 사람과 침팬지가 달리기를 시작하자마자 그들은 둘 다 더위를 느낀다. 침팬지는 빠르게 체온이 오르지만, 인간들은 그렇지 않은데, 신체 열을 떨어뜨리는 것을 훨씬 더 잘하기 때문이다.

유력한 한 이론에 따르면, 선조들은 여러 세대에 걸쳐서 털이 빠졌는데 그 이유는 털이 더 적으면 더 시원하고 장거리 달리기에 더 효과적이기 때문이다. 그런 능력은 우리 조상들이 먹잇감을 이기고 앞질러서 달리게 했다.

덥고 습한 날에 재킷 두 벌을 추가로 입고, 아니 털 코트를 입고 1마일을 뛰어 보라. 이제, 그 재킷들을 벗고 다시 시도해 보라. 여러분은 털의 부족이 만드는 차이점이 무엇인지 알게 될 것이다.

출제의도

빈칸 추론 ▶ 글의 구조 속에서 글쓴이의 의도와 빈칸이 포함된 문장의 역할을 파악할 수 있는가?

문제해설

인간은 여러 세대에 걸쳐 몸에서 털이 빠졌고, 그로 인해 체온 조절이 쉬워져 장거리를 달릴 때 더 효과적이라는 내용을 주장하는 글이다. 마지막 단락은 이론에서 주장하는 바를 실제로 증명해 볼 수 있도록 구체적인 예를 제시하고 있으며, 마지막 문장은 털이 빠지는 것에 비유된 재킷을 벗는 행위의 결과를 예측해 보는 내용이므로, 빈칸에는 ② '털의 부족'이란 표현이 적절함을 추론할 수 있다.

① 더운 날씨 ③ 근육의 힘 ④ 지나친 운동 ⑤ 종의 다양성

2 take those jackets off(그 재킷들을 벗다)는 ① '털이 빠지다'를 비유하는 의미로 쓰였다.
   ② 털을 기르다
   ③ 먹잇감을 놓치다
   ④ 먹잇감보다 빨리 뛰다

|어휘·어법|

• overheat 과열되다 • shed 떨어뜨리다, 흘리다 • leading 유력한
• ancestral 선조의 • successive 잇따른 • generation 세대
• outmaneuver ~에게 이기다, (상대방의) 허를 찌르다 • outrun 앞지르다
• prey 먹잇감 • extra 추가의
• better yet (더 나은 아이디어를 제시하기 위해) 아니면 • humid 습한

• That ability **let our ancestors outmaneuver** and **outrun** prey.: 「사역동사 let+목적어+목적격보어((목적어)가 ~하게 하다)」 구문으로, 목적격보어로 동사원형 outmaneuver과 outrun이 쓰였다.
• You'll see [**what** *a difference* a lack of fur makes].: [ ]는 see의 목적어인 명사절(간접의문문)이다.

CHAPTER 05

4 ② 　　0 ④ / For example – When assessing 　　1 ①

이 글의 빈칸에 들어갈 말로 가장 적절한 것은?

> When reading another scientist's findings, think critically about the experiment. Ask yourself: Were observations recorded during or after the experiment? Do the conclusions make sense? Can the results be repeated? Are the sources of information reliable? You should also ask if the scientist or group conducting the experiment was unbiased. Being unbiased means that you have no special interest in the outcome of the experiment.

> For example, if a drug company pays for an experiment to test how well one of its new products works, there is a special interest involved: The drug company profits if the experiment shows that its product is effective. Therefore, the experimenters aren't underline{objective}. They might ensure the conclusion is positive and benefits the drug company.

> When assessing results, think about any biases that may be present!

① inventive
② objective
③ untrustworthy
④ unreliable
⑤ decisive

내 생각?

과학자의 실험 결과를 비판적으로 읽고, 객관적인지 판단하라는 게 내 주장! 실험 결과에 대한 평가가 필요한 이유를 제약회사 사례로 보여주기.

판단(주장) ⟶ 근거(사례)
↓
주장 반복

|전문 해석|

다른 과학자의 실험 결과를 읽을 때, 그 실험에 대해 비판적으로 생각하라. 자신에게 물어라. 관찰들이 실험 도중에 혹은 후에 기록되었나? 결론이 합리적인가? 그 결과들은 반복될 수 있는가? 정보의 출처는 신뢰할 만한가? 당신은 실험을 수행한 그 과학자나 그 집단이 한쪽으로 치우치지 않았는지 또한 물어야 한다. 한쪽으로 치우치지 않음은 당신이 실험의 결과로 특별한 이익을 얻지 않는다는 것을 의미한다.

예를 들면, 만약 한 제약회사가 회사의 새로운 제품 중 하나가 얼마나 잘 작용하는지 시험해보기 위한 실험 비용을 지불한다면, 특별한 이익과 관련된 것이다. 만약 실험이 그 제품이 효과 있음을 보여준다면, 그 제약회사는 이익을 본다. 따라서, 그 실험자들은 객관적이지 않다. 그들은 결론이 제약 회사에 우호적이고 이익을 주도록 보장할지도 모른다.

결과들을 평가할 때, 있을 수 있는 어떤 편견에 대해서도 생각하라!

출제의도

빈칸 추론 ► 글의 구조 속에서 글쓴이의 의도와 빈칸이 포함된 문장의 역할을 파악할 수 있는가?

문제해설

빈칸이 포함된 단락은 '다른 과학자의 실험 결과를 비판적으로 읽고 객관적으로 판단하라는 주장의 근거에 해당하는 사례이다. 과학자의 실험 결과가 비용을 지급한 제약회사의 이익에 부합하는 경우라면 당연히 실험자들이 ① '객관적'이지 않다고 판단할 수 있을 것이다. 해당 문장이 부정문(aren't)이므로, ③이나 ④는 어울리지 않는다.

① 창의적인
③ 신뢰할 수 없는
④ 믿을 수 없는
⑤ 결정적인

1 첫 문장에 글쓴이의 주장, 즉 요지가 제시되어 있다. 즉 과학자의 실험 결과를 읽을 때 비판적이고 객관적 관점에서 보라고 주장하는 글이다.

|어휘·어법|

- findings 발견, (연구) 결과　• observation 관찰
- conclusion 결론, 결말　• make sense 합리적이다
- reliable 신뢰할 만한　• conduct 수행하다　• unbiased 치우치지 않은
- outcome 결과, 성과　• involve 포함하다　• profit 이익을 보다
- ensure 보장하다　• assess 평가하다　• bias 치우침, 편견

- **[When assessing** results], think about *any biases* [**that** may be present]!: 첫 번째 [ ]는 시간을 나타내는 부사절로, when you are assessing ~에서 「주절의 주어와 같은 주어(you)+be동사(are)」가 생략되어 있다. 두 번째 [ ]는 선행사 any biases를 수식하는 관계대명사절이다.

이 글의 밑줄 친 부분 중, 문맥상 낱말의 쓰임이 적절하지 <u>않은</u> 것은?

Detailed study over the past two or three decades is showing that the complex forms of natural systems are essential to their functioning.

The attempt to ①straighten rivers and give them regular cross-sections is perhaps the most disastrous example of this form-and-function relationship. The natural river has a very ②irregular form: it curves a lot, spills across floodplains, and leaks into wetlands, giving it an ever-changing and incredibly complex shoreline. This allows the river to ③prevent(→ accommodate) variations in water level and speed.

Pushing the river into tidy geometry ④destroys functional capacity and results in disasters like the Mississippi floods of 1927 and 1993 and, more recently, the unnatural disaster of Hurricane Katrina. A $50 billion plan to "let the river loose" in Louisiana recognizes that the ⑤controlled Mississippi is washing away twenty-four square miles of that state annually.

 내 생각?

자연계의 복잡성이 그 기능에 필수적이라는 연구 결과에 주목! 복잡한 강의 흐름이 지닌 장점, 그걸 인위적으로 바꿔서 발생한 피해 사례로 내 생각 보여주기.

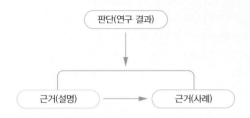

| 전문 해석 |

지난 20년에서 30년 동안의 상세한 연구는 자연계의 복잡한 형태가 그것의 기능에 필수적이라는 것을 보여주고 있다.

강을 ①직선화하고 규칙적인 횡단면으로 만들고자 하는 시도는 아마도 이러한 형태·기능 관계의 가장 막심한 피해 사례가 될 수 있다. 자연 발생적인 강은 매우 ②불규칙한 형태를 가지고 있다. 그것은 많이 굽이치고, 범람원을 가로질러 넘쳐 흐르고, 습지로 스며 들어가서 끊임없이 변화하여, 엄청나게 복잡한 강가를 만든다. 이것은 강의 수위와 속도 변화를 ③막을(→ 수용할) 수 있게 한다.

강을 질서정연한 기하학적 형태에 맞춰 넣는 것은 기능적 수용능력을 ④파괴하고 1927년과 1993년의 미시시피강의 홍수와, 더 최근에는, 허리케인 Katrina와 같은 비정상적인 재난을 초래한다. Louisiana에서 "강을 자유롭게 흐르도록 두라"는 500억 달러 계획은 ⑤통제된 미시시피강이 매년 그 주의 24제곱마일을 유실시키고 있다는 것을 인정한 것이다.

출제의도

어휘 적합성 판단 ▶ 글의 구조 속에서 각 낱말이 포함된 문장이 글쓴이의 의도에 맞게 쓰였는지 판단할 수 있는가?

문제해설

자연계의 복잡성이 그 기능에 필수적이라는 글쓴이의 생각과 일치하지 않는 문장을 찾아야 한다. 자연 발생적인 강의 장점을 소개한 두 번째 단락에서 마지막 문장은 복잡한 강이 스스로 수위와 속도를 바꿀 수 있다는 내용이어야 하므로, ③ prevent(막을)를 accommodate (수용할)로 바꿔야 글쓴이의 의도와 일치한다.

1 let the river loose(강을 자유롭게 흐르도록 두다)는 인위적으로 직선화한 강을 복잡한 원래 자연 상태로 돌려놓는 것을 의미하며, straighten rivers, pushing the river into tidy geometry, controlled Mississippi 등의 표현과 반대의 개념을 비유적으로 표현한 것이다.

| 어휘 · 어법 |

- detailed 상세한   function 기능하다, 작용하다   attempt 시도
- cross-section 횡단면   disastrous 처참한, 형편없는   spill 넘치다
- floodplain 범람원   leak 새다   wetland 습지대
- shoreline 강가   accommodate 공간을 제공하다, 수용하다
- tidy 질서정연한, 정돈된   geometry 기하학적 구조; 기하학
- capacity 수용능력   loose 느슨하게 하다, 느슨한, 자유로운
- square mile 제곱마일

[Pushing the river into tidy geometry] **destroys** functional capacity and **results in disasters** *like* {the Mississippi floods of 1927 and 1993} and, more recently, {the unnatural disaster of Hurricane Katrina}.: 문장의 주어는 [ ]의 동명사구로 단수 취급하므로, 동사를 destroys와 results in(~을 초래하다)과 같이 단수형으로 썼다. 두 개의 { }는 전치사 like(~와 같은)에 연결된 명사구로, disasters에 대한 예시에 해당한다.

6

④　　　**0** ⓓ, ⓒ / The nineteenth　　　**1** ④

이 글에서 전체 흐름과 관계 없는 문장은?

Health and the spread of disease are very closely linked to how we live and how our cities operate. The good news is that cities are incredibly resilient. Many cities have experienced epidemics in the past and have not only survived, but advanced.

①The nineteenth and early-twentieth centuries saw destructive outbreaks of cholera, typhoid, and influenza in European cities. ②Doctors such as Jon Snow, from England, and Rudolf Virchow, of Germany, saw the connection between poor living conditions, overcrowding, sanitation, and disease. ③A recognition of this connection led to the replanning and rebuilding of cities to stop the spread of epidemics. ④(In spite of reconstruction efforts, cities declined in many areas and many people started to leave.) ⑤In the mid-nineteenth century, London's pioneering sewer system, which still serves it today, was built as a result of understanding the importance of clean water in stopping the spread of cholera.

내 생각?

도시 환경과 전염병 확산의 관계, 그중에서도 도시의 회복력에 주목, 도시가 어떻게 전염병을 이겨내고 번성했는지를 역사적 사례로 보여주기.

일반(주제) ──────▶ 구체(역사적 사례)

| 전문해석 |

건강과 질병의 확산은 우리가 어떻게 살고 우리의 도시가 어떻게 작동하느냐와 매우 밀접하게 연관되어 있다. 좋은 소식은 도시가 믿을 수 없을 정도로 회복력이 있다는 것이다. 많은 도시는 과거에 전염병을 경험했고 살아남았을 뿐만 아니라 발전했다.

19세기와 20세기 초 유럽의 도시들은 콜레라, 장티푸스, 독감의 파괴적인 창궐을 목격했다. 영국 출신의 Jon Snow와 독일의 Rudolf Virchow와 같은 의사들은 열악한 주거 환경, 인구 과밀, 위생과 질병의 연관성을 알게 되었다. 이 연관성에 대한 인식은 전염병의 확산을 막기 위한 도시 재계획과 재건축으로 이어졌다. ④(재건 노력에도 불구하고, 도시는 많은 지역에서 쇠퇴하였고 많은 사람이 떠나기 시작했다.) 19세기 중반에, 런던의 선구적인 하수 처리 시스템은 오늘날까지도 사용되고 있으며, 이것은 콜레라의 확산을 막는 데 있어 깨끗한 물이 중요하다는 것을 이해한 결과로 만들어졌다.

출제의도

무관한 문장 판단 ▶ 글의 구조 속에서 각 문장이 글의 주제 또는 글쓴이 의도와 일치하는지 판단할 수 있는가?

문제해설

도시가 어떻게 전염병을 이겨내고 번성하게 되었는지를 19세기와 20세기 초 유럽 도시들의 사례를 들어 설명하는 글이다. 반면에 ④는 전염병을 이겨내고 번성한 도시가 아니라 쇠퇴한 도시를 언급하고 있어 글의 주제와 정반대가 되어 글쓴이의 의도와 일치하지 않는다.

1 건강과 질병이 도시의 생존과 관련이 있다는 내용으로, 도시의 회복력을 구체적으로 설명한 글이므로, ④ '도시가 전염병에서 살아남아 번성한 방법'이 글의 주제로 가장 적절하다.
① 전염병이 널리 퍼진 이유
② 도시의 하수 처리 시스템을 개선한 방법
③ 대도시에 깨끗한 물을 공급하는 방법

| 어휘 · 어법 |

- spread 확산　　• resilient 회복력이 있는　　• epidemic 전염병, 유행병
- survive 살아남다　　• advance 발전하다　　• destructive 파괴적인
- outbreak 창궐, 발발　　• typhoid 장티푸스　　• connection 연관성
- overcrowding 과밀　　• sanitation 위생　　• reconstruction 재건
- decline 쇠퇴하다　　• pioneering 선구적인
- sewer system 하수 처리 시스템

- In the mid-nineteenth century, London's pioneering sewer system, [**which** still serves it today], was built **as a result of** understanding the importance of clean water **in stopping** the spread of cholera.: [ ]는 문장의 주어 London's pioneering sewer system을 부연 설명하는 계속적 용법의 관계대명사절이고 was built가 동사이다. as a result of는 '~의 결과로'라는 의미이고 「in+-ing」 구문은 '~하는 데 있어'라는 의미이다.

다음 빈칸에 들어갈 말로 가장 적절한 것을 고르시오.

Since human beings are at once both similar and different, they should be treated equally because of both. Such a view, which grounds equality not in human uniformity but in the interplay of uniformity and difference, builds difference into the very concept of equality, breaks the traditional equation of equality with similarity, and is immune to monist distortion.

Once the basis of equality changes so does its content. Equality involves equal freedom or opportunity to be different, and treating human beings equally requires us to take into account both their similarities and differences. When the latter are not relevant, equality entails uniform or identical treatment; when they are, it requires differential treatment. Equal rights do not mean identical rights, for individuals with different cultural backgrounds and needs might <u>require different rights to enjoy equality</u> in respect of whatever happens to be the content of their rights.

Equality involves not just rejection of irrelevant differences as is commonly argued, but also full recognition of legitimate and relevant ones.

*monist: 일원론의 **entail: 내포하다

① require different rights to enjoy equality
② abandon their own freedom for equality
③ welcome the identical perception of inequality
④ accept their place in the social structure more easily
⑤ reject relevant differences to gain full understanding

내 생각?

획일성과 다름의 상호작용에 주목, 평등의 기초가 바뀌면 유사성과 다름을 적용하는 방식, 즉 그 내용이 달라진다는 점을 근거로 평등에 대한 내 생각 주장하기!

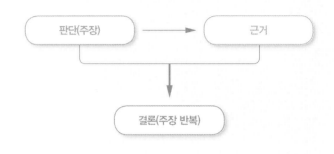

판단(주장) → 근거 → 결론(주장 반복)

판단 (주장)	인간은 비슷하면서도 다른 존재이기 때문에 평등하게 대우받아야 한다. – 획일성과 다름의 상호작용에 기초한 평등
근거	평등의 기초가 달라지면 그 내용도 달라진다. – 다를 수 있는 동등한 자유나 기회 – 유사성과 다름을 고려한 평등한 대우 – 다름의 유의미성 여부에 따라 획일적이고 똑같은 대우를 포함하거나 차등 대우 필요 – 평등한 권리란 평등을 누릴 다른 권리에 대한 요구
결론 (주장 반복)	'평등'에 대한 주장 – 관련 없는 다름에 대한 거부와 합법적이고 관련 있는 다름에 대한 인정

전문해석

인간은 비슷하면서도 동시에 다르기도 해서 두 가지 때문에 동등하게 대우받아야 마땅하다. 그러한 견해는 평등의 기초를 인간의 획일성이 아니라 획일성과 다름의 상호작용에 두는 것으로, 다름을 평등이란 바로 그 개념에 포함시키고, 전통적으로 평등을 유사성과 동일시하는 것을 끊어내며, 일원론적 왜곡에 영향을 받지 않는다.

일단 평등의 기초가 바뀌면 그것의 내용도 달라진다. 평등은 서로 다를 수 있는 동등한 자유나 기회를 포함하고, 인간을 동등하게 대하는 것에는 인간의 유사성과 다름을 둘 다 고려하는 게 필요하다. 후자(다름)가 관련이 없을 때 평등은 균일하거나 똑같은 대우를 내포하고, 다름이 관련이 있을 때 그것은 차등을 두는 대우를 필요로 한다. 평등한 권리는 똑같은 권리를 의미하지 않는데, 왜냐하면 서로 다른 문화적 배경과 요구를 가진 개인들이 자기의 권리의 내용이 되는 어떤 일에 대해서도 <u>평등을 누릴 수 있는 다른 권리를 요구할</u> 수도 있기 때문이다.

평등은 흔히 주장되듯이 (특정 상황과) 무관한 다름에 대한 거부뿐만 아니라 합법적이고 관련 있는 다름에 대한 완전한 인정도 포함한다.

빈칸 추론 ▶ 글의 구조 속에서 글쓴이의 의도와 빈칸이 포함된 문장의 역할을 파악할 수 있는가?

평등의 기초와 근거에 대한 글쓴이의 입장을 처음부터 분명히 밝히는 글이다. 평등의 기초를 획일성과 다름의 상호작용에 둔다고 했고, 기초가 달라지면 그 내용도 달라진다고 했기 때문에 이 내용이 어떻게 달라지는지에 주목하여 제시한 내용들을 판단하면 빈칸에 누락된 내용을 추론할 수 있게 된다.

평등의 내용을 유사성과 다름의 상호작용에 두면, 서로 간의 차이를 고려한 '서로 다른 대우'를 포함할 수 있게 되고, 평등한 권리란 서로 같은 권리를 의미하는 게 아니라 '서로 다른 권리'를 요구할 수 있는 것이라는 내용을 전개했으므로, 각자 다른 배경과 요구를 지닌 개인이 ① '평등을 누릴 수 있도록 다른 권리를 요구할' 것이라고 추론할 수 있다.

선택지별 선택비율 ①56% ②12% ③9% ④13% ⑤8%

② 평등을 위해 자신의 자유를 포기할
→ 언급되지 않은 내용이다.

③ 불평등에 관한 동일한 인식을 기꺼이 받아들일
→ '그럴 만한 다름'이 있을 때 차별적인 대우를 필요로 한다고 했지, 불평등을 무조건 받아들인다는 내용이 아니다.

④ 사회 구조에서 자신의 위치를 더 쉽게 받아들일
→ '그럴 만한 다름'의 의미를 확대해석하면 안 된다.

⑤ 온전한 이해를 얻기 위해 관련이 있는 다름을 거부할
→ 다름에 대한 온전한 이해를 얻기 위해서라면 다름을 거부하는 게 아니라 받아들일 것이다.

|어휘 · 어법|

- at once 동시에 · ground A in B A의 기초를 B에 두다
- uniformity 획일성 · interplay 상호작용
- build A into B A를 B에 포함시키다 · concept 개념
- equation 동일시 · immune to (질병이나 공격 등에) 영향을 받지 않는
- distortion 왜곡
- content 내용 · take into account ~을 고려하다 · the latter 후자
- relevant (논의 중인 주제·상황과 밀접하게) 관련이 있는, 적절한
- identical 동일한, 똑같은 · treatment (사람·사물에 대한) 대우, 처리
- differential 차이를 두는 · in respect of ~에 관해서
- rejection 거부 · recognition 인정 · legitimate 합법적인, 합당한

- **Such a view**, [which grounds equality **not** in human uniformity **but** in the interplay of uniformity and difference], **builds** difference into the very concept of equality, **breaks** the traditional equation of equality with similarity, and **is immune to** monist distortion. Once the basis of equality changes so does its content.
  → 문장의 주어는 Such a view로, 첫 문장에 제시된 글쓴이의 생각을 가리킨다.
  → 주어와 동사 사이에 관계사절 [ ]이 삽입되어 있고 not A but B 구문을 써서 인간의 획일성이 아니라 '획일성과 다름의 상호작용'에 기초한 견해임을 밝히고 있다. builds, breaks, is immune to 등의 동사들을 써서 이 견해를 가지면 달라지는 내용들을 전하고 있다.

- **Equality** involves equal freedom or opportunity to be different, and **treating human beings equally** requires us to take into account *both* their **similarities** *and* **differences**.
  → 이 글의 거의 모든 문장에서 Equality를 주어로 하여 '평등'에 대한 글쓴이의 생각과 근거를 밝히고 있음을 알 수 있으며, treating human beings equally도 마찬가지의 개념이다.
  → both A and B 구문을 써서 '사람을 평등하게 대할 때 유사성과 다름을 모두 고려할 필요가 있음을 언급하고 있다.

- [When the **latter** are not relevant], equality entails uniform or identical treatment; [when they are (relevant)], it requires differential treatment.
  → the latter는 앞 문장에서 나중에 언급된 difference를 의미한다.
  → 세미콜론(;)을 중심으로 다름이 관련 없을 때와 있을 때를 구분해서 설명하고 있다. When they are 뒤에 relevant가 생략되어 있다.

- **Equality** involves **not just** rejection of irrelevant differences as is commonly argued, **but also** full recognition of legitimate and relevant ones.
  → not only A but also B 구문에서 only 대신 just가 사용되었다.
  '평등'에 포함되는 두 가지 의미를 설명하기 위해 해당 구문을 사용하였다. 상관없는 (의미 없는) 다름을 거부하고 합법적이고 의미 있는 다름을 인정하는 것이 평등이라고 주장하면서 결론을 내리고 있다.

이 글의 제목으로 가장 적절한 것은?

> Numbers were invented to describe precise amounts: three teeth, seven days, twelve goats. When quantities are large, however, we do not use numbers in a precise way. We approximate using a 'round number' as a place mark. It is easier and more convenient.

> When we say, for example, that there were a hundred people at the market, we don't mean that there were exactly one hundred people there. And when we say that the universe is 13.7 billion years old, we don't mean exactly 13,700,000,000; we mean give or take a few hundred million years. Big numbers are understood approximately, small ones precisely, and these two systems interact uneasily. It is clear nonsense to say that next year the universe will be '13.7 billion and one' years old. It will remain 13.7 billion years old for the rest of our lives.

① Mystery in Inventing Numbers
② Numbers: The Mirror of Precision
③ Flexibility Allowed in Big Numbers
④ How Numbers Manipulate Our Lives
⑤ Don't Use Round Numbers in Science!

내 생각?

정확한 수량을 기술하기 위해 숫자가 만들어지긴 했지만, 큰 수를 말할 땐 어림수를 사용해야 쉽고 편하다는 게 내가 하고 싶은 말! 예를 보여 이해시키기.

```
일반(요지)
   ↓
구체(예시)
```

| 전문 해석 |

숫자는 정확한 양을 기술하기 위해 발명되었다. 즉, 치아 3개, 7일, 염소 12마리와 같이 말이다. 그러나, 양이 많을 때 우리는 숫자를 정확하게 사용하지 않는다. 우리는 자리수 표시로 '어림수'를 사용하여 대략적으로 말한다. 그것은 더 쉽고, 더 편리하다.

예를 들어, 우리가 시장에 100명의 사람들이 있었다고 말할 때, 그곳에 정확히 100명의 사람이 있었다는 것을 의미하지 않는다. 그리고 우리가 우주의 나이가 137억 년이라고 말할 때, 정확히 13,700,000,000을 의미하지 않고, 몇 억을 더하거나 뺀 것을 의미한다. 큰 숫자들은 대강 이해되고 작은 숫자들은 정확히 이해되고, 이러한 두 체계는 어색하게 상호작용한다. 내년에 우주가 '137억 1'년이라고 말하는 것은 명백히 터무니없는 생각이다. 우리의 남은 생애 동안 그것은 137억 년으로 남아있을 것이다.

제목 파악 ► 글의 구조 속에서 글쓴이가 의도한 바를 대표하거나 상징적으로 표현한 제목을 붙일 수 있는가?

작은 수는 정확하게 나타내지만 큰 수는 어림수(0으로 끝나는 수)로 말하는 것이 더 편하다는 내용의 글이므로, ③ '큰 수에서 허용되는 융통성'이 글쓴이가 의도한 바를 대표하는 제목이다.
round number는 '어림수'로 해석되지만, 정확한 정의는 '(버림, 올림, 반올림하여 얻은) 0으로 끝나는 수'를 의미한다.

① 숫자 발명의 미스터리
② 숫자: 정확성의 거울
④ 숫자가 우리의 삶을 조종하는 방법
⑤ 과학에서 어림수를 사용하지 마라!

| 어휘 · 어법 |

- precise 정확한   · quantity 분량, 수량   · approximate 어림잡다
- round number 어림수   · exactly 정확히
- give or take (~의) 차이는 있을지 몰라도 얼추   · approximately 대략
- interact 상호작용하다   · nonsense 터무니없는 생각
- remain 남아있다

- Big numbers are understood approximately, [small **ones** precisely]. and these two systems interact uneasily.: ones는 같은 종류의 것을 가리키는 대명사로 쓰이며, 이 문장에서는 numbers를 가리킨다. [ ]는 앞에서 반복되는 동사구가 생략된 형태로, small numbers are understood precisely의 의미이다. 이 문장은 세 개의 문장이 「A, B, and C」의 형태로 연결되어 있다.

- **It** is clear nonsense [**to say** {that next year the universe will be '13.7 billion and one' years old}].: It은 가주어이고 [ ]의 to부정사구가 진주어이며, { }는 say의 목적어 역할을 하는 명사절이다.

2 ⑤ **0** ① / This is where **1** ④

이 글의 요지로 가장 적절한 것은?

Personal blind spots are areas that are visible to others but not to you. The developmental challenge of blind spots is that you don't know what you don't know. Like that area in the side mirror of your car where you can't see that truck in the lane next to you, personal blind spots can easily be overlooked because you are completely unaware of their presence. They can be equally dangerous as well. That truck you don't see? It's really there! So are your blind spots. Just because you don't see them, doesn't mean they can't run you over.

This is where you need to enlist the help of others. You have to develop a crew of special people, people who are willing to hold up that mirror, who not only know you well enough to see that truck, but who also care enough about you to let you know that it's there.

① 모르는 부분을 인정하고 질문하는 것이 중요하다.
② 폭넓은 인간관계는 성공에 결정적인 영향을 미친다.
③ 자기발전은 실수를 기회로 만드는 능력에서 비롯된다.
④ 주변에 관심을 가지고 타인을 도와주는 것이 바람직하다.
⑤ 자신의 맹점을 인지하도록 도와줄 수 있는 사람이 필요하다.

내 생각?

개인의 맹점, 남에겐 보이지만 스스로는 볼 수 없는 위험에 대처하기 위해 그 맹점을 알려 줄 수 있는 특별한 사람들을 옆에 둬야 한다는 게 내 제안!

문제

↓

해결책

| 전문 해석 |

개인의 맹점은 다른 사람들에게는 보이지만 당신에게는 보이지 않는 부분이다. 맹점이 지닌 발달상의 어려움은 당신이 무엇을 모르는지 모른다는 것이다. 옆 차선의 트럭을 볼 수 없는 당신 차의 사이드미러 속 영역과 같이, 개인의 맹점은 당신이 그것의 존재를 완전히 인지하지 못하기 때문에 쉽게 간과될 수 있다. 그것들은 마찬가지로 똑같이 위험할 수 있다. 당신이 보지 못하는 그 트럭? 그것은 정말 거기에 있다! 그리고 당신의 맹점도 그러하다. 당신이 그것을 볼 수 없다고 해서 그것이 당신을 칠 수 없음을 의미하는 것은 아니다.

이 부분이 당신이 다른 사람들의 도움을 구해야 할 부분이다. 당신은 특별한 동료들을 만들어야 하는데, 기꺼이 그 거울을 들어 주고, 그 트럭을 볼 수 있을 정도로 충분히 당신을 잘 알 뿐만 아니라 또한 그 트럭이 거기에 있다는 것을 당신에게 알려줄 만큼 충분히 당신을 아끼는 사람들이다.

출제의도

요지 파악 ▶ 글의 구조 속에서 주제에 대한 글쓴이의 의견과 핵심 내용을 파악할 수 있는가?

문제해설

개인 스스로는 볼 수 없는 부분인 맹점(personal blind spots)의 위험성과 대처하는 방안을 제시하며, 그것을 인지하도록 도와줄 사람을 만들라고 충고하고 있다. 따라서 ⑤가 이러한 글쓴이의 충고를 반영하는 글의 요지로 가장 적절하다.

| 어휘 · 어법 |

- blind spot 맹점 · visible 보이는 · developmental 발달상의
- challenge 어려움, 도전 · overlook 못 보고 넘어가다, 간과하다
- unaware of ~을 알지 못하는 · presence 있음, 존재(함)
- run over ~을 치다 · enlist (도움을) 구하다
- crew (특별한 기술을 갖고 함께 일하는) 팀, 조

- You have to develop a crew of **special people, people** [{who are willing to hold up that mirror}, {who **not only** know you *well enough to see* that truck}, **but** {who **also** care enough about you to let you know that it's there}].: [ ]의 선행사인 people은 special people과 동격 관계이다. [ ] 안에서 세 개의 { }는 모두 관계대명사절로 각각 앞의 선행사 people을 수식한다. 이 글에서는 비유적 표현들이 사용되고 있는데 첫 번째 { }에서 hold up that mirror는 '모르고 있는 위험을 알려준다.'의 의미이다. 두 번째, 세 번째 { }는 「not only A but (also) B」 구문으로 연결되어 'A뿐만 아니라 B도'라는 의미를 나타내며, 두 번째 { }에서 「부사+enough+to부정사」 구문은 '~할 만큼 충분히 …하게'의 의미를 나타낸다.

이 글의 빈칸에 들어갈 말로 가장 적절한 것은?

Even the most respectable of all musical institutions, the symphony orchestra, carries inside its DNA the legacy of the <u>hunt</u>.

The various instruments in the orchestra can be traced back to these primitive origins — their earliest forms were made either from the animal (horn, hide, gut, bone) or the weapons employed in bringing the animal under control (stick, bow).

Are we wrong to hear this history in the music itself, in the formidable aggression and awe-inspiring assertiveness of those monumental symphonies that remain the core repertoire of the world's leading orchestras? Listening to Beethoven, Brahms, Mahler, Bruckner, Berlioz, Tchaikovsky, Shostakovich, and other great composers, I can easily summon up images of bands of men starting to chase animals, using sound as a source and symbol of dominance, an expression of the will to predatory power.

① hunt ② law ③ charity
④ remedy ⑤ dance

내 생각?

교향악단의 DNA 안에 사냥의 유산이 있다는 게 내 생각! 사냥감이나 사냥 도구로 만들었던 초기의 악기, 연주곡에 반영된 사냥꾼의 공격성과 당당함이 바로 내 판단의 근거!

판단

↓

첫 번째 근거 ——— 두 번째 근거

| 전문 해석 |

심지어 모든 음악 단체 중 가장 훌륭한 단체인 교향악단도 자신의 DNA 안에 사냥의 유산을 지니고 있다.

교향악단에 있는 다양한 악기들은 다음의 원시적인 기원으로 거슬러 올라갈 수 있는데, 그것들의 초기 형태는 동물(뿔, 가죽, 내장, 뼈) 또는 동물을 진압하기 위해 사용된 무기(막대, 활)로 만들어졌다.

음악 그 자체에서, 세계의 주요한 교향악단의 핵심 레퍼토리로 남아있는 기념비적인 교향곡들의 강력한 공격성과 경외감을 자아내는 당당함에서 이러한 역사를 듣는다면 우리가 틀린 것인가? 베토벤, 브람스, 말러, 브루크너, 베를리오즈, 차이코프스키, 쇼스타코비치 및 다른 위대한 작곡가들의 음악을 들으며, 나는 소리를 지배의 원천이자 상징 즉, 공격적인 힘에 대한 의지의 표현으로 사용하면서 동물을 쫓기 시작하는 사람들 무리의 이미지를 쉽게 떠올릴 수 있다.

출제의도

빈칸 추론 ► 글의 구조 속에서 글쓴이의 의도와 빈칸이 포함된 문장의 역할을 파악할 수 있는가?

문제해설

예상 밖의 놀라운 일을 언급할 때 사용하는 Even을 써서 교향악단조차도 DNA 안에 무언가(빈칸)의 유산을 갖고 있다는 첫 문장의 내용으로 보아, 이 문장이 글쓴이가 주목한 내용, 즉 이 글의 주제문이자 요지임을 알 수 있다. 이어지는 단락들에서 제시한 두 가지 근거들(교향악단 악기들의 유래와 음악 자체의 공격성)을 통해 빈칸에 들어갈 내용을 역추적해 보면, ① '사냥'이 적절함을 알 수 있다.

② 법 ③ 자선
④ 치료(법) ⑤ 춤

| 어휘 · 어법 |

- respectable 훌륭한, 존경할 만한 · institution 단체, 기관, 협회
- legacy 유산 · trace back to ~로 거슬러 올라가다
- primitive 원시적인 · hide 가죽 · gut 내장
- employ (기술·방법 등을) 쓰다 · formidable 강력한
- aggression 공격(성) · awe-inspiring 경외심을 자아내는
- assertiveness 당당함, 자기 주장 · monumental 기념비적인
- leading 주요한, 일류의 · summon up ~을 떠올리다 · band 무리
- dominance 지배, 우월함 · predatory 공격적인, 포식동물 같은

- [**Listening** to Beethoven, Brahms, Mahler, Bruckner, Berlioz, Tchaikovsky, Shostakovich, and other great composers,] I can easily summon up images of bands of men starting to chase animals, using *sound as a source and symbol of dominance*, [an expression of the will to predatory power].: 첫 번째 [ ]는 동시동작을 나타내는 분사구문이다. 두 번째 [ ]는 앞의 명사구 sound as a source and symbol of dominance를 구체적으로 설명하는 동격 표현이다.

CHAPTER 06

4 — ① 0 ③ / Many social enterprises – In other words 1 ②

이 글의 빈칸에 들어갈 말로 가장 적절한 것은?

In the current landscape, social enterprises tend to rely either on grant capital (e.g., grants, donations, or project funding) or commercial financing products (e.g., bank loans). Ironically, many social enterprises at the same time report of significant drawbacks related to each of these two forms of financing.

Many social enterprises are for instance reluctant to make use of traditional commercial finance products, fearing that they might not be able to pay back the loans. In addition, a significant number of social enterprise leaders report that relying too much on grant funding can be a risky strategy since individual grants are time limited and are not reliable in the long term. Grant funding can also lower the incentive for leaders and employees to professionalize the business aspects, thus leading to unhealthy business behavior.

In other words, there seems to be a substantial need among social enterprises for <u>alternatives to the traditional forms of financing</u>.

① alternatives to the traditional forms of financing
② guidelines for promoting employee welfare
③ measures to protect employees' privacy
④ departments for better customer service
⑤ incentives to significantly increase productivity

내 생각?

사회적 기업들이 자금을 조달하기 위해 보조금 또는 금융 상품에 의존하면서도 문제를 제기하는 이유, 이게 내가 다룰 주제! 그 이유를 알면 대안이 필요하다는 걸 인정하게 될 거야.

일반(주제) → 구체(이유 열거)

결론(요지)

| 전문 해석 |

현재 상황에서, 사회적 기업들은 보조금 자본(예를 들어, 보조금, 기부금, 혹은 프로젝트 기금) 또는 상업적 금융 상품(예를 들어, 은행 대출)에 의존하는 경향이 있다. 아이러니하게도, 많은 사회적 기업들은 그와 동시에 이러한 자금 조달의 두 가지 형태 각각에 관련된 중대한 문제점을 말한다.

예를 들어, 많은 사회적 기업들은 대출금을 상환하지 못할 수 있다는 것을 우려하며 전통적인 상업 금융 상품들을 사용하는 것을 꺼린다. 게다가, 상당히 많은 사회적 기업 리더들은 보조금 조달에 너무 많이 의존하는 것은 위험한 전략일 수 있다고 말하는데, 이는 개별적 보조금들은 시간 제한적이고 장기적으로 의존할 수 없기 때문이다. 보조금 조달은 또한 리더들과 직원들이 사업적인 면들을 전문화하려는 동기를 낮출 수 있고, 그로 인해 비정상적인 사업 행위를 초래한다.

다시 말해서, 사회적 기업들 사이에 <u>전통적인 형태의 자금 조달에 대한 대안</u>의 상당한 필요성이 있는 것처럼 보인다.

출제의도

빈칸 추론 ▶ 글의 구조 속에서 글쓴이의 의도와 빈칸이 포함된 문장의 역할을 파악할 수 있는가?

문제해설

사회적 기업들이 전통적인 자금 확보 방법인 정부 보조금이나 상업적 금융 상품을 꺼리는 이유를 설명하는 글이다. 빈칸이 포함된 문장은 이런 이유를 근거로 내릴 수 있는 당연한 결론으로, 전통적인 자금 조달 방법을 대체할 필요가 있다는 것이다. 따라서 ① '전통적인 자금 조달 방법에 대한 대안'이 빈칸에 적절함을 알 수 있다.

② 직원 복지를 향상할 지침들
③ 직원의 사생활을 보호할 조치들
④ 더 나은 소비자 서비스를 위한 부서들
⑤ 생산성을 크게 증가시키기 위한 장려책

1 ① 사회적 기업들이 사업에 필요한 자금을 확보하는 혁신적인 방법들
② 사회적 기업들이 보조금과 상업적 금융 상품을 꺼리는 이유
③ 사회적 기업들이 전통적인 상업적 금융 상품의 대금을 갚지 못하는 이유

④ 사회적 기업들이 보조금이나 상업적 금융 상품을 반기는 이유

| 어휘 · 어법 |

- current 현재의 · landscape 상황, 전망 · enterprise 기업
- grant (정부·단체가 주는) 보조금 · capital 자본 · donation 기부금
- funding 기금 · commercial 상업의 · financing 금융, 자금 조달
- loan 대출 · drawback 문제점, 결점 · reluctant 꺼리는
- strategy 전략 · incentive 장려, 동기 · unhealthy 비정상적인
- substantial 상당한

- [Grant funding can also lower the incentive for leaders and employees to professionalize the business aspects], [thus **leading** to unhealthy business behavior].: 두 번째 [ ]는 연속동작을 나타내는 분사구문으로, which thus leads to unhealthy business behavior.의 의미이다. leading의 의미상 주어는 첫 번째 [ ]이다.

5 ④   **0** ④ / For example – Thus, bringing   **1** ③   **2** ④

밑줄 친 bringing together contradictory characteristics가 이 글에서 의미하는 바로 가장 적절한 것은?

> The creative team exhibits paradoxical characteristics. It shows tendencies of thought and action that we'd assume to be mutually exclusive or contradictory.

> For example, to do its best work, a team needs deep knowledge of subjects relevant to the problem it's trying to solve, and a mastery of the processes involved. But at the same time, the team needs fresh perspectives that are unencumbered by the prevailing wisdom or established ways of doing things. Often called a "beginner's mind," this is the newcomers' perspective: people who are curious, even playful, and willing to ask anything — no matter how naive the question may seem — because they don't know what they don't know.

> Thus, bringing together contradictory characteristics can accelerate the process of new ideas.

① establishing short-term and long-term goals
② performing both challenging and easy tasks
③ adopting temporary and permanent solutions
④ utilizing aspects of both experts and rookies
⑤ considering processes and results simultaneously

내 생각?

창의적인 팀은 모순된 특징들을 보인다는 점에 주목! 모순된 특징이 무엇인지 예를 들어 설명하기. 새로운 생각에 속도를 내려면 모순된 이 특징들을 통합해야 한다는 게 내 결론!

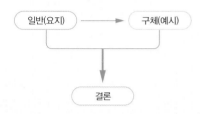

| 전문 해석 |

창의적인 팀은 역설적인 특징을 보인다. 그것은 상호 배타적이거나 모순된다고 우리가 추정하는 생각과 행동의 경향을 보여준다.

예를 들어, 최고의 작업을 수행하기 위해서 팀은 해결하려는 문제와 관련된 주제에 대한 깊은 지식과 수반되는 과정의 숙달이 필요하다. 그러나 그와 동시에, 널리 퍼져 있는 지식이나 일을 하는 입증된 방법에 구애받지 않는 신선한 관점이 필요하다. 종종 '초보자의 마음'이라고 불리는 이것은 신참의 관점이다. 즉, 이런 사람들은 호기심 많고, 심지어 장난기 넘치고, 질문이 아무리 순진해 보이더라도 무엇이든 기꺼이 물어보는데, 이것은 자신이 모르는 것이 무엇인지도 모르기 때문이다.

따라서, 모순되는 특징들을 한데 모으는 것이 새로운 아이디어의 과정을 가속화할 수 있다.

출제의도

함축적 의미 추론 ► 글쓴이의 의도와 중심 내용을 상징적으로 표현한 어구의 의미를 이해할 수 있는가?

문제해설

글쓴이는 창의적인 팀은 역설적인 특징을 보인다는 점에 주목하면서, 구체적인 예를 통해 그 특징들이 '전문성과 초보자의 새로운 관점'임을 보여주고 있다. 글의 마지막 문장이자 단락에서 논리적인 결론을 이끄는 Thus를 사용하여 '모순된 특징들을 한데 모으는 것'이 새로운 아이디어 과정을 가속화 한다는 결론을 내리고 있으므로, 밑줄 친 표현이 의미하는 바는 ④ '전문가와 초보자 모두의 특성들을 활용하는 것'임을 추론할 수 있다.

① 단기적 목표와 장기적 목표를 설정하는 것
② 힘든 업무와 쉬운 업무를 모두 수행하는 것
③ 일시적이고 영구적인 해결책을 채택하는 것
⑤ 과정과 결과를 동시에 고려하는 것

| 어휘 • 어법 |

• exhibit 보여주다 • paradoxical 역설적인 • characteristic 특징
• assume 가정하다 • mutually 상호의 • exclusive 배타적인
• contradictory 모순된 • relevant 관련된 • at the same time (고려

해야 할 대조적인 사실 등을 언급할 때) 그와 동시에 • prevailing 널리 퍼진 • newcomer 초심자 • perspective 관점 • accelerate 가속화하다

• For example, to do its best work, a team needs [deep knowledge of subjects relevant to *the problem* {it's trying to solve}], and [a mastery of *the processes* **involved**].: 두 개의 [ ]는 needs의 목적어로, 첫 번째 [ ]에서 { }는 선행사 the problem을 수식하는 목적격 관계대명사절로 앞에 which[that]가 생략되었다. involved의 경우 '포함된, 관련된'이라는 의미일 때 수식하는 명사 뒤에 쓴다.

• [Often **called** a "beginner's mind,"] this is *the newcomers'* perspective: *people* [**who** are curious, even playful, and willing to ask anything—**no matter how naive** the question may seem—because they don't know {**what** they don't know}].: 첫 번째 [ ]는 this를 의미상 주어로 하는 분사구문으로, Often (being) called (~라 불리는)에서 being이 생략되었다. :(콜론) 이하는 the newcomers를 부연 설명하는 내용으로, 두 번째 [ ]는 people을 수식하는 관계사절이다. —(대시) 사이의 삽입절인 「no matter how+형용사+주어+동사」 구문은 '아무리 ~하더라도'라는 의미이다. { }는 선행사를 포함하는 관계대명사(what)절로 know의 목적어이다.

6 ②　　　　**0** ① / While other – The moral　　　　**1** ②　　　　**2** (1) assembly line (2) conveyor belt

이 글의 흐름으로 보아, 주어진 문장이 들어가기에 가장 적절한 곳은?

Ransom Olds, the father of the Oldsmobile, could not produce his "horseless carriages" fast enough. In 1901 he had an idea to speed up the manufacturing process—instead of building one car at a time, he created the assembly line. (①) The acceleration in production was unheard-of—from an output of 425 automobiles in 1901 to an impressive 2,500 cars the following year.

② While other competitors were in awe of this incredible volume, Henry Ford dared to ask, "Can we do even better?" He was, in fact, able to improve upon Olds's clever idea by introducing conveyor belts to the assembly line. (③) As a result, Ford's production went through the roof. (④) Instead of taking a day and a half to manufacture a Model T, as in the past, he was now able to spit them out at a rate of one car every ninety minutes.

(⑤) The moral of the story is that good progress is often the herald of great progress.

내 생각?

Ransom Olds의 혁신, 그걸 뛰어넘는 Henry Fords의 사례에 주목! 사례 속 인물들의 생각과 행동을 따라가다 보면 당연해지는 교훈, '새로운 발전이 있으면 더 나은 발전을 생각하라!'

| 전문 해석 |

Oldsmobile의 창립자인, Ransom Olds는 '말 없는 마차'를 충분히 빨리 생산할 수 없었다. 1901년에 그에게는 생산 과정의 속도를 높이기 위한 아이디어가 있었는데, 한 번에 한 대의 자동차를 만드는 대신, 조립 라인을 고안했다. 생산의 가속은 1901년에 425대의 자동차 생산량에서 이듬해 인상적인 2,500대의 자동차로, 전례가 없는 것이었다.

② 다른 경쟁사들이 이 놀라운 분량에 깊은 감명을 받은 반면, Henry Ford는 "우리가 오히려 더 잘할 수 있지 않을까?"라고 당당히 물었다. 그는 사실, 컨베이어 벨트를 조립 라인에 도입함으로써 Olds의 훌륭한 아이디어를 개선할 수 있었다. 그 결과, Ford사의 생산은 최고조에 달했다. 과거처럼, Model T를 제작하는 데 1.5일이 걸리는 대신에, 그는 이제 90분마다 한 대씩의 속도로 차를 뱉어낼(생산할) 수 있었다.

이 이야기의 교훈은 좋은 진보는 종종 위대한 진보의 선구자라는 것이다.

출제의도

주어진 문장의 위치 판단 ▶ 글의 구조와 글쓴이 의도에 맞게 문장을 넣어 일관성 있는 글을 완성할 수 있는가?

문제해설

이 글은 Ransom Olds의 사례를 제시하면서 내용을 전개하고 있으며, 주어진 문장은 Ransom Olds의 생산량 증가에 놀라기만 한 경쟁사들과 달리 더 나은 결과를 얻을 수 있는지에 대한 의문을 제기하는 Henry Ford의 태도를 보여주고 있다. 따라서 주어진 문장은 Ransom의 사례를 소개한 뒤에(②) 이어져야 자연스럽다.

1 글쓴이가 두 사례를 통해 배울 수 있는 점으로 '새로운 발전이 더 나은 발전의 밑거름, 전조가 된다'고 했는데, 이 말은 '새로운 발전에 머물지 말고 더 나은 발전을 생각하라'는 의미이다.

2 글쓴이는 Ransom Olds의 자동차 생산 방법을 good progress(좋은 진보)로, 이 방법을 개선한 Henry Ford의 방법은 great progress(위대한 진보)로 설명하고 있다. 따라서 (1)은 assembly line(조립 라인), (2)는 conveyor belt(컨베이어 벨트)로 설명된다.

| 어휘 · 어법 |

- carriage 마차, 탈것　• horseless carriage (고어) 자동차
- manufacture 제조하다, 생산하다　• assembly line 조립 라인
- acceleration 가속　• unheard-of 지금까지 들어본 적이 없는
- competitor 경쟁 상대　• in awe of ~에 깊은 감명을 받은
- volume (~의) 양, 용량　• go through the roof 최고조에 달하다, 급등하다
- spit out 뱉다　• progress 진보　• herald 선구자

- **Instead of** taking a day and a half to manufacture a Model T, *as* in the past, he was now able to *spit **them** out* at a rate of one car *every* ninety minutes.: 「insted of+명사(구)」 구문은 '~하는 대신에'란 뜻으로, 어떤 것을 다른 것으로 대체한다는 의미를 전달한다. as는 '~처럼', every는 '~마다'라는 의미로 쓰였다. spit them의 them은 a Model T를 가리키는데, 이처럼 대명사 목적어는 동사와 부사 사이에만 쓸 수 있다.

이 글의 주제로 가장 적절한 것은?

The original idea of a patent, remember, was not to reward inventors with monopoly profits, but to encourage them to share their inventions. A certain amount of intellectual property law is plainly necessary to achieve this.

But it has gone too far. Most patents are now as much about defending monopoly and discouraging rivals as about sharing ideas. And that disrupts innovation. Many firms use patents as barriers to entry, suing upstart innovators who trespass on their intellectual property even on the way to some other goal.

In the years before World War I, aircraft makers tied each other up in patent lawsuits and slowed down innovation until the US government stepped in. Much the same has happened with smartphones and biotechnology today. New entrants have to fight their way through "patent thickets" if they are to build on existing technologies to make new ones.

① side effects of anti-monopoly laws
② ways to protect intellectual property
③ requirements for applying for a patent
④ patent law abuse that hinders innovation
⑤ resources needed for technological innovation

내 생각?

특허권의 원래 취지부터 먼저, 취지에서 벗어난 특허권 남용이 가져온 문제를 제기! 기술 발전에 방해가 되는 특허권 남용 사례들이 내 생각의 근거!

| 전문 해석 |

특허권의 원래 취지는 발명가에게 독점 이익을 보상하는 것이 아니라 그들이 발명품을 공유하도록 장려하는 것임을 기억하라. 어느 정도의 지적재산권법은 이 목적을 이루기 위해 분명히 필요하다.

하지만 그것은 도를 넘어섰다. 대부분의 특허권은 이제 아이디어를 공유하는 것만큼이나 독점을 옹호하고 경쟁자들을 막고 있다. 그리고 그것은 혁신을 가로막는다. 많은 기업들이 특허권을 진입 장벽으로 사용하여, 심지어 다른 목표를 향해가는 도중에 지적재산을 침해하는 신흥 혁신가들을 고소한다.

제1차 세계대전 이전에는 항공기 제조사들이 특허권 소송에 서로를 묶어 놓아 미국 정부가 개입할 때까지 기술 혁신을 늦추었다. 오늘날 스마트폰과 생명공학에서도 동일한 상황이 생기고 있다. 새로운 진입자들이 기존 기술을 바탕으로 새로운 기술을 만들려고 한다면 '특허 덤불'을 헤쳐 나가야 한다.

주제 파악 ▶ 글쓴이가 무엇에 대해 어떤 구조로 서술하는지 파악할 수 있는가?

특허권 남용이 오히려 기술 발전을 방해한다고 문제를 제기하면서 해당 사례를 제시한 글이므로, ④ '기술 혁신을 방해하는 특허권 남용'이 주제로 적절하다.

① 독점 금지법의 부작용   ② 지적재산을 보호하는 방법
③ 특허를 신청하는 데 필요한 조건   ⑤ 기술 혁신에 필요한 자원

1 patent thickets(특허 덤불)에서 thickets는 '복잡하게 뒤엉킴'이란 의미로, 특허권 남용으로 겪는 저해 요소를 비유적으로 표현한 것이다. 즉, ③ barriers(장벽, 장애물)를 의미한다.
① 출원   ② 혜택   ④ 사무소

| 어휘 · 어법 |

• patent 특허(권)   • reward 보상하다   • monopoly profit 독점 이익
• intellectual property law 지적재산권법   • go too far 도를 넘어서다

• defend ~을 보호하다   • discourage (무엇을 반대하여) 막다, 좌절시키다
• disrupt 막다, 붕괴시키다   • barrier 장벽   • entry 진입
• sue ~을 고소하다   • upstart innovator 신흥 혁신가
• trespass 침해하다, 무단 침입하다   • lawsuit 소송, 고소
• biotechnology 생명공학   • entrant (새로운) 업체, 신입(생)
• fight one's way through ~을 헤쳐 나가다   • patent thicket 특허 덤불

• The original idea of a patent, remember, was **not** [to reward inventors with monopoly profits], **but** [to *encourage* them *to share* their inventions].: 「not A but B」 구문으로 'A가 아니라 B이다'라는 의미를 나타내며 A와 B에 to부정사구 [ ]가 쓰여 병렬구조를 이루고 있다. 두 번째 [ ]에서 「encourage+목적어+목적격보어(to부정사)」 구문은 '(목적어)에게 ~하라고 장려하다'라는 의미이다.

• New entrants have to fight their way through "patent thickets" [if they **are to build** on existing technologies to make new ones.]:
이 문장에서 「be+to부정사」는 are going to build(예정)의 의미로 쓰였다.
(*cf.* be to 용법의 의미: 예정, 의무, 조건·의도, 운명)

2 ④ 0 ④ / Follow the same 1 ①

이 글의 필자가 주장하는 바로 가장 적절한 것은?

In business school they teach an approach to management decisions that is designed to overcome our natural tendency to cling to the familiar, whether or not it works. If an executive wants to examine a company policy, he or she first puts aside whatever has been done historically, and focuses instead on what the policy should be.

Follow the same approach as you examine how you should look, speak and act to best achieve your objectives. Don't assume that there is some inherent value to the way you have always done things. Keep focused on becoming the best you can be, not how you have always been.

① 우선순위를 결정한 뒤 일을 시작하라.
② 신중하게 판단하고 신속하게 결정하라.
③ 전문성 개발을 위해 끊임없이 공부하라.
④ 목표 달성을 위해 기존의 방식을 버려라.
⑤ 실패를 성장과 개선을 위한 기회로 이용하라.

내 생각?

의사결정에 대한 접근법을 가르치는 경영대학원의 예에 빗대어 내 생각 말하기! 목표를 달성하려면 기존의 가치를 고수하지 말고 목표 자체, 최고가 되는 것에 집중하라는 게 내 생각!

구체(예)

↓

일반(주장)

|전문해석|

경영대학원에서는 경영상의 의사 결정에 대한 접근법을 가르치는데 그것은 효과가 있든 없든 간에 익숙한 것을 고수하고자 하는 우리의 타고난 성향을 극복하고자 고안된 것이다. 어떤 경영자가 회사 정책을 검토하고 싶으면, 역사적으로 행해져 왔던 것들은 어떤 것이든 일단 제쳐 두고, 대신 그 정책이 어떤 것이어야 하는가에 집중한다.

당신이 자신의 목표를 가장 잘 달성하기 위해서 어떻게 보이고, 말하고, 행동해야 할지 검토할 때, 이와 똑같은 접근법을 따르도록 하라. 당신이 항상 해 왔던 방식에 어떤 고유한 가치가 있다고 여기지 말라. 당신이 늘 존재해 왔던 방식이 아니라, 당신이 이를 수 있는 최고가 되는 것에 계속 집중하도록 하라.

출제의도

주장 파악 ▶ 글의 구조 속에서 글쓴이가 제시한 구체적인 의견을 파악할 수 있는가?

문제해설

첫 단락에서 경영대학원에서 가르치는 의사결정 방법론을 소개하고, 이 내용에 빗대어 두 번째 단락에서는 개인이 목표를 달성하기 위해 동일한 접근, 즉 기존 방식을 고수하지 말고 목표에 집중하라는 주장(충고)을 하고 있다. 따라서 필자의 주장으로 ④가 적절하다.

1 예시 단락과 주장 단락 모두 목표 달성을 위해 기존 것을 버리라는 내용을 언급하고 있으므로 이 글의 주제는 ① '익숙한 것을 버림으로써 당신이 할 수 있는 최고 달성하기'임을 알 수 있다.
② 익숙한 것을 지키고 고수하려는 우리의 자연스러운 성향
③ 경영 방침을 결정하는 더 나은 접근 방식 배우기
④ 여러분이 늘 해 왔던 방식에 내재된 가치

|어휘·어법|

- approach 접근법
- cling to ~을 고수하다
- executive 경영자, 경영진
- put aside ~을 제쳐 두다
- examine 검토하다, 조사하다, 진찰하다
- objective 목적, 목표
- assume (사실일 것으로) 추정하다
- inherent 고유한, 내재된

- In business school they teach **an approach** to management decisions [that **is** designed to overcome our natural tendency to cling to the familiar, *whether or not* it works].: [ ]는 관계대명사절인데 that 뒤에 is가 사용된 것으로 보아, 선행사가 management decisions가 아닌 an approach임을 알 수 있다. 「whether or not ~」은 구문은 '~이 어떻든지 간에'라는 의미이다.

CHAPTER 07

3 — ① 0 ② / One widely – Others believe 1 ④

이 글의 내용을 한 문장으로 요약하고자 한다. 빈칸 (A), (B)에 들어갈 말로 가장 적절한 것은?

> Why do we help?

> One widely held view is that self-interest underlies all human interactions, that our constant goal is to maximize rewards and minimize costs. Accountants call it cost-benefit analysis. Philosophers call it utilitarianism. Social psychologists call it social exchange theory. If you are considering whether to donate blood, you may weigh the costs of doing so (time, discomfort, and anxiety) against the benefits (reduced guilt, social approval, and good feelings). If the rewards exceed the costs, you will help.

> Others believe that we help because we have been socialized to do so, through norms that prescribe how we ought to behave. Through socialization, we learn the reciprocity norm: the expectation that we should return help, not harm, to those who have helped us. In our relations with others of similar status, the reciprocity norm compels us to give (in favors, gifts, or social invitations) about as much as we receive.

> People help because helping gives them (A) advantages, but also because they are socially learned to (B) repay what others have done for them.

(A)	(B)	(A)	(B)
① advantages	repay	② patience	evaluate
③ wisdom	forget	④ advantages	accept
⑤ patience	appreciate		

내 생각?

궁금하게 질문부터 먼저! 우리가 왜 돕는지는 답에서! 이득이라는 관점과 상호성이라는 관점에서 우리가 돕는 이유를 조목조목 밝히기.

질문(주제) → 답변(관점1) ─── 답변(관점2)

| 전문해석 |

우리는 왜 돕는가?

널리 받아들여지는 관점 하나는 자기 이익이 모든 인간의 상호작용의 기초가 되고, 우리의 지속적인 목표는 보상을 극대화하고 비용을 최소화하는 것이라는 점이다. 회계사들은 그것을 비용-수익 분석이라고 부른다. 철학자들은 그것을 공리주의라고 부른다. 사회 심리학자들은 그것을 사회적 교환 이론이라고 부른다. 만약 당신이 헌혈을 고려중이라면, 그렇게 하는 것의 이익들(감소된 죄책감, 사회적 인정, 그리고 좋은 감정) 대비 비용들(시간, 불편함, 그리고 걱정)을 비교 검토할지도 모른다. 그 보상들이 비용들을 넘어선다면, 당신은 도울 것이다.

다른 사람들은 우리가 어떻게 행동해야 하는지를 규정하는 규범들을 통해서, 그렇게 하도록 사회화되어 왔기 때문에 돕는다고 믿는다. 사회화를 통해서 우리는 상호성 규범을 배운다. 즉, 우리가 우리를 도와왔던 사람들에게 해가 아닌, 도움을 돌려줘야 한다는 기대이다. 비슷한 지위의 타인들과의 관계에서, 상호성 규범은 우리로 하여금 대략 우리가 받은 만큼(호의, 선물들, 혹은 사회적 초대) 주도록 강제한다.

→ 사람들은 돕는 것이 그들에게 (A)이익을 주기 때문만이 아니라, 타인이 자신들에게 한 것을 (B)되갚으려고 사회적으로 학습되기 때문에 돕는다.

출제의도

문단 요약 ▶ 글의 구조 속에서 핵심 개념들의 관계를 파악하고 한 문장으로 표현할 수 있는가?

문제해설

타인을 돕는 이유를 '이익'이라는 측면과 '받은 만큼 주는 상호성 규범'의 측면에서 다루고 있으므로, 빈칸 (A)에는 advantages(이익), (B)에는 repay(되갚으려고)가 들어가야 한다.

benefits = advantages

return = repay

② 인내 – 평가하라고　　　③ 지혜 – 잊으라고

④ 이익 – 받으라고　　　⑤ 인내 – 감사하라고

1 to give ~ about as much as we receive(우리가 받은 만큼 주는 것)는 ④ '상호성 규범'을 풀어 쓴 표현이다.

| 어휘 · 어법 |

- underlie 기초가 되다　· accountant 회계사
- cost-benefit analysis 비용-수익 분석　· utilitarianism 공리주의
- weigh against ~을 비교 검토하다　· guilt 죄책감　· exceed 초과하다
- prescribe 규정하다, 처방하다　· reciprocity norm 상호성 규범
- compel 강제(강요)하다

- People help because helping gives them patience, **but also** because they are socially learned to repay [*what* others *have done for* them].: 「not only A but also B」 구문에서 not only가 생략된 형태이다. [ ]는 선행사를 포함한 관계사절로 repay의 목적어이다.

③

0 ⓐ, ⓓ, ⓒ / But there – Recently, I
1 중요한 결정을 내리기 전에 작은 시험을 해보다 **2** ①

이 글의 빈칸에 들어갈 말로 가장 적절한 것은?

We are often faced with high-level decisions, where we are unable to predict the results of those decisions. In such situations, most people end up quitting the option altogether, because the stakes are high and results are very unpredictable.

But there is a solution for this. You should use the process of testing the option on a smaller scale. In many situations, it's wise to dip your toe in the water rather than dive in headfirst.

Recently, I was about to enroll in an expensive coaching program. But I was not fully convinced of how the outcome would be. Therefore, I used this process by enrolling in a low-cost mini course with the same instructor. This helped me understand his methodology, style, and content; and I was able to test it with a lower investment, and less time and effort before committing fully to the expensive program.

① trying out what other people do
② erasing the least preferred options
③ testing the option on a smaller scale
④ sharing your plans with professionals
⑤ collecting as many examples as possible

내 생각?

높은 수준의 결정, 그 결과를 예측하기 쉽지 않으니 어려울 수밖에. 이 문제를 해결하기 위해 작은 규모로 선택해 보는 방법을 제안, 내 경험담을 예로 보여주기.

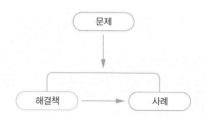

| 전문 해석 |

우리는 종종 높은 수준의 결정에 직면하는데, 거기에서 우리는 그 결정의 결과를 예측할 수 없다. 그런 경우에, 대부분의 사람들은 결국 선택권을 전적으로 포기하는데, 왜냐하면 위험성이 높고 결과가 매우 예측 불가능하기 때문이다.

그러나 이에 대한 해결책이 있다. 여러분은 좀 더 작은 규모로 그 선택을 시험해보는 과정을 활용해야 한다. 많은 경우에, 머리부터 먼저 뛰어들기보다는 물 속에 발끝을 담그는 것이 현명하다.

최근에, 나는 비싼 코칭 프로그램에 등록하려는 참이었다. 그러나 나는 그 결과가 어떠할지 완전히 확신하지 못했다. 그래서 나는 똑같은 강사의 저렴한 미니 코스에 등록함으로써 이러한 과정을 활용했다. 이것은 내가 그의 방법론, 스타일, 그리고 교육 내용을 이해하는 데 도움이 되었다. 그리고 비싼 프로그램에 완전히 전념하기 전에 나는 그것을 더 낮은 투자, 그리고 적은 시간과 노력으로 시험해볼 수 있었다.

출제의도

빈칸 추론 ▶ 글의 구조 속에서 글쓴이의 의도와 빈칸이 포함된 문장의 역할을 파악할 수 있는가?

문제해설

중요한 결정을 내릴 때의 어려움을 해결하는 방법을 제시한 글로, 빈칸이 포함된 문장은 해결책의 내용에 해당하는 문장이다. 바로 뒤의 문장에서 '머리부터 뛰어들지 말고 물속에 발끝을 담그는 게 현명하다'는 글쓴이 의견과 함께, 이어지는 단락에서 낮은 투자, 적은 시간과 노력을 들인 사례를 보여주고 있으므로, 빈칸에 ③ '좀 더 작은 규모로 그 선택을 시험해보는'이란 내용이 들어가야 함을 알 수 있다.

① 다른 사람들이 하는 것을 시험해보는
② 가장 덜 우선한 선택을 지우는
④ 여러분의 계획을 전문가와 나누는
⑤ 가능한 한 많은 사례를 수집하는

2 dive in headfirst(머리부터 먼저 뛰어들다)는 ① '생각하지 않고 높은 수준의 결정을 내리다'에 대한 비유적 표현이다.
② 이성적으로 판단하여 가능한 결과를 예측하다
③ 두려워서 모든 선택을 포기하다
④ 가능한 많은 선택을 시험해보려고 노력하다

| 어휘 • 어법 |

- be faced with ~에 직면하다 • decision 결정, 판단
- predict 예측하다 • result 결과 • end up 결국 ~하다
- quit 그만두다 • stakes (계획·행동 등의 성공 여부에) 걸려 있는 것
- unpredictable 예측할 수 없는 • process 과정, 절차 • dip 살짝 담그다
- headfirst 서둘러서, 거꾸로 • enroll in ~에 등록하다
- outcome 결과, 성과 • instructor 강사, 교사 • methodology 방법론
- investment 투자 • commit to ~에 전념하다

이 글의 빈칸에 들어갈 말로 가장 적절한 것은?

> Appreciating the collective nature of knowledge can correct our false notions of how we see the world.

> People love heroes. Individuals are given credit for major breakthroughs. Marie Curie is treated as if she worked alone to discover radioactivity and Newton as if he discovered the laws of motion by himself.

> The truth is that in the real world, nobody operates alone. Scientists not only have labs with students who contribute critical ideas, but also have colleagues who are doing similar work, thinking similar thoughts, and without whom the scientist would get nowhere. And then there are other scientists who are working on different problems, sometimes in different fields, but nevertheless set the stage through their own findings and ideas.

> Once we start understanding that knowledge isn't all in the head, that it's shared within a community, our heroes change. Instead of focusing on the individual, we begin to focus on a larger group.

① the process of trial and error
② the changeable patterns of nature
③ the academic superiority of scholars
④ the diversity of scientific theories
⑤ the collective nature of knowledge

내 생각?

지식의 집단적 속성을 제대로 이해하면 세상을 보는 잘못된 시각을 바로잡을 수 있다는 게 내 생각! 흔히 대단한 발견 뒤에 위대한 영웅이 있다고 생각하지만 내 생각은 달라. 그 이유를 설명할게.

주제
↓
통념 ←→ 반박
↓
결론(요지)

| 전문 해석 |

지식의 집단적 속성을 제대로 이해하는 것이 우리가 세상을 어떻게 바라보는가에 대한 오개념을 바로잡아 줄 수 있다.

사람들은 영웅을 사랑한다. 개인들은 주요한 획기적 발견에 대해 공로를 인정받는다. Marie Curie는 방사능을 발견하기 위해 홀로 연구한 것처럼 여겨지고 Newton은 운동의 법칙을 홀로 발견한 것으로 여겨진다.

진실은 실제 세계에서 어느 누구도 홀로 일하지 않는다는 것이다. 과학자들에게는 중요한 아이디어에 기여하는 학생들과 함께 하는 실험실이 있을 뿐만 아니라 유사한 생각을 하면서 유사한 연구를 하는 동료들도 있으며, 그들이 없다면 그 과학자는 어떠한 성취도 이루지 못할 것이다. 그 외에도 다른 과학자들이 있는데 그들은 다른 문제들, 때로는 다른 분야에서 연구하지만 그럼에도 자신의 고유한 발견과 생각들을 통해 장을 마련해 준다.

일단 지식이 모두 (한 명의) 머릿속에 있는 것이 아니라, 공동체 속에서 공유된다는 것을 이해하기 시작하면 우리의 영웅은 바뀐다. 개인에게 초점을 맞추는 대신에 우리는 더 큰 집단에 초점을 맞추기 시작한다.

출제의도

빈칸 추론 ► 글의 구조 속에서 글쓴이의 의도와 빈칸이 포함된 문장의 역할을 파악할 수 있는가?

문제해설

지식과 과학 발전은 한 명의 천재가 이루는 것이 아니라, 많은 사람의 노력이 합쳐진 결과라고 주장하는 글이다. 빈칸이 포함된 문장은 글의 주제와 요지를 보여주는 역할을 하고, 글쓴이의 반박 내용으로 보아, ⑤ '지식의 집단적 속성'이 빈칸에 들어갈 수 있음을 유추할 수 있다.

① 시행착오의 과정　　　② 변화무쌍한 자연의 형태
③ 학자들의 학문적 우위　④ 과학 이론들의 다양성

| 어휘 · 어법 |

- appreciate (제대로) 이해하다　· notion 개념　· credit 공로
- breakthrough 획기적 발견　· radioactivity 방사능
- contribute 기여하다　· critical 중요한　· colleague 동료
- get nowhere 성과(진전)가 없다　· field 분야

- Marie Curie is treated **as if** she **worked** alone to discover radioactivity and Newton **as if** he **discovered** the laws of motion by himself.: 「as if+가정법 과거」 구문은 '마치 ~인 것처럼'이라는 의미로, 두 과학자들이 실제는 그렇지 않은데 반대로 인식하는 사람들의 생각을 보여주기 위해 사용되었다.
  as if she *worked* alone ~ = in fact, she doesn't work alone ~
- Scientists not only have labs with *students* [**who** contribute critical ideas]. but also have *colleagues* [**who** are doing similar work, thinking similar thoughts, and {**without whom** the scientist **would get** nowhere}].: 두 개의 [ ]는 각각 선행사 students와 colleagues를 수식하는 관계대명사절이다. 두 번째 [ ]에서 { }는 「without+가정법 과거」 구문으로, 실제 상황(과학자들 옆에 조력자들이 있다는 사실)을 반대로 가정. 그에 따른 결과를 생각해 봄으로써 조력자들이 갖는 의미를 강조하기 위해 사용되었다.
  = the scientist would get nowhere without colleagues

6 ③   0 ④ / But the necessary   1 ①

이 글의 흐름으로 보아, 주어진 문장이 들어가기에 가장 적절한 곳은?

Everyone automatically categorizes and generalizes all the time. Unconsciously. It is not a question of being prejudiced or enlightened. Categories are absolutely necessary for us to function. (①) They give structure to our thoughts. (②) Imagine if we saw every item and every scenario as truly unique—we would not even have a language to describe the world around us.

③ But the necessary and useful instinct to generalize can distort our world view. It can make us mistakenly group together things, or people, or countries that are actually very different. (④) It can make us assume everything or everyone in one category is similar. (⑤) And, maybe, most unfortunate of all, it can make us jump to conclusions about a whole category based on a few, or even just one, unusual example.

 내 생각?

일반화하고 분류하려는 본능의 순기능과 역기능을 대조! 우려되는 부분들을 구체적으로 밝혀, 우리의 세계관을 왜곡할 수도 있다는 내 생각 강조하기!

통념(순기능)

⇕

반론(역기능-요지)

| 전문 해석 |

모든 사람들은 항상 자동적으로 분류하고 일반화한다. 무의식적으로 (그렇게 한다). 그것은 편견을 갖고 있다거나 깨닫게 되었느냐의 문제가 아니다. 범주는 우리가 (정상적으로) 기능을 수행하는 데 전적으로 필요하다. 그것들은 우리의 사고에 체계를 준다. 만일 우리가 모든 품목과 모든 있을 법한 상황을 정말로 유일무이한 것으로 본다고 상상해 보라. 그러면 우리는 우리 주변의 세계를 설명할 언어조차 갖지 못할 것이다.

③ 그러나 필요하고 유용한 일반화하려는 본능이 우리의 세계관을 왜곡할 수도 있다. 그것은 우리가 실제로는 아주 다른 사물들이나, 사람들, 혹은 나라들을 잘못 분류하게 할 수 있다. 그것은 우리가 하나의 범주 안에 있는 모든 것이나 모든 사람이 비슷하다고 가정하게 만들 수 있다. 그리고 아마도 모든 것 중에서 가장 유감스러운 것은, 그것이 우리로 하여금 몇 가지 혹은 심지어 고작 하나의 특이한 사례를 바탕으로 전체 범주에 대해 성급하게 결론을 내리게 만들 수 있다는 것이다.

출제의도

주어진 문장의 위치 판단 ▶ 글의 구조와 글쓴이 의도에 맞게 문장을 넣어 일관성 있는 글을 완성할 수 있는가?

문제해설

주어진 문장은 역접의 연결어 But으로 시작하면서, 분류하고 일반화하는 본능의 역기능을 언급하려는 부분이므로, 순기능에 대한 설명이 끝나고, 역기능의 구체적 내용이 시작되기 전인 ③에 들어가야 글의 흐름상 자연스럽다.

1 인간의 본능인 일반화의 순기능을 인정하면서도, 잘못 적용했을 때의 위험성을 강조하고 있으므로, 역기능을 언급한 ①이 글의 요지로 적절하다.

| 어휘 · 어법 |

- categorize (개개의 범주로) 분류하다   • generalize 일반화하다
- unconsciously 무의식적으로   • prejudiced 편견을 가진
- enlightened 깨닫게 된, 계몽된   • function (정상적으로) 기능을 수행하다

- instinct 본능   • distort (사실을) 왜곡하다
- mistakenly 잘못하여, 실수로   • group together (그룹, 집단으로) 분류하다
- jump to a conclusion 성급하게 결론을 내리다

- Imagine **if** we **saw** every item and every scenario as truly unique—we **would not even have** a language to describe the world around us.: 「if+주어+과거동사 ~, 주어+조동사 과거형+동사원형 ....」의 가정법 과거 구문으로, 반대로 가정했을 때 생길 수 있는 결과를 말하면서 '일반화'의 필요성을 강조하기 위해 사용했다.

- And, maybe, most unfortunate of all, it can **make** us **jump** to conclusions about a whole category [**based** on a few, or even just one, unusual example].: 「사역동사 make+목적어+목적격보어」구문으로 '(목적어)가 ~하게 하다'라는 의미이며 [ ]는 앞에 being이 생략된 수동태 분사구문으로 '~을 바탕으로, ~에 근거하여'라는 의미이다.

다음 글의 주제로 가장 적절한 것을 고르시오.

Some psychologists believe that insight is the result of a restructuring of a problem after a period of non-progress where the person is believed to be too focused on past experience and get stuck. A new manner to represent the problem is suddenly discovered, leading to a different path to a solution heretofore unpredicted. It has been claimed that no specific knowledge, or experience is required to attain insight in the problem situation. As a matter of fact, one should break away from experience and let the mind wander freely.

Nevertheless, experimental studies have shown that insight is actually the result of ordinary analytical thinking. The restructuring of a problem can be caused by unsuccessful attempts in solving the problem, leading to new information being brought in while the person is thinking. The new information can contribute to a completely different perspective in finding a solution, thus producing the Aha! Experience.

*heretofore: 지금까지

① disadvantages of experience in creative thinking
② significance of analytical thinking in gaining insight
③ contribution of insight in forming a new perspective
④ necessity of separating insight from analytical thinking
⑤ difficulty of acquiring in-depth knowledge from experience

내 생각?

통찰력이 문제를 재구성한 결과이며, 특정 지식이나 경험이 필요하지 않다는 일부 심리학자들의 의견과 난 생각이 달라! 통찰력은 새로운 정보를 통한 평범한 분석적 사고의 결과라는 게 내 생각!

주장

⇅ 대립

반박

주장	일부 심리학자의 주장 – 통찰력은 문제를 재구성한 결과이며, 그 결과는 과거 경험에 집중하여 꼼짝 못 하게 된 정체 시기 다음에 오는 것 – 문제를 표현하는 새로운 방식 발견 → 기존에 예상하지 못한 해결책으로 연결됨. – 통찰력 획득에 특정한 지식이나 경험이 요구되지 않는다고 주장
반박	실험 연구가 증명하는 것 – 통찰력은 평범한 분석적 사고의 결과 – 문제를 푸는 데 성공하지 못한 시도 → 시도를 하는 동안 새로운 정보 유입 → 새로운 정보가 다른 시각을 갖도록 함. → 해결책 발견, '아하! 체험'(= 문제의 재구성)

전문해석

몇몇 심리학자들은, 통찰력이란 어떤 사람이 과거의 경험에 너무 집중해서 꼼짝 못 하는 것이라고 여겨지는 정체 시기 후에 문제를 재구성한 것의 결과라고 믿는다. 그 문제를 표현하는 새로운 방식이 갑자기 발견되어 지금까지 예상하지 못한 해결책으로 가는 다른 길로 이어진다. 여태껏 주장되어 온 바는 문제 상황에서 통찰력을 얻기 위해 어떤 특정한 지식이나 경험도 필요하지 않다는 것이다. 사실 사람은 경험에서 벗어나 생각이 자유로이 흐르도록 해야 한다.

그럼에도 불구하고 실험 연구들은 통찰력이란 실제로 평범한 분석적 사고의 결과라는 점을 보여주었다. 문제를 재구성하는 것은 그 문제를 푸는 데 성공하지 못한 시도에 의해 야기되어 그 사람이 생각하고 있는 동안 새로운 정보가 들어오는 것으로 이어질 수 있다. 그 새로운 정보는 해결책을 찾는 데 있어서 완전히 다른 시각에 기여해서 '아하! 체험(무릎을 탁 치는 깨달음의 순간)'을 만들어 낼 수 있다.

주제 파악 ► 글쓴이가 무엇에 대해 어떤 구조로 서술하는지 파악할 수 있는가?

통찰력에 관한 서로 다른 의견을 대립 구조로 구성한 글이다. 일부 주장을 언급하는 신호어(Some ~ believe ~)와 반박 의견을 제시하는 신호어(Nevertheless, ~ studies have shown ~)를 통해 글의 구조를 파악한다면, 주제에 대한 접근이 쉬워진다.

과거의 경험에 집중하여 꼼짝 못 한 시기를 거친 뒤에 문제를 재구성한 결과를 통찰력이라고 일부 심리학자들은 믿지만, 그럼에도 불구하고 평범한 분석적 사고의 결과가 바로 통찰력이라는 것을 실험 연구가 보여주고 있음을 언급하고 있다. 글쓴이가 말하고자 하는 바가 두 번째 단락에서 제시되고 있으며 그것을 강조하기 위해 첫 번째 단락을 언급했다는 점을 파악한다면, ② '통찰력을 얻는 데 있어서 분석적 사고의 중요성'이 이 글의 주제임을 알 수 있다.

이처럼 대립 구조에서는, 무엇에 대해 그리고 어떤 부분에 중점을 두고 주장과 반론을 펼치는지를 파악하는 것이 중요하다.

선택지별 선택비율 ①5% ②47% ③34% ④9% ⑤3%

① 창의적인 사고에 있어서 경험의 약점
  → 언급된 내용이 아니다.

③ 새로운 시각을 형성하는 데 있어서 통찰력의 기여
  → 새로운 정보가 완전히 다른 시각에 기여하여 통찰력을 얻게 된다
    고 했으므로 글의 내용과 반대로 서술된 내용이다.

④ 통찰력을 분석적 사고에서 분리하는 것의 필요성
  → 분석적 사고의 결과가 통찰력이라고 했으므로 글의 내용과 다르다.

⑤ 경험으로부터 심층적인 지식을 획득하는 것의 어려움
  → 언급된 내용이 아니다.

|어휘 · 어법|

- insight 통찰(력) • restructure 재구성하다
- get stuck 꼼짝 못 하게 되다 • represent 표현하다, 나타내다
- claim 주장하다 • specific 특정한 • attain 얻다, 획득하다
- break away from ~에서 벗어나다 • wander 돌아다니다, 벗어나다
- ordinary 보통의, 일상적인 • analytical 분석적인
- contribute to ~에 기여하다 • perspective 시각, 관점

- **Some psychologists believe** [that insight is the result of a restructuring of a problem after a period of **non-progress** {where the person is believed **to be** too focused on past experience and **get stuck**}].
  → [ ]는 believe의 목적어인 명사절로 일부 심리학자들이 믿는 바를 언급하고 있으며, 명사절 안의 { }은 non-progress의 상황을 설명해 주는 관계부사절이다. 선행사가 구체적인 장소인 경우는 물론 상황이나 상태인 경우에도 where를 사용한 관계부사절을 덧붙일 수 있다.
  → to be와 (to) get stuck은 and로 연결되어 병렬 구조를 이루고 있다.

- **Nevertheless, experimental studies have shown** [that insight is actually the result of ordinary analytical thinking].
  → [ ]는 have shown의 목적어인 명사절로, 실험 연구가 보여주는(증명하는) 것이 무엇인지를 제시하고 있다.

이 글의 제목으로 가장 적절한 것은?

Many parents do not understand why their teenagers occasionally behave in an irrational or dangerous way. At times, it seems like teens don't think things through or fully consider the consequences of their actions.

Adolescents differ from adults in the way they behave, solve problems, and make decisions. There is a biological explanation for this difference.

Studies have shown that brains continue to mature and develop throughout adolescence and well into early adulthood. Scientists have identified a specific region of the brain that is responsible for immediate reactions including fear and aggressive behavior. This region develops early. However, the frontal cortex, the area of the brain that controls reasoning and helps us think before we act, develops later. This part of the brain is still changing and maturing well into adulthood.

① Use Your Brain to the Fullest
② Exercise Boosts Kids' Brain Health
③ Fear Leads to Aggressive Behaviors
④ Teen Brains: On the Way to Maturity
⑤ Kids' Emotional Attachment to Parents

내 생각?

어른과 다른 청소년들의 행동과 사고방식을 설명하는 생물학적 이유에 주목! 두뇌 발달 순서의 차이를 설명한 연구 내용으로 그 이유를 밝히기.

화제 도입 ── 일반(주제)

↓

구체(연구 내용)

| 전문 해석 |

많은 부모들은 그들의 십 대 아이들이 이따금 비합리적이거나 위험한 방식으로 행동하는 이유를 알지 못한다. 가끔씩, 십 대 아이들은 충분히 생각하지 않거나 자신들의 행동의 결과를 충분히 고려하지 않는 것처럼 보인다.

청소년들은 행동하고 문제를 해결하고 의사를 결정하는 방식에서 어른과 다르다. 이러한 차이에 대한 생물학적 설명이 있다.

연구는 두뇌가 청소년기에 걸쳐서 그리고 초기 성인기까지 계속해서 성숙하고 발달한다는 것을 보여준다. 과학자들은 두려움과 공격적인 행동을 포함하는 즉각적인 반응을 관장하는 두뇌의 특정 영역을 확인하였다. 이 영역은 일찍 발달한다. 그러나, 판단하는 것을 통제하고 우리가 행동하기 전에 생각하는 것을 도와주는 두뇌의 영역인 전두엽은 나중에 발달한다. 두뇌의 이러한 영역은 성인기까지 계속 변화하고 성숙한다.

출제의도

제목 파악 ▶ 글의 구조 속에서 글쓴이가 의도한 바를 대표하거나 상징적으로 표현한 제목을 붙일 수 있는가?

문제해설

십 대의 비합리적인 행동의 생물학적 이유를 밝힌 연구 내용을 가져와 설명하는 글로, 판단을 통제하고 행동하기 전에 생각하도록 해주는 전두엽이 성인기까지 계속 발달한다는 점을 제시하고 있다. 따라서 글의 제목으로 가장 적절한 것은 ④ '십 대의 두뇌: 성숙해지는 중'이다.

① 당신의 뇌를 최대한 사용하라
② 운동은 아이의 두뇌 건강을 증진시킨다
③ 두려움이 공격적인 행동으로 이어진다
⑤ 부모에 대한 아이의 감정의 애착

1 십 대들은 (A)비합리적으로 행동할 수도 있는데 왜냐면 두려움과 공격성을 담당하는 두뇌의 영역이 계속 성장하는 전두엽 피질보다 (B)더 일찍 자라기 때문이다.

| 어휘 · 어법 |

• occasionally 때때로   • irrational 비합리적인   • consequence 결과
• adolescent 청소년   • mature 성숙하다, 자라다
• adolescence 청소년기   • adulthood 성인기   • aggressive 공격적인
• reason 추론하다, 사고하다

• Scientists have identified *a specific region of the brain* [**that** is responsible for *immediate reactions* {**including** fear and aggressive behavior}].: [ ]는 선행사 a specific region of the brain을 수식하는 주격 관계대명사절이다. { }는 immediate reactions를 구체적으로 설명하는 현재분사구이다.

• However, **the frontal cortex**, [**the area of the brain** {*that controls reasoning and helps us think before we act*}], **develops** later.: [ ]는 주어인 the frontal cortex에 대한 동격 표현이며 동사는 develops이다. { }는 선행사 the area of the brain을 수식하는 관계대명사절이다.

2 ③　　**0** ④ / I believe　　**1** ④

이 글의 요지로 가장 적절한 것은?

> Many of the leaders I know in the media industry are intelligent, capable, and honest. But they are leaders of companies that appear to have only one purpose: the single-minded pursuit of short-term profit and "shareholder value."

> I believe, however, that the media industry, by its very nature and role in our society and global culture, must act differently than other industries—especially because they have the free use of our public airwaves and our digital spectrum, and have almost unlimited access to our children's hearts and minds. These are priceless assets, and the right to use them should necessarily carry serious and long-lasting responsibilities to promote the public good.

① 방송 통신과 관련된 법 개정이 시급하다.
② 공익 방송 시청률이 점점 하락하고 있다.
③ 미디어 산업은 공익을 증진할 책임이 있다.
④ 미디어 산업은 시설의 현대화를 꾀하고 있다.
⑤ 미디어에 대한 비판적 시각을 기를 필요가 있다.

내 생각?

단기간의 이익과 주주 가치만 추구하는 미디어 산업의 현황부터 먼저! 하지만 미디어 산업은 그 본질적 특성과 역할로 인해 공익 증진의 책임을 가져야 한다는 게 내 생각!

화제 도입

↓

주장

| 전문 해석 |

내가 미디어 산업에서 알고 있는 지도자 중 다수가 지적이고, 유능하고, 정직하다. 그러나 그들은 오로지 단기적인 이익과 '주주 가치'만을 추구하는 단 하나의 목적만을 가지고 있는 것처럼 보이는 회사의 지도자들이다. 그러나, 나는 미디어 산업이 우리 사회와 세계 문화 속에서 갖는 다름 아닌 그 본질과 역할로 인해, 다른 산업과는 다르게 행동해야 한다고 믿는데, 특히 미디어 산업이 우리의 공중파와 디지털 영역을 자유롭게 이용하고, 우리 아이들의 감정과 생각에 거의 무제한으로 접근하기 때문이다. 이것들은 매우 귀중한 자산이며, 그것들을 사용할 권리는 공익을 증진하기 위한 중대하고 장기간에 걸친 책임을 반드시 수반해야 한다.

요지 파악 ▶ 글의 구조 속에서 글쓴이가 끌어낸 결론 또는 의도한 바를 파악할 수 있는가?

미디어 산업은 성격상 단순한 사기업이 아니라, 공중파를 이용하고 사회와 세계 문화 및 아이들의 정서에 큰 영향을 미치기 때문에 공익을 증진할 책임이 있다고 주장하는 글이므로, ③이 글의 요지로 가장 적절하다.

1 마지막 문장이 주제문으로, 글쓴이의 주장이 제시되어 있으며, 주제문 앞에서 미디어 산업이 책임을 가져야 하는 이유로 ① 세계 문화에서의 역할, ② 공중파 이용, ③ 아이들 정서에 무제한 접근 등을 언급하고 있다.

| 어휘 • 어법 |

- **media industry** 미디어 산업 • **capable** 유능한
- **single-minded** 목적이 단 하나인, 외곬수의 • **pursuit** 추구
- **profit** 이익 • **shareholder** 주주(株主) • **nature** 본질
- **public airwave** 공중파 • **digital spectrum** 디지털 (방송)영역
- **access** 접근 • **priceless** 매우 귀중한 • **asset** 자산, 재산
- **necessarily** 반드시 • **long-lasting** 장기간에 걸친
- **responsibility** 책임 • **promote** 증진하다, 촉진하다
- **public good** 공익

- I believe, however, [that **the media industry**, {by its very nature and role in our society and global culture}, **must act** differently than other industries—especially because ***they have*** the free use of our public airwaves and our digital spectrum, and ***have*** almost unlimited access to our children's hearts and minds].: [ ]는 believe의 목적어인 명사절로, the media industry가 that절의 주어이고 must act가 동사이며 { }는 주어와 동사 사이에 삽입된 구로, 다른 산업과 달리 미디어 산업이 다르게 행동해야 한다고 생각하는 근거를 제시하고 있다. —(대시) 뒤의 because ~ 부사절에서 두 개의 동사 have가 주어 they에 연결되어 있다.

3 — ① **0** ① / Such is our **1** ③

이 글의 빈칸에 들어갈 말로 가장 적절한 것은?

> When he was dying, the contemporary Buddhist teacher Dainin Katagiri wrote a remarkable book called *Returning to Silence*. Life, he wrote, "is a dangerous situation." It is the weakness of life that makes it precious; his words are filled with the very fact of his own life passing away. "The china bowl is beautiful because sooner or later it will break.... The life of the bowl is always existing in a dangerous situation."

> Such is our struggle: this unstable beauty. This inevitable wound. We forget—how easily we forget—that love and loss are intimate companions, that we love the real flower so much more than the plastic one and love the cast of twilight across a mountainside lasting only a moment. It is this very <u>fragility</u> that opens our hearts.

① fragility　　② stability　　③ harmony
④ satisfaction　　⑤ diversity

내 생각?

죽음을 앞둔 불교 지도자의 책과 그의 말을 인용, 내 생각 말하기! 삶을 소중하게 만드는 건 다름 아닌 불안정한 아름다움, 깨지기 쉬운 취약함이라는 게 내 생각!

```
구체(인용)
   ↓
일반(주장)
```

|전문해석|

현대의 불교 지도자인 Dainin Katagiri는 죽음을 앞두고, 『침묵으로의 회귀』라는 주목할 만한 책을 집필했다. 그는 삶이란 "위험한 상황이다."라고 썼다. 삶을 소중하게 만드는 것은 바로 삶의 취약함이며, 그의 말들은 자신의 삶이 끝나가고 있다는 바로 그 사실로 채워져 있다. "도자기 그릇은 언젠가 깨질 것이기 때문에 아름답다.... 그 그릇의 수명은 늘 위험한 상황에 놓여 있다."

그런 것이 우리의 고행, 즉 이 불안정한 아름다움이다. 이 피할 수 없는 상처. 우리는 잊어버린다, 그것도 너무나 쉽게. 사랑과 상실이 친밀한 동반자라는 것을, 우리가 진짜 꽃을 플라스틱 꽃보다 훨씬 더 사랑하고 산 중턱을 가로지르는 한 순간만 지속하는 황혼의 색조를 사랑한다는 것을. 우리의 마음을 여는 것은 바로 이 <u>연약함</u>이다.

출제의도

빈칸 추론 ▶ 글의 구조 속에서 글쓴이의 의도와 빈칸이 포함된 문장의 역할을 파악할 수 있는가?

문제해설

글쓴이가 유명인의 말이나 글을 인용했다면 그 내용을 주제로, 자기의 생각을 펼치겠다는 뜻이다. 죽음을 앞둔 불교 지도자가 삶을 소중하게 하는 건 바로 삶의 취약함이라고 했고, 글쓴이도 삶의 취약함에 대한 비유와 예시를 통해 결국 우리의 마음을 움직이는 건 바로 그런 것들임을 강조하고 있다. (마지막 문장에서 강조 구문을 사용, 글의 요지를 강조) 따라서 빈칸에 ① '연약함'이 들어가야 글쓴이 의도와 일치한다.

② 안정성　　③ 화합　　④ 만족　　⑤ 다양성

1 ① '도자기 그릇', ② '사랑', ④ '황혼'은 영원하지 않고 불안정하며 깨지기 쉬운 아름다움을 상징하지만, ③ '플라스틱 꽃'은 반대 의미를 상징한다.

|어휘·어법|

• contemporary 현대의　• remarkable 주목할 만한, 놀라운
• silence 침묵, 정적　• precious 소중한　• very (다름 아닌) 바로 그
• china 자기(의), 도자기(의)　• struggle 고행, 고투, 분투
• unstable 불안정한　• inevitable 피할 수 없는　• wound 상처
• intimate 친밀한　• companion 동반자　• cast 색조, 빛깔
• twilight 황혼　• mountainside 산 중턱, 산허리　• diversity 다양성

• **It is** the weakness of life **that** makes it precious; his words are filled with the very fact of his own *life passing away*.: 「It is ~ that ...」 강조구문으로, 주어인 the weakness of life를 강조하고 있다. passing away는 앞의 명사 life를 수식하는 현재분사구이다.

CHAPTER 08

4 ① **0** ① / The psychologist – These findings **1** ③ **2** ④

이 글의 빈칸에 들어갈 말로 가장 적절한 것은?

> Would you expect the physical expression of pride to be biologically based or culturally specific?

> The psychologist Jessica Tracy has found that young children can recognize when a person feels pride. Moreover, she found that isolated populations with minimal Western contact also accurately identify the physical signs. These signs include a smiling face, raised arms, an expanded chest, and a pushed-out torso. Tracy and David Matsumoto examined pride responses among people competing in judo matches in the 2004 Olympic and Paralympic Games. Sighted and blind athletes from 37 nations competed. After victory, the behaviors displayed by sighted and blind athletes were very similar.

> These findings suggest that pride responses are <u>innate</u>.

① innate
② creative
③ unidentifiable
④ contradictory
⑤ offensive

내 생각?

자부심의 신체적 표현이 타고난 것인지, 문화에 따라 다른 것인지 질문부터 먼저! 질문에 대한 답은 연구 사례로! 신체적 표현이 타고난 것임을 다양한 사례로 밝히기.

질문(주제 도입)

답변(연구 사례) ── 답변(연구 결과)

| 전문 해석 |

여러분은 자부심을 드러내는 신체적 표현이 생물학적으로 기반한다고 예상하는가? 아니면 문화적으로 특정할 것이라고 예상하는가?

심리학자 Jessica Tracy는 어린아이들이 사람이 자부심을 느끼는 때를 알아볼 수 있다는 것을 발견했다. 더욱이, 그녀는 서구와의 접촉이 아주 적은 고립된 인구 집단 또한 정확하게 그 신체 신호를 알아본다는 것을 발견했다. 이러한 신호에는 웃고 있는 얼굴, 들어 올린 두 팔, 펼친 가슴, 그리고 밖으로 내민 상체가 포함된다. Tracy와 David Matsumoto는 2004년 올림픽 대회와 장애인 올림픽 대회의 유도 경기에서 시합하는 선수들에게서 자부심을 드러내는 반응들을 조사했다. 37개 국가에서 출전한 앞을 볼 수 있는 선수들과 볼 수 없는 선수들이 시합을 치렀다. 승리한 뒤에, 앞을 볼 수 있는 선수들과 볼 수 없는 선수들이 보여준 행동은 매우 비슷했다.

이 연구 결과는 자부심을 드러내는 반응이 <u>선천적</u>이라는 것을 보여준다.

출제의도

빈칸 추론 ▶ 글의 구조 속에서 글쓴이의 의도와 빈칸이 포함된 문장의 역할을 파악할 수 있는가?

문제해설

자부심을 드러내는 신체적 표현이 타고난 것인지 문화적인 것인지에 대한 질문으로 시작한 글이므로, 그에 대한 답이 무엇일지 예상하면서 글을 읽어야 한다. 심리학자의 연구 내용을 통해 질문에 대한 답의 근거를 밝히고 있는데, 연구 속 사례들은 모두 자부심의 행동이 생물학적 기반, 즉 타고난 것임을 알려주고 있다. 따라서 연구 결과를 언급한 마지막 문장의 빈칸에 적절한 것은 ① '선천적인'이다.

② 창조적인   ③ 확인할 수 없는   ④ 모순되는   ⑤ 공격적인

1 첫 문장의 질문에 대한 답인 마지막 문장이 글의 요지(③)이다.
　① 모든 문화는 자부심을 받아들이거나 거부하는 나름의 방식이 있다.
　② 심리학자들은 자부심의 보편적인 신체적 표현을 찾지 못했다.
　③ 자부심의 신체적 표현은 생물학적 기반을 두고 있다.
　④ 건전한 자부심은 우리의 존엄성과 자존감을 표현할 수 있다.

2 ① innate, ② inborn, ③ intrinsic 모두 '타고난, 내재적인'의 의미로 biologically based와 동의어이지만, ④ acquired는 '후천적인, 습득한'의 의미로 반의어이다.

| 어휘 · 어법 |

- biologically 생물학적으로　　• culturally 문화적으로
- specific 특정한　• psychologist 심리학자　• recognize 알아보다
- isolated 고립된　• minimal 최소의　• accurately 정확하게
- identify (명칭, 신원 등을) 알아보다, 인지하다　• torso 상체, 몸통
- match 대회, 시합　• sighted 앞을 볼 수 있는　• blind 앞이 안 보이는

- Would you **expect** the physical expression of pride **to be** biologically based or culturally specific?: 「expect+목적어+to부정사」 구문으로 '(목적어)가 ~할 것으로 예상하다'라는 의미이다.
- After victory, ***the behaviors*** [displayed by sighted and blind athletes] ***were*** very similar.: [ ]는 문장의 주어 the behaviors를 수식하는 과거분사구이고 동사는 were이다.

이 글의 밑줄 친 부분 중, 문맥상 낱말의 쓰임이 적절하지 <u>않은</u> 것은?

I was sitting outside a restaurant in Spain one summer evening, waiting for dinner. The aroma of the kitchens excited my taste buds. My future meal was coming to me in the form of molecules drifting through the air, too small for my eyes to see but ①detected by my nose.

The ancient Greeks first came upon the idea of atoms this way; the smell of baking bread suggested to them that small particles of bread ②existed beyond vision. The cycle of weather ③disproved(→ reinforced[proved]) this idea: a puddle of water on the ground gradually dries out, disappears, and then falls later as rain. They reasoned that there must be particles of water that turn into steam, form clouds, and fall to earth, so that the water is ④conserved even though the little particles are too small to see.

My paella in Spain had inspired me, four thousand years too ⑤late, to take the credit for atomic theory.

내 생각?

내 경험담으로 끌어들인 뒤, 하고 싶은 말 하기! 음식 냄새를 맡으며 분자를 떠올린 것처럼 고대 그리스인들이 다양한 현상 속에서 원자 이론을 발견한 방법을 설명하기.

| 전문 해석 |

나는 어느 여름날 저녁 스페인의 한 음식점 밖에 앉아 저녁 식사를 기다리고 있었다. 주방에서 나는 좋은 냄새가 나의 미뢰를 자극했다. 곧 먹게 될 내 음식은, 너무 작아 눈으로 볼 수는 없지만 코로는 ①감지되는, 공중을 떠다니는 분자의 형태로 내게 오고 있었다.

고대 그리스인들은 이런 식으로 원자에 대한 생각을 처음으로 하게 되었는데, 빵 굽는 냄새는 그들에게 작은 빵 입자가 눈에 보이지 않게 ②존재한다는 생각을 하게끔 했다. 날씨의 순환은 이 생각이(을) ③틀렸음을 입증했다(→ 강화했다[증명했다]). 지면 위 물 웅덩이는 점차 말라 사라지고, 그런 다음 비가 되어 떨어진다. 그들이 추론한 것은 수증기로 변하여 구름을 형성하고 땅으로 떨어지는 물 입자가 존재하는 것이 틀림없고, 그래서 그 작은 입자들이 너무 작아 눈에 보이지 않더라도 그 물은 ④보존된다는 것이다.

스페인에서의 나의 파에야는 원자 이론에 대한 공로를 인정받기에는 4천 년이나 너무 ⑤늦게 내게 영감을 주었다.

출제의도

어휘 적합성 판단 ▶ 글의 구조 속에서 각 낱말이 포함된 문장이 글쓴이의 의도에 맞게 쓰였는지 판단할 수 있는가?

문제해설

음식점 주방에서 나는 냄새로부터 분자 개념을 떠올린 글쓴이의 경험담으로 시작하여 고대 그리스인들도 이와 같은 방법으로 원자에 대한 생각을 했다면서 마지막 문장은 유머로 마무리하고 있다. 빵 냄새와 날씨의 순환 모두 물질이 눈에 보이지 않는 입자의 형태를 띠고 있음을 알게 해준 경우들이므로, ③ disproved(틀렸음을 입증했다)를 reinforced(강화했다) 또는 proved(증명했다)로 바꿔야 글쓴이의 의도에 맞는 문장이 된다.

1 ④ '고대 그리스인들이 원자 이론을 발견한 방법'이 글의 주제로 가장 적절하다.
① 실험이 원자 이론을 증명한 방법
② 우리가 다른 향기를 인식하고 분별할 수 있는 방법
③ 형태를 바꾸면서 물질이 보존되는 방법

| 어휘 · 어법 |

• aroma (좋은) 냄새, 향기   • excite 자극하다, 흥분시키다
• drift 떠다니다, 떠돌다   • detect 감지하다, 알아채다   • particle 입자
• vision 시야   • puddle 물웅덩이   • gradually 점차
• reason 추론하다   • steam 수증기   • conserve 보존하다
• inspire 영감을 주다
• take the credit for ~에 대한 공로를 인정받다, 차지하다
• atomic 원자의   • theory 이론
• My future meal was coming to me in the form of *molecules* [**drifting** through the air,] [**too** small **for** my eyes **to see**] but [**detected** by my nose].: 현재분사구인 첫 번째 [ ], 형용사구인 두 번째 [ ], 과거분사구인 세 번째 [ ]가 앞의 명사 molecules를 수식하는 문장 구조다. 두 번째 [ ]에서는 「too+형용사+for+의미상 주어+to부정사」 구문이 사용되어 '너무나 ~해서 –가 …할 수 없다'의 의미를 전한다.

⑤

0 ① / If you – In life – To learn **1** ① **2** ④

주어진 글 다음에 이어질 글의 순서로 가장 적절한 것은?

When an important change takes place in your life, observe your response.

If you resist accepting the change it is because you are afraid; afraid of losing <u>something</u>. (C) Perhaps you might lose your position, property, possession, or money. The change might mean that you lose privileges or prestige. Perhaps with the change you lose the closeness of a person or a place.

(B) In life, <u>all these things</u> come and go and then others appear, which will also go. It is like a river in constant movement. If we try to stop the flow, we create a dam; the water stagnates and causes a pressure which accumulates inside us.

(A) To learn to let go, to not cling and allow the flow of the river, is to live without resistances; being the creators of constructive changes that bring about improvements and widen our horizons.

① (A) – (C) – (B)
② (B) – (A) – (C)
③ (B) – (C) – (A)
④ (C) – (A) – (B)
⑤ (C) – (B) – (A)

내 생각?

삶에 변화가 일어날 때 보이는 반응에 주목하기. 가진 것을 잃는 변화에 대한 반응은 두려움과 저항인데, 이걸 놓아 주는 법을 배우면 건설적인 변화를 만들 수 있다는 게 내 생각!

| 전문 해석 |

당신의 삶에 중요한 변화가 일어날 때, 당신의 반응을 관찰하라.

만약 당신이 이 변화를 받아들이는 것을 거부한다면 그것은 당신이 두려워하기 때문인데, 다시 말해 <u>무언가를</u> 잃을까 봐 두려워하기 때문이다. (C) 아마도 당신은 당신의 지위, 재산, 소유물, 혹은 돈을 잃을지도 모른다. 그 변화가 의미하는 바는 당신이 특권이나 명성을 잃는 것일지도 모른다. 아마도 이 변화로 어떤 사람이나 장소에서 멀어질 수도 있다.

(B) 인생에서 <u>이러한 모든 것들은</u> 왔다 사라지고, 그리고 나서 다른 것들이 나타나며 그것 또한 사라진다. 그것은 끊임없이 움직이는 강과 같다. 만약 우리가 그 흐름을 멈추려고 하면, 댐을 만들게 되고, 그 물은 고여서 우리 안에 축적되는 압박을 유발한다.

(A) 놓아주는 법을 배우는 것, 즉 집착하지 않고 강물의 흐름을 허용하는 것은 저항 없이 살아가는 것이며, 개선을 가져오고 우리의 시야를 넓히는 건설적인 변화의 창조자가 되는 것이다.

출제의도

글의 순서 판단 ▶ 주어진 글로 전체 구조를 예측하면서 흐름에 맞게 단락을 구성할 수 있는가?

문제해설

주어진 문장에서 '삶에 중요한 변화가 일어날 때, 우리가 보이는 반응'을 주제로 제시하고 있으므로, 반응에 대한 구체적 예시, 또는 그런 반응들에 대한 글쓴이의 견해가 제시될 것이라고 예상하면서 흐름에 맞게 단락을 구성해야 한다.

바로 다음 문장부터 (C)까지 변화에 저항하는 반응을 예로 제시, (B)에서는 그런 반응과 태도가 가져오는 나쁜 결과(문제), (A)에서는 그걸 피하기 위한 글쓴이의 결론, 즉 새로운 변화를 받아들이고 과거는 흘려보내라는 생각(해결책)을 전하고 있다.

2 이 글에서 잃을까봐 두려워하는 것, 인생에서 왔다 사라지는 것으로 position(지위), property(재산), possession(소유물), money(돈), privilege(특권), prestige(명성) 등을 언급하고 있다.

| 어휘 · 어법 |

● take place 일어나다 ● resist 저항하다 ● accept 받아들이다
● property 재산 ● possession 소유물 ● privilege 특권
● prestige 명성 ● constant 끊임없는 ● accumulate 축적하다
● let go 놓아주다 ● cling 집착하다 ● resistance 저항
● bring about ~을 초래하다 ● improvement 개선
● horizon (욕구·지식 등의 범위) 시야; 수평선, 지평선

● [To learn to let go], [to not cling and allow the flow of the river], *is* [to live without resistances]; being the creators of constructive changes that bring about improvements and widen our horizons.: 첫 번째, 두 번째 [ ]는 동격 관계로 문장의 주어이고 세 번째 [ ]는 주격보어로, 주어와 주격보어가 모두 to부정사인 문장이다. ;(세미콜론)은 and 또는 so의 의미를 나타낸다.

수능, 구조독해가 정답이다!

다음 빈칸에 들어갈 말로 가장 적절한 것을 고르시오.

Whatever their differences, scientists and artists begin with the same question: *can you and I see the same thing the same way? If so, how?*

The scientific thinker looks for features of the thing that can be stripped of subjectivity — ideally, those aspects that can be quantified and whose values will thus never change from one observer to the next. In this way, he arrives at a reality independent of all observers.

The artist, on the other hand, relies on the strength of her artistry to effect a marriage between her own subjectivity and that of her readers. To a scientific thinker, this must sound like magical thinking: *you're saying you will imagine something so hard it'll pop into someone else's head exactly the way you envision it?* The artist has sought the opposite of the scientist's observer-independent reality. She creates a reality dependent upon observers, indeed a reality in which <u>human beings must participate</u> in order for it to exist at all.

① human beings must participate
② objectivity should be maintained
③ science and art need to harmonize
④ readers remain distanced from the arts
⑤ she is disengaged from her own subjectivity

내 생각?

궁금하게 질문부터, 하고 싶은 말은 답에서! 과학자와 예술가의 공통된 질문에 주목, 과학자와 예술가가 사물을 보는 상반된 방식을 대조하여 설명하기!

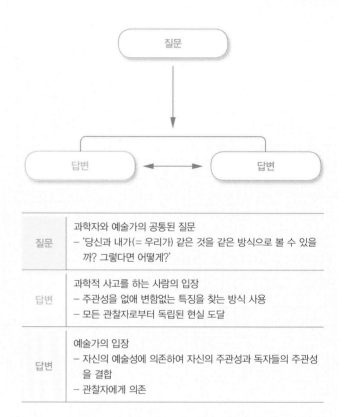

질문	과학자와 예술가의 공통된 질문 – '당신과 내가(= 우리가) 같은 것을 같은 방식으로 볼 수 있을까? 그렇다면 어떻게?'
답변	과학적 사고를 하는 사람의 입장 – 주관성을 없애 변함없는 특징을 찾는 방식 사용 – 모든 관찰자로부터 독립된 현실 도달
답변	예술가의 입장 – 자신의 예술성에 의존하여 자신의 주관성과 독자들의 주관성을 결합 – 관찰자에게 의존

전문해석

과학자와 예술가의 차이점이 무엇이든, 그들은 같은 질문, 즉 '당신과 내가 같은 것을 같은 방식으로 볼 수 있을까? 만약 그렇다면 어떻게?'라는 질문으로 시작한다.

과학적 사고를 하는 사람은 주관성이 제거될 수 있는 사물의 특징, 즉 이상적으로는 정량화될 수 있고 그래서 그것의 가치가 관찰자마다 전혀 달라지지 않을 그런 측면을 찾는다. 이런 식으로, 그(과학적 사고를 하는 사람)는 모든 관찰자로부터 독립된(영향을 받지 않는) 현실에 도달한다.

반면에 예술가는 자기 자신의 주관성과 독자의 주관성 간의 결합을 이루기 위해 자신의 예술가적 솜씨의 힘에 의존한다. 과학적 사고를 하는 사람에게, 이것은 틀림없이 마술적인 사고처럼 들릴 것이다. 즉 '당신이 뭔가를 매우 열심히 상상해서 마음속으로 그리는 바로 그대로, 다른 누군가의 머릿속에 그것이 떠오를 것이라고 말하고 있는 거예요?' 예술가는 과학자의 관찰자 독립적인 현실과 정반대인 것을 추구해 왔다. 예술가는 관찰자에 의해 좌우되는 현실, 다시 말하면, 그것이 적어도 존재할 수 있게 하려고 <u>인간들이 참여해야만 하는</u> 현실을 만들어 낸다.

빈칸 추론 ► 글의 구조 속에서 글쓴이의 의도와 빈칸이 포함된 문장의 역할을 파악할 수 있는가?

글쓴이가 직접 묻거나 혹은 글 속 대상이 던진 질문의 의도를 파악하는 게 중요하다. 보통 글 전체에서 다룰 주제에 관심을 집중시키고 궁금증을 갖게 하려고 질문을 사용하기 때문이다. 이런 글은 질문에 대한 답도 제시하기 마련인데, 답의 내용이 곧 글쓴이가 제시하고자 하는 핵심이며 글을 쓴 의도이기 때문에 집중해서 그 내용을 파악해야 한다.

이 글은 첫 단락에서 과학자와 예술가가 던지는 질문의 형식으로 글의 주제를 보여주고 있다. '우리가 같은 것을 같은 방식으로 볼 수 있을까? 어떻게?'란 질문에서 '과학자와 예술가가 대상을 보는 방식'을 다루는 글임을 예측할 수 있다. 이어지는 내용에서 과학자와 예술가가 어떤 방식으로 대상을 보는지 비교 또는 대조해서 질문에 대한 답을 제시할 것이므로 그 내용을 정확히 파악해야 한다.

과학자가 추구하는 것은 '주관성'이 배제된 대상의 특징이고, 예술가가 추구하는 것은 과학자와 정반대, 즉 '주관성'이다. 빈칸이 포함된 문장은 '예술가가 대상을 다루는 방식'에 해당하는 부분으로, 빈칸 앞에서 한 말(관찰자에게 좌우되는 현실)을 강조하는 부분이다. 따라서 ① '인간들이 참여해야만 하는' 현실임을 추론할 수 있다.

글의 내용이 추상적이고 낯설게 느껴질 수 있지만 구조로 보게 되면, 의외로 단순하게 양쪽의 입장을 확인할 수 있게 된다.

선택지별 선택비율 ①33% ②25% ③13% ④9% ⑤17%

② 객관성이 유지되어야 하는
→ 과학자의 입장이다.

③ 과학과 예술이 조화를 이룰 필요가 있는
→ 과학과 예술의 조화는 언급된 적이 없다.

④ 독자가 예술로부터 거리를 둔
→ 독자는 예술가의 입장에서 보면 예술에 참여해야 할 대상이다.

⑤ 예술가가 자신의 주관성에서 벗어난
→ 예술가가 자신의 주관성을 가지고 있는 채로 독자의 주관성과 만난다고 했다.

|어휘 • 어법|

- feature 특징 • stripped of ~이 박탈된, 제거된 • subjectivity 주관성
- ideally 이상적으로 • aspect 측면 • quantify 정량화하다
- value 가치, 값어치 • observer 관찰자
- independent of ~로부터 독립적인, ~로부터 영향을 받지 않는
- artistry 예술가적 솜씨 • effect 이루다, 달성하다
- marriage 결합 • magical thinking 마술적 사고(자신의 생각이나 욕망이 외부 세계에 영향을 미칠 수 있다는 믿음)
- envision 마음속으로 그리다

- **[Whatever** their differences], scientists and artists begin with the same question: *can you and I see the same thing the same way?*
→ Whatever는 복합관계대명사로 여기서 부사절을 이끌며 '그 차이가 무엇이든지'의 의미이다. 즉 차이에 상관없이 과학자와 예술가는 동일한 물음을 갖고 시작한다는 것을 강조하고 있다.

- The scientific thinker looks for **features of the thing** [**that** can be stripped of subjectivity] ─ ideally, those **aspects** [**that** can be quantified] and [**whose** values will thus never change from one observer to the next].
→ 관계사절과 대시(─)를 사용하여 추상적인 개념을 구체적으로 설명한 문장이다. features of the thing 뒤의 [ ]는 관계사절로, features의 의미(주관성이 제거될 수 있는 특징)를 구체적으로 보여준다. 대시(─)는 추가정보를 제공하거나 그 정보를 강조할 때 사용하는데, 여기서는 '주관성이 제거될 수 있는' 사물의 특징 (features of the thing)이 '정량화될 수 있고 변하지 않는' 것임을 추가로 짚어주기 위해 사용되었다. aspects 뒤에 연결된 두 개의 관계사절에서 이 내용이 구체적으로 설명되어 있다.

- In this way, he arrives at a reality **independent** of all observers.
→ independent는 형용사로 앞의 명사 reality를 수식하여 모든 관찰자로부터 '독립된 현실'이란 의미를 전한다.

이 글의 제목으로 가장 적절한 것은?

Each spring in North America, the early morning hours are filled with the sweet sounds of songbirds, such as sparrows and robins. While it may seem like these birds are simply singing songs, many are in the middle of an intense competition for territories.

For many birds, this struggle could ultimately decide whom they mate with and if they ever raise a family. When the birds return from their winter feeding grounds, the males usually arrive first. Older, more dominant males will reclaim their old territories: a tree, shrub, or even a window ledge. Younger males will try to challenge the older ones for space by mimicking the song that the older males are singing. The birds that can sing the loudest and the longest usually wind up with the best territories.

① Harmony Brings Peace
② Great Waves of Migration
③ Singing for a Better Home
④ An Endless Journey for Food
⑤ Too Much Competition Destroys All

 내 생각?

 매년 봄 좋은 영역을 차지하기 위해 부르는 새들의 노랫소리에 주목, 새들이 경쟁하는 이유와 방식을 구체적으로 설명하기.

일반(주제)

↓

구체(설명)

| 전문 해석 |

매년 봄 북미에서 이른 아침 시간은 참새나 울새 같은 명금(鳴禽)들의 아름다운 노랫소리로 가득 차 있다. 이런 새들이 단순히 노래만 하는 것처럼 보일 수도 있지만, 많은 수가 영역을 차지하려는 치열한 경쟁 중에 있다.

많은 새들에게 있어, 이런 싸움은 결국 그들이 누구와 짝짓기를 할지 그리고 그들이 가정을 정말 꾸리게 될지를 결정할 수 있다. 새들이 겨울에 먹이를 먹던 곳에서 돌아올 때, 수컷들이 보통 먼저 도착한다. 나이가 더 많고, 더 지배적인 수컷들은 그들의 이전 영역인 나무, 관목, 혹은 심지어 창문 선반 같은 곳을 되찾을 것이다. 더 어린 수컷들은 나이가 더 많은 수컷들이 부르는 노래를 흉내 냄으로써 자리를 차지하기 위해 그들에게 도전하려 할 것이다. 가장 크고 가장 길게 노래할 수 있는 새들이 보통 가장 좋은 영역을 차지하는 것으로 끝이 난다.

출제의도

제목 파악 ▶ 글의 구조 속에서 글쓴이가 의도한 바를 대표하거나 상징적으로 표현한 제목을 붙일 수 있는가?

문제해설

새들의 아름다운 노랫소리가 영역 차지를 위한 것이라는 주제를 언급한 뒤, 짝짓기를 하고 집을 꾸리기 위한 치열한 경쟁 속에서 가장 크고 가장 길게 노래할 수 있는 새들이 승리한다고 구체적으로 설명하고 있다. 따라서 글의 제목으로 ③ '더 나은 집을 차지하려는 노래 부르기'가 가장 적절하며, 여기서 '집(Home)'은 '영역(territory)'을 상징하는 표현이다.

① 조화가 평화를 가져오다
② 이동의 큰 물결
④ 먹이를 찾아 떠나는 끝없는 여정
⑤ 너무 많은 경쟁이 모든 것을 파괴하다

| 어휘 · 어법 |

- songbird 명금(鳴禽) • sparrow 참새 • robin 울새
- intense 치열한, 격렬한 • competition 경쟁 • territory 영역, 영토
- struggle 싸움 • ultimately 결국, 마침내 • mate 짝짓기를 하다
- raise a family 가정을 꾸리다 • feeding ground (동물의) 먹이 먹는 곳
- male 수컷 • dominant 지배적인, 우세한 • reclaim 되찾다, 개간하다
- shrub 관목 • mimic 흉내내다 • wind up with (결국) ~로 끝나다

- Younger males will try to challenge the older ones for space by mimicking *the song* [**that** the older males are singing].: [　]는 목적격 관계대명사절로 선행사 the song을 수식하며, 목적격 관계대명사 that은 생략할 수 있다.

- *The birds* [**that** can sing the loudest and the longest] usually wind up with the best territories.: [　]는 문장의 주어인 선행사 The birds를 수식하는 주격 관계대명사절로, 동사는 복수형인 wind up with이다. 주격 관계대명사 that은 목적격 관계대명사와 달리 생략하지 않는다.

CHAPTER **09**

2 ⑤   **0** ④ / Of course – Rather, we   **1** ②   **2** ④

이 글의 필자가 주장하는 바로 가장 적절한 것은?

> I am sure you have heard something like, "You can do anything you want, if you just persist long and hard enough." Perhaps you have even made a similar assertion to motivate someone to try harder.

> Of course, words like these sound good, but surely they cannot be true. Few of us can become the professional athlete, entertainer, or movie star we would like to be. Environmental, physical, and psychological factors limit our potential and narrow the range of things we can do with our lives. "Trying harder" cannot substitute for talent, equipment, and method, but this should not lead to despair.

> Rather, we should attempt to become the best we can be within our limitations. We try to find our niche. By the time we reach employment age, there is a finite range of jobs we can perform effectively.

① 수입보다는 적성을 고려해 직업을 선택해야 한다.
② 성공하려면 다양한 분야에서 경험을 쌓아야 한다.
③ 장래의 모습을 그리며 인생의 계획을 세워야 한다.
④ 자신의 재능과 역량을 스스로 제한해서는 안 된다.
⑤ 자신의 한계 내에서 최고가 되려고 시도해야 한다.

내 생각?

노력하면 모든 걸 이룰 수 있다고 흔히들 말하지만, 현실은 달라. 우리가 애써 노력해도 안 되는 일이 있으니까. 현실의 한계를 인정하되, 그 안에서 최선의 결과를 얻기 위해 노력해야 한다는 게 내 생각!

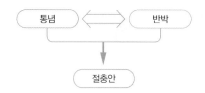

| 전문해석 |

나는 여러분이 "충분히 오래 그리고 열심히 노력하기만 하면, 여러분이 원하는 것은 무엇이든 할 수 있다."와 같은 말을 들어본 적이 있을 것이라고 확신한다. 아마도 여러분은 누군가가 더 노력하도록 동기를 부여하려고 비슷한 주장을 했을지도 모른다.

물론, 이러한 말들은 좋게 들리겠지만, 분명 그것들은 사실일 리가 없다. 우리들 중 소수만이 우리가 되고 싶어 하는 프로 운동선수, 연예인, 또는 영화배우가 될 수 있다. 환경적, 신체적, 그리고 심리적인 요인들이 우리의 잠재력을 제한하고 우리가 살면서 할 수 있는 일의 범위를 제한한다. '더 열심히 노력하는 것'이 재능, 장비, 방법을 대체할 수는 없지만, 이것이 절망으로 이어져서는 안 된다.

오히려, 우리는 우리의 한계 내에서 우리가 될 수 있는 최고가 되려고 시도해야만 한다. 우리는 우리의 적소(우리에게 꼭 맞는 자리)를 찾으려고 노력한다. 우리가 취업 연령에 도달할 때쯤이면, 우리가 효과적으로 수행할 수 있는 제한된 범위의 직업들이 있다.

출제의도

주장 파악 ▶ 글의 구조 속에서 글쓴이가 제시한 구체적인 의견을 파악할 수 있는가?

문제해설

열정과 노력만으로 모든 것을 이룰 수 있다는 말에 글쓴이는 문제를 제기한 뒤(반박), 반박의 근거로 환경적, 신체적, 심리적인 요인들이 우리의 잠재력을 제한하여 할 수 있는 일의 범위를 좁힌다고 설명하고 있다. 하지만 절망해서는 안 되며 우리의 한계 내에서 최고가 되기 위해 노력을 해야 한다는 절충안을 제안하는 글이다. 따라서 필자의 주장으로 가장 적절한 것은 ⑤이다.

1 아무리 노력해도 원하는 모든 것을 이룰 수 없는 현실을 말한 후 자신의 한계 내에서 최고가 되려고 시도해야 한다는 내용의 글이므로, ② '우리의 한계 내에서 최고가 되려는 시도'가 주제로 가장 적절하다.
① 우리의 목표를 달성하기 위한 길고 힘든 인내
③ 우리가 효과적으로 수행할 수 있는 제한된 범위의 직업
④ 삶에서 우리가 할 수 있는 일의 범위

| 어휘 · 어법 |

• persist 노력하다, 지속하다   • assertion 주장, 단언
• motivate 동기를 부여하다   • athlete 운동선수   • entertainer 연예인
• factor 요인   • potential 잠재력   • narrow 제한하다, 좁히다
• range 범위   • substitute 대체하다   • equipment 장비
• despair 절망   • niche 꼭 맞는 자리, 틈새   • finite 제한된, 한정되어 있는

• **Few** of us **can become** *the professional athlete, entertainer, or movie star* [we would like to be].: 문장의 주어는 Few이고 동사는 can become이다. [ ]는 목적격 관계대명사 who(m)[that]가 생략된 관계대명사절로, 선행사 the professional athlete, entertainer, or movie star를 수식하고 있다.

이 글의 내용을 한 문장으로 요약하고자 한다. 빈칸 (A), (B)에 들어갈 말로 가장 적절한 것은?

> Some natural resource-rich developing countries tend to create an excessive dependence on their natural resources, which generates a lower productive diversification and a lower rate of growth.

> Resource abundance in itself need not do any harm: many countries have abundant natural resources and have managed to outgrow their dependence on them by diversifying their economic activity. That is the case of Canada, Australia, or the US, to name the most important ones.

> But some developing countries are trapped in their dependence on their large natural resources. They suffer from a series of problems since a heavy dependence on natural capital tends to exclude other types of capital and thereby interfere with economic growth.

> Relying on rich natural resources without (A) varying economic activities can be a (B) barrier to economic growth.

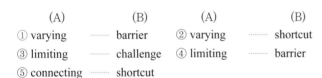

	(A)		(B)		(A)		(B)
①	varying	……	barrier	②	varying	……	shortcut
③	limiting	……	challenge	④	limiting	……	barrier
⑤	connecting	……	shortcut				

내 생각?

일부 개발도상국들의 천연자원에 대한 높은 의존도가 산업 다각화를 낮추고 결국, 경제가 발전하지 않는다는 게 내 생각! 그걸 입증하기 위해 극복 사례를 보여주기.

| 전문 해석 |

천연자원이 풍부한 일부 개발 도상국들은 자국의 천연자원에 대한 지나친 의존을 초래하는 경향이 있으며, 이는 더 낮은 생산 다각화와 더 낮은 성장률을 발생시킨다.

자원의 풍요 그 자체가 해가 되어야 하는 것은 아니다. 많은 나라들이 풍부한 천연자원을 가지고 있으며 자국의 경제 활동을 다양화함으로써 그것(풍부한 천연자원)에 대한 의존에서 그럭저럭 벗어났다. 가장 중요한 나라들을 꼽자면 캐나다, 호주, 또는 미국의 경우가 그러하다.

하지만 일부 개발 도상국들은 자국의 많은 천연자원에 대한 의존에 갇혀 있다. 그들은 일련의 문제를 겪고 있는데 자연 자본에 대한 과도한 의존이 다른 형태의 자본을 배제하고 그로 인해 경제 성장을 저해하는 경향이 있기 때문이다.

→ 경제 활동을 (A)다양화하지 않은 채 풍부한 천연자원에 의존하는 것은 경제 성장에 (B)장애가 될 수 있다.

출제의도

문단 요약 ▶ 글의 구조 속에서 핵심 개념들의 관계를 파악하고 한 문장으로 표현할 수 있는가?

문제해설

천연자원에 지나치게 의존하여 산업의 다양화가 이루어지지 않으면 경제가 발전할 수 없다고 진단하는 글이다. 따라서 천연자원에 대한 의존도가 경제 발전에 미치는 영향을 중심으로 요약해야 한다. 빈칸 (A)에는 varying(다양화하지), (B)에는 barrier(장애)가 들어가야 글의 요지를 담을 수 있다.

본문에서는 diversify(다양화하다), interfere with(~을 방해하다, 막다) 등의 표현이 사용되었다.

② 다양화하지 – 지름길　③ 제한하지 – 난제
④ 제한하지 – 장애　⑤ 연결하지 – 지름길

| 어휘 · 어법 |

- excessive 지나친, 과도한　• dependence 의존
- generate 초래하다, 야기하다　• diversification 다양화, 다양성
- abundance 풍요　• in itself 그 자체로　• abundant 풍부한
- outgrow (성장하여) ~에서 벗어나다　• diversify 다양화하다
- trap 가두다　• capital 자본(금), 자원　• exclude 배제하다
- thereby 그것 때문에　• interfere with ~을 방해하다

- Some natural resource-rich developing countries tend to create an excessive dependence on their natural resources, [**which generates** a lower productive diversification and a lower rate of growth].: [ ]는 계속적 용법의 관계대명사절로, which는 앞 문장 전체를 가리킨다. 그래서 동사를 단수형(generates)으로 썼다.

4

③   **0** ② / To stop   **1** ③   **2** ②

이 글의 빈칸에 들어갈 말로 가장 적절한 것은?

Much of the spread of fake news occurs through <u>irresponsible sharing</u>. A 2016 study from Columbia University in New York City and Inria, a French technology institute, found that 59 percent of the news from links shared on social media wasn't read first. People see an intriguing headline or photo in their news feed or on another website and then click the Share button to repost the item to their social media friends—without ever clicking through to the full article. Then they may be sharing fake news.

To stop the spread of fake news, read stories before you share them. Respect your social media friends enough to know what information you are sending their way. You may discover, on close inspection, that an article you were about to share is obviously fraudulent, that it doesn't really say what the headline promises, or that you actually disagree with it.

① political campaigns
② irrational censorship
③ irresponsible sharing
④ overheated marketing
⑤ statistics manipulation

 내 생각?

가짜 뉴스 확산의 많은 부분이 무책임한 공유로 일어난다는 게 내 진단! 연구 내용으로 확인시키기. 뉴스를 공유하기 전에 내용부터 읽어보자는 게 내 해결책!

> 문제와 원인
> ↓
> 해결책

| 전문 해석 |

가짜 뉴스 확산의 많은 부분은 무책임한 공유를 통해 일어난다. 2016년 뉴욕시의 Columbia University와 프랑스의 기술원인 Inria의 연구는 소셜 미디어에서 공유된 링크의 뉴스 중 59퍼센트가 먼저 읽히지 않았음을 밝혀냈다. 사람들은 자신의 뉴스 피드나 다른 웹사이트에 있는 흥미로운 제목이나 사진을 보고, 자신의 소셜 미디어 친구들에게 항목을 다시 게시하기 위해 '공유하기' 버튼을 클릭한다. 클릭해서 기사 전체를 살펴보지 않은 채로 말이다. 그러면 그들은 가짜 뉴스를 공유하고 있는지도 모른다.

가짜 뉴스의 확산을 막기 위해, 기사를 공유하기 전에 그것을 읽어보라. 여러분이 그들에게 어떤 정보를 보내고 있는지 충분히 알도록 여러분의 소셜 미디어 친구들을 존중하라. 자세히 들여다보면, 여러분이 공유하려는 기사가 분명 속이는 것이거나, 제목이 약속하는 것을 정말로 이야기하지 않는다거나, 또는 여러분이 실제로 그것에 동의하지 않는다는 것을 발견할지도 모른다.

출제의도

빈칸 추론 ▶ 글의 구조 속에서 글쓴이의 의도와 빈칸이 포함된 문장의 역할을 파악할 수 있는가?

문제해설

빈칸이 포함된 첫 문장에서 이 글이 가짜 뉴스 확산의 문제를 다루고 있음을 알 수 있고, 문맥으로 보아(occurs through ~), 빈칸이 문제의 원인에 해당하는 부분임을 짐작할 수 있다. 이어지는 연구 사례를 통해 뉴스를 채 확인하지 않고 무분별하게 공유하는 사람들의 행태를 밝히고 있으므로, ③ '무책임한 공유'가 빈칸에 들어가야 한다.

① 정치적 캠페인   ② 비이성적인 검열
④ 과열된 마케팅   ⑤ 통계 조작

1 ③ '가짜 뉴스가 퍼지는 이유와 그것을 막는 방법'이 이 글의 주제이다.
  ① 흥미로운 뉴스를 친구들과 공유하는 방법
  ② 가짜 뉴스가 널리 퍼지는 현상이 발생하는 이유
  ④ 뉴스 기사가 속이는 것임을 밝혀내는 방법

| 어휘 · 어법 |

• spread 확산; 퍼지다   • fake 가짜의   • irresponsible 무책임한
• share 공유하다   • intriguing 흥미로운   • inspection 들여다보기, 검사
• obviously 정말로

• You **may discover**, on close inspection, [**that** *an article* {you **were about to** share} is obviously fraudulent], [**that** it doesn't really say {**what** the headline promises}], or [**that** you actually disagree with it].: 문장의 동사는 may discover이고, 3개의 that절 [ ]이 「A, B, or C」의 형태로 나열되어 목적어 역할을 하고 있다. 첫 번째 [ ]에서 { }는 선행사 an article을 수식하는 관계대명사절로, 앞에 목적격 관계대명사 which[that]가 생략되었고, 「be about+to부정사」 구문은 '막 ~하려 하다(= be going to)'의 의미이다. 두 번째 [ ]에서 { }는 say의 목적어 역할을 하는 명사절이다.

(A), (B), (C)의 각 네모 안에서 문맥에 맞는 낱말로 가장 적절한 것은?

> Our culture is biased toward the fine arts—those creative products that have no function other than pleasure. Craft objects are less worthy; because they serve an everyday function, they're not purely (A) creative / practical .

> But this division is culturally and historically relative. Most contemporary high art began as some sort of craft. The composition and performance of what we now call "classical music" began as a form of craft music (B) ignoring / satisfying required functions in the Catholic mass, or the specific entertainment needs of royal patrons.

> For example, chamber music really was designed to be performed in chambers—small intimate rooms in wealthy homes—often as background music. The dances composed by famous composers from Bach to Chopin originally did indeed accompany dancing. But today, with the contexts and functions they were composed for (C) born / gone , we listen to these works as fine art.

	(A)	(B)	(C)
①	creative	satisfying	gone
②	creative	ignoring	gone
③	creative	satisfying	born
④	practical	ignoring	born
⑤	practical	satisfying	gone

 내 생각?

순수 예술의 결과물은 창조적이고, 기능을 지닌 공예품은 창의적이지 않다는 문화적 편견 뒤집기! 순수 예술도 원래는 실용적인 목적에서 시작했다는 걸 역사 속 사례로 밝히기!

통념 ⟺ 반론

↓

구체적 사례

| 전문 해석 |

우리의 문화는 순수 예술, 즉 즐거움 외에는 어떤 기능도 가지고 있지 않은 창조적 결과물에 편향되어 있다. 공예품은 가치가 덜 한데, 그것들은 일상의 기능을 제공하기 때문에 순수하게 (A)창의적이지 않다는 점이다.

하지만 이러한 구분은 문화적, 역사적으로 상대적이다. 대부분의 현대의 고급 예술은 일종의 공예로 시작되었다. 우리가 오늘날 '고전 음악'이라고 부르는 것의 작곡과 연주는 가톨릭 미사의 필수 의식들 또는 왕실 후원자의 특정한 오락적 요구를 (B)충족시키는 공예 음악의 형태로 시작되었다.

예를 들면, 실내악은 실제로 방, 즉 부유한 가정의 작고 사적인 방 안에서 종종 배경음악으로 연주되도록 설계되었다. Bach에서 Chopin에 이르는 유명한 작곡가들에 의해서 작곡되어진 춤곡들은 원래는 사실상 춤을 동반했다. 하지만 오늘날에는 그것들이 작곡된 목적인 상황과 기능들이 (C)사라졌기 때문에, 우리는 이러한 작품들을 순수 예술로 듣는다.

출제의도

어휘 적합성 판단 ▶ 글의 구조 속에서 글쓴이의 의도에 맞는 단어를 선택할 수 있는가??

문제해설

(A) 순수 예술은 즐거움을 주는 것 외에는 별다른 기능이 별로 없는 창조적인 결과물이라고 한 데 반해 공예품은 실용적인 기능을 제공한다고 했으므로 순수하게 '창의적이지(creative)' 않다는 의미가 자연스럽다.

(B) 고전 음악이 기능 음악의 형태로 시작되었다고 했으므로, 기능 음악이 가톨릭 미사의 필수 의식과 왕실 후원자의 오락적 요구를 '충족시키는(satisfying)' 기능을 했다는 의미가 자연스럽다.

(C) 오늘날에는 춤곡들이 원래는 춤을 동반했던 기능들이 없어지고 그것들을 순수 예술로 듣는다고 했으므로 작곡 당시의 상황과 기능이 '사라졌다(gone)'고 하는 것이 자연스럽다.

② 창의적인-무시하는-사라졌기   ③ 창의적인-충족시키는-생겼기
④ 실용적인-무시하는-생겼기   ⑤ 실용적인-충족시키는-사라졌기

| 어휘 · 어법 |

• biased 편향된, 치우친   • fine art 순수 예술   • other than ~ 외에는

• craft 공예, 기술   • division 구분, 분할   • relative 상대적인
• contemporary 현대의   • high art 고급 예술   • composition 작곡
• performance 연주   • Catholic mass 가톨릭 미사
• function 행사, 의식, 기능   • entertainment 오락, 유흥   • royal 왕실의
• patron 후원자   • chamber 방, 실내   • intimate 사적인, 친밀한
• compose 작곡하다   • accompany 동반하다   • context 상황, 맥락

• But today, **with** [the contexts and functions {they were composed for}] **gone**, we listen to these works as fine art.: 「with+명사+분사」 구문은 원래 '~한 채로'와 같이 부수적 상황을 나타내지만 문맥에 따라 이유를 나타낼 수도 있다. [ ] 안의 { }는 관계대명사절(which 또는 that 생략)로, contexts and functions를 설명하고 있다.

with the contexts and functions they were composed for gone
= as[because] the contexts and functions (which[that]) they were composed for are gone

이 글에서 전체 흐름과 관계 없는 문장은?

As far back as the seventeenth century, hair had a special spiritual significance in Africa.

Many African cultures saw the head as the center of control, communication, and identity in the body. ① Hair was regarded as a source of power that personified the individual and could be used for spiritual purposes or even to cast a spell. ② Since it rests on the highest point on the body, hair itself was a means to communicate with divine spirits and it was treated in ways that were thought to bring good luck or protect against evil. ③ (People had the opportunity to socialize while styling each other's hair, and the shared tradition of hair was passed down.) ④ According to authors Ayana Byrd and Lori Tharps, "communication from the gods and spirits was thought to pass through the hair to get to the soul."

⑤ In Cameroon, for example, medicine men attached hair to containers that held their healing potions in order to protect the potions and enhance their effectiveness.

내 생각?

아프리카 문화에서는 머리카락이 중요한 영적인 의미를 지녔다는 주제부터 먼저! 구체적인 설명과 예로 머리카락이 지닌 영적인 의미를 설명하기.

일반(주제)

구체(설명) → 구체(사례)

| 전문 해석 |

과거 17세기까지 거슬러 올라가면, 머리카락은 아프리카에서 특별한 영적인 중요성을 가졌다.

많은 아프리카의 문화들은 신체에서 머리를 지배, 소통, 정체성의 중심이라고 여겼다. 머리카락은 개인을 인격화하는 힘의 원천으로 여겨졌고, 영적인 목적을 위해서나 심지어 주술을 걸기 위해서 사용될 수 있었다. 신체의 가장 높은 지점에 있기 때문에, 머리카락은 그 자체로 신성한 영혼들과 소통할 수 있는 수단이었고 그것은 행운을 가져오거나 악으로부터 지켜준다고 생각되는 방법들로 여겨졌다. ③ (사람들은 서로의 머리카락을 단장해 주면서 사귀는 기회를 가졌고 머리카락에 대한 공유된 전통이 대대로 전해졌다.) 작가 Ayana Byrd와 Lori Tharps에 따르면, "신과 영혼들로부터의 의사소통이 머리카락을 통과하여 영혼에 다다른다고 여겨졌다."

예를 들어, Cameroon에서는 치료 주술사들이 (마법의) 물약을 보호하고 그 효과성을 높이기 위해 머리카락을 자신의 (마법의) 치료 물약을 담은 용기에 붙였다.

출제의도

무관한 문장 판단 ▶ 글의 구조 속에서 각 문장이 글의 주제 또는 글쓴이 의도와 일치하는지 판단할 수 있는가?

문제해설

아프리카 문화에서 머리카락의 영적인 중요성을 설명하고 있는 글인데, ③은 영적인 의미가 아닌 사교에 관한 내용이므로 글의 주제 및 요지에서 벗어난 문장이다.

1 ④ '아프리카 문화에서 머리카락이 가지는 영적인 중요성'을 다룬 글이다.
　① 아프리카 문화에서 머리카락을 단장하는 오래된 전통
　② 아프리카에서 머리카락을 단장해 주면서 사귀는 기회
　③ 아프리카에서 신과 영혼과의 의사소통

| 어휘 · 어법 |

- spiritual 영적인 · significance 중요성 · identity 정체성
- personify 인격화하다 · be used for ~을 위해 이용되다
- cast a spell 주술[마법]을 걸다 · rest on ~에 있다. ~에 얹혀 있다
- divine 신성한 · treat 취급하다 · evil 악
- pass through 통과하다 · medicine man 주술 치료사 · attach 붙이다
- enhance 높이다 · effectiveness 효과

[Since it rests on the highest point on the body]. hair itself was a means to communicate with divine spirits and it was treated in *ways* [**that** were thought to bring good luck or protect against evil].: 첫 번째 [ ]는 이유를 나타내는 부사절이다. 두 번째 [ ]는 선행사 ways를 수식하는 관계대명사절이다.

이 글의 제목으로 가장 적절한 것은?

> We create a picture of the world using the examples that most easily come to mind. This is foolish, of course, because in reality, things don't happen more frequently just because we can imagine them more easily. Thanks to this prejudice, we travel through life with an incorrect risk map in our heads.

> Thus, we overestimate the risk of being the victims of a plane crash, a car accident, or a murder. And we underestimate the risk of dying from less spectacular means, such as diabetes or stomach cancer. The chances of bomb attacks are much rarer than we think, and the chances of suffering depression are much higher.

> We attach too much likelihood to spectacular, flashy, or loud outcomes. Anything silent or invisible we downgrade in our minds. Our brains imagine impressive outcomes more readily than ordinary ones.

① We Weigh Dramatic Things More!
② Brains Think Logically, Not Emotionally
③ Our Brains' Preference for Positive Images
④ How Can People Overcome Their Prejudices?
⑤ The Way to Reduce Errors in Risk Analysis

내 생각?

쉽게 떠오르는 사례로 세상을 보는 편견 때문에 극적인 위험은 과대평가하고 흔한 위험은 과소평가한다는 내 생각을 구체적 예로 보여주기.

통념 비판 → 근거(사례 대조)

결론

| 전문 해석 |

우리는 마음속에 가장 쉽게 떠오르는 예시를 사용하여 세상에 대한 그림을 만들어낸다. 물론, 이것은 어리석은데, 왜냐하면 현실에서 사건들은 단지 우리가 더 쉽게 상상할 수 있다는 이유로 더 자주 발생하지는 않기 때문이다. 이 편견 때문에, 우리는 우리의 머릿속에 있는 부정확한 위험 지도를 가지고 삶을 헤쳐 나간다.

따라서, 우리는 비행기 추락, 자동차 사고, 또는 살인의 희생자가 될 위험성을 과대평가한다. 그리고 우리는 당뇨병 또는 위암과 같은 덜 극적인 방법으로 죽을 위험성은 과소평가한다. 폭탄 공격의 가능성은 우리가 생각하는 것보다 훨씬 더 희박하고, 우울증으로 고통 받을 가능성은 훨씬 더 높다.

우리는 극적이거나 눈에 띄거나, 요란한 결과에 지나치게 많은 가능성을 부여한다. 조용하거나 보이지 않는 것을 우리는 우리 마음속에서 격하시킨다. 우리의 뇌는 평범한 결과보다 인상적인 결과를 더 쉽게 상상한다.

출제의도

제목 파악 ▶ 글의 구조 속에서 글쓴이가 의도한 바를 대표하거나 상징적으로 표현한 제목을 붙일 수 있는가?

문제해설

글쓴이는 사람들이 쉽게 떠올릴 수 있는 사례로 세상을 규정하는 편견 때문에 정확하지 않은 위험 지도를 갖게 된다고 주장하면서 일상 속에서 자주 발생하지 않는 극단적인 상황을 과대평가하고, 일상에서 더 자주 일어날 수 있는 일은 과소평가하는 사람들의 예를 대조하고 있다. 따라서 글의 제목으로 가장 적절한 것은 ① '우리는 극적인 것에 더 무게를 둔다!'이다.

② 뇌는 감정적이 아니라 논리적으로 생각한다
③ 긍정적 이미지에 대한 우리 뇌의 선호
④ 사람들은 어떻게 자신들의 편견을 극복하는가?
⑤ 위험 분석에 있어 오류를 줄이는 방법

1 우리의 편향된 상상력으로 인해, 극적이지만 드문 위험의 가능성은 (A)과대평가하고 반면에 일상적인 위험의 가능성은 (B)격하시킨다.

| 어휘 · 어법 |

- prejudice 편견 • risk 위험, 위험 요인 • overestimate 과대평가하다
- victim 희생자 • underestimate 과소평가하다 • spectacular 극적인
- means 수단, 방법 • diabetes 당뇨병 • stomach cancer 위암
- depression 우울증 • likelihood (어떤 일이 있을) 가능성
- rare 드문, 희귀한 • flashy 눈에 띄는 • outcome 결과, 성과
- invisible 보이지 않는 • downgrade 격하시키다 • readily 선뜻

- We create a picture of the world using *the examples* [**that** most easily come to mind].: [ ]는 주격 관계대명사절로 선행사 the examples를 수식한다.
- [*Anything* silent or invisible] **we downgrade** in our minds.: 목적어인 [ ]를 강조하기 위해 문장 앞에 쓴 경우다. 이때 주어와 동사의 어순은 그대로 유지하여, 「목적어+주어+동사」의 어순으로 쓴다.

CHAPTER 10

2 ⑤ **0** ④ / The evidence that **1** ③

이 글의 요지로 가장 적절한 것은?

Much has been written and said about positive self-talk—for example, repeating to ourselves "I am wonderful" when we feel down, "I am strong" when going through a difficult time, or "I am getting better every day in every way" each morning in front of the mirror.

The evidence that this sort of pep talk works is weak, and there are psychologists who suggest that it can actually hurt more than it can help. Little, unfortunately, has been written about real self-talk, acknowledging honestly what we are feeling at a given point. When feeling down, saying "I am really sad" or "I feel so torn"—to ourselves or to someone we trust—is much more helpful than declaring "I am tough" or "I am happy."

① 타인에 대한 비난은 자신의 감정도 상하게 한다.
② 우울할 때 자신에게 하는 격려의 말은 큰 힘이 된다.
③ 자아 성찰은 타인의 조언을 받는 것보다 효과적이다.
④ 가까운 사이일수록 말과 행동을 조심할 필요가 있다.
⑤ 자신이 느끼는 감정을 솔직히 인정하는 것이 도움이 된다.

내 생각?

자기를 격려하는 혼잣말에 대해 많이 이야기되곤 하지만, 난 생각이 달라! 이런 말들이 효과가 있다는 증거는 빈약하고, 오히려 해가 된다는 학자들도 있으니까. 자기 감정을 솔직하게 말하는 게 도움이 된다는 게 내 생각!

통념
⇕
반박

|전문 해석|

긍정적인 혼잣말에 관한 많은 글들이 쓰여 왔고, 이야기되었는데, 예를 들어, 우리가 의기소침할 때 "나는 멋져", 어려운 시간을 겪을 때 "나는 강해" 또는 매일 아침 거울 앞에서 "나는 매일 모든 면에서 더 좋아지고 있어"라고 되뇌는 것과 같은 것들이다.

이러한 종류의 격려의 말이 효과가 있다는 증거는 빈약하며, 그것이 실제로 도움이 될 수 있는 것보다는 오히려 해를 끼칠 수 있다는 것을 제기하는 심리학자들이 있다. 불행히도, 우리가 주어진 시점에서 느끼고 있는 것을 솔직하게 인정하면서, 자신에게 하는 진실한 혼잣말에 대한 저술은 거의없다. 의기소침함을 느낄 때, 우리 자신이나 우리가 신뢰하는 어떤 사람에게 "나는 정말로 슬퍼" 또는 "나는 너무 가슴이 찢어지는 것 같아"라고 말하는 것은 "나는 강해" 또는 "나는 행복해"라고 말하는 것보다 훨씬 더 도움이 된다.

출제의도

요지 파악 ► 글의 구조 속에서 글쓴이가 끌어낸 결론 또는 의도한 바를 파악할 수 있는가?

문제해설

자신을 격려하는 긍정의 혼잣말이 통용되어 온 상황을 반박하는 글이다. 도움이 된다는 증거는 없고 오히려 해가 된다는 심리학자의 의견을 근거로 제시하면서 마지막 문장에서, 자신이 느끼는 감정을 솔직히 인정하는 것이 더 도움이 된다고 주장하고 있다. 따라서 ⑤가 글쓴이 의도와 일치한다.

1 자신이 느끼는 감정을 솔직히 인정하는 것이 도움이 된다는 내용의 글이므로, ③ '의기소침할 때 솔직한 감정을 말하는 것의 긍정적 효과'가 글의 주제로 가장 적절하다.
① 어려움에 처했을 때 심리학자가 줄 수 있는 도움
② 힘들 때 긍정적인 혼잣말을 하면 생기는 혜택
④ 진실한 혼잣말의 긍정적인 효과에 대한 압도적인 증거

|어휘 • 어법|

- self-talk 혼잣말(특히 치료상 또는 동기 부여의 이유로 하는 자기와의 대화)
- go through ~을 겪다, 경험하다　• evidence 증거
- acknowledge (사실로) 인정하다　• tear (마음을) 괴롭히다, 찢어지게 하다
- declare 말하다, 표명하다　• tough (육체적·정신적으로) 강한

- Much has been written and said about positive self-talk—for example, **repeating** to ourselves **"I am wonderful"** when we feel down, **"I am strong"** when going through a difficult time, or **"I am getting better every day in every way"** each morning in front of the mirror.: "I am wonderful", "I am strong", "I am getting better every day in every way"는 모두 repeating의 목적어로 쓰였다.

- Little, unfortunately, has been written about real self-talk, [**acknowledging** honestly {*what* we are feeling at a given point}].: [ ]는 동시동작을 나타내는 분사구문이며, 그 안의 { }는 acknowledging의 목적어 역할을 하는 관계대명사절로 what(= the thing which[that])은 선행사를 포함하고 있다.

이 글의 내용을 한 문장으로 요약하고자 한다. 빈칸 (A), (B)에 들어갈 말로 가장 적절한 것은?

> When we see an adorable creature, we must fight an overwhelming urge to squeeze that cuteness. And pinch it, and cuddle it, and maybe even bite it. This is a perfectly normal psychological tick — an oxymoron called "cute aggression" — and even though it sounds cruel, it's not about causing harm at all. In fact, strangely enough, this compulsion may actually make us more caring.

> The first study to look at cute aggression in the human brain has now revealed that this is a complex neurological response, involving several parts of the brain. The researchers propose that cute aggression may stop us from becoming so emotionally overloaded that we are unable to look after things that are super cute. "Cute aggression may serve as a tempering mechanism that allows us to function and actually take care of something we might first perceive as overwhelmingly cute," explains the lead author, Stavropoulos.

> According to research, cute aggression may act as a neurological response to (A) regulate excessive emotions and make us (B) care for cute creatures.

(A)	(B)	(A)	(B)
① evaluate	care	② regulate	care
③ accept	search	④ induce	search
⑤ display	speak		

내 생각?

'cute aggression', 객관적 설명이 필요한 주제! 이런 현상이 생기는 이유와 그 의미를 연구 사례를 통해 과학적으로 설명하기.

```
일반(주제-현상)
      ↓
구체(연구-원인 설명)
```

| 전문 해석 |

우리가 귀여운 생명체를 볼 때, 우리는 그 귀여운 것을 꽉 쥐고자 하는 압도적인 충동과 싸워야 한다. 그리고 꼬집고, 껴안고, 심지어 깨물고 싶을 수도 한다. 이것은 완전히 정상적인 심리학적 행동, 즉 '귀여운 공격성'이라 불리는 모순 어법이며, 비록 이것이 잔인하게 들리기는 하지만, 결코 해를 끼치는 것에 관한 것은 아니다. 사실, 기이하게도 이러한 충동은 실제로는 우리로 하여금 (남을) 더 잘 보살피게 한다.

인간 뇌의 귀여운 공격성을 살펴본 최초의 연구가 이제 밝혀낸 바는 이것이 뇌의 여러 부분과 관련된 복잡한 신경학적인 반응이라는 것이다. 연구자들은 귀여운 공격성은 우리가 너무 감정적으로 과부하되어서 정말 귀여운 것들을 돌볼 수 없게 하는 것을 막을지도 모른다고 말한다. "귀여운 공격성은 우리가 제대로 기능하도록 해주고, 처음에 압도적으로 귀엽다고 인식하는 무언가를 실제로 돌볼 수 있도록 해주는 조절 기제의 역할을 할지도 모른다."라고 주 저자인 Stavropoulos는 설명한다.

→ 연구에 따르면, 귀여운 공격성은 과도한 감정을 (A)조절하고 귀여운 생명체를 (B)보살피게 하는 신경학적인 반응으로서 역할을 할지도 모른다.

문단 요약 ▶ 글의 구조 속에서 핵심 개념들의 관계를 파악하고 한 문장으로 표현할 수 있는가?

연구 내용에 따르면, 귀여운 생명체를 볼 때 느끼는 '귀여운 공격성'이란 현상은 생명체에 해를 끼치려는 것이 아니라 감정적으로 과부하되어 그것을 돌볼 수 없게 되는 일을 막기 위한 조절 기제라고 설명하고 있다. 따라서 빈칸 (A)에는 regulate(조절하고), (B)에는 care(보살피게)가 들어가야 글의 요지와 일치한다.

① 평가하고 – 보살피게 ③ 받아들이고 – 찾게
④ 유발하고 – 찾게 ⑤ 보여주고 – 대변하게

| 어휘 • 어법 |

- adorable 귀여운 · overwhelming 압도적인 · urge (강한) 욕구, 충동
- squeeze 꽉 쥐다, 짜내다 · pinch 꼬집다 · cuddle 꼭 껴안다
- tick 움직임, 행동 · aggression 공격성 · compulsion 충동
- caring 보살피는 · neurological 신경학적인 · overloaded 과부하된
- "Cute aggression may serve as *a tempering mechanism* [**that allows** us **to function** and actually **take** care of *something* {we might first perceive as overwhelmingly cute,"}] explains the lead author, Stavropoulos.: [ ]는 앞의 명사구 a tempering mechanism을 수식하는 관계대명사절로, 「allow+목적어+to부정사」 구문이 쓰여 '(목적어)로 하여금 ~할 수 있도록 하다'의 의미를 나타내는데, function과 take가 to에 연결되어 병렬구조를 이루고 있다. { }는 something을 수식하는 관계사절로 앞에 목적격 관계대명사 that이 생략되었다.

이 글의 빈칸에 들어갈 말로 가장 적절한 것은?

Psychologists Leon Festinger, Stanley Schachter, and sociologist Kurt Back began to wonder how friendships form. Why do some strangers build lasting friendships, while others struggle to get past basic platitudes?

Some experts explained that friendship formation could be traced to infancy, where children acquired the values, beliefs, and attitudes that would bind or separate them later in life.

But Festinger, Schachter, and Back pursued a different theory. The researchers believed that physical space was the key to friendship formation; that "friendships are likely to develop on the basis of brief and passive contacts made going to and from home or walking about the neighborhood." In their view, it wasn't so much that people with similar attitudes became friends, but rather that people who passed each other during the day tended to become friends and so came to adopt similar attitudes over time.

① shared value
② physical space
③ conscious effort
④ similar character
⑤ psychological support

 내 생각?

세 명의 학자들이 던진 질문에 주목, 우정이 어떻게 형성되는지 밝히기. 일부 전문가들의 설명과 세 명의 학자들이 추구한 다른 이론을 대조, 물리적 공간이 우정 형성의 핵심임을 보여주기!

```
          질문(주제)
              │
              ▼
   ┌──────────────────────┐
일부 의견  ◄──────►  답변(요지)
```

| 전문 해석 |

심리학자 Leon Festinger와 Stanley Schachter, 그리고 사회학자 Kurt Back은 우정이 어떻게 형성되는지 궁금해 하기 시작했다. 왜 어떤 타인들은 지속적인 우정을 쌓는 반면, 다른 사람들은 기본적인 상투적인 말을 넘어서는 데 어려움을 겪을까?

일부 전문가들이 설명하기로는 우정의 형성은 유아기로 거슬러 올라갈 수 있으며, 그 시기에 아이들은 훗날 삶에서 그들을 결속하거나 분리시킬 수도 있는 가치와 신념, 그리고 태도를 습득했다는 것이다.

그러나 Festinger, Schachter, 그리고 Back은 다른 이론을 추구했다. 그 연구자들은 물리적 공간이 우정 형성의 핵심이며, "우정은 집을 오가거나 동네 주변을 걸어 다니면서 이루어지는 짧고 소극적인 접촉에 근거해 발달하는 것 같다."고 믿었다. 그들의 관점에서는 유사한 태도를 지닌 사람들이 친구가 된다기보다는, 낮에 서로 지나쳐 가는 사람들이 친구가 되는 경향이 있고 그 결과 시간이 지나면서 유사한 태도를 받아들이게 되었다.

출제의도

빈칸 추론 ▶ 글의 구조 속에서 글쓴이의 의도와 빈칸이 포함된 문장의 역할을 파악할 수 있는가?

문제해설

우정이 어떻게 형성되는지에 대한 학자들(Festinger, Schachter, Back)의 질문에 대한 답이 그들이 추구하는 이론에 제시되어 있다. 일부 전문가들의 설명과 달리 이들이 추구하는 이론은 짧은 순간이지만 집을 오가는 길이나 동네 주변을 다니면서 서로 스쳐 지나가는 사람들 사이에 우정이 형성된다는 것이다. 빈칸이 포함된 문장이 우정 형성의 핵심 요인을 언급한 문장이므로, 빈칸에는 집을 오가는 길, 동네 주변을 아우르는 ② '물리적 공간'이란 말이 들어가야 한다.

① 공유된 가치   ③ 의식적인 노력
④ 유사한 성격   ⑤ 심리적 지원

| 어휘 · 어법 |

- psychologist 심리학자   • sociologist 사회학자   • lasting 지속적인
- struggle 어렵고 힘들다, 허우적거리다   • formation 형성
- trace 추적하다   • infancy 유아기   • acquire 획득하다, 습득하다
- pursue 추구하다   • theory 이론   • brief 짧은
- passive 소극적인, 수동적인   • contact 접촉
- adopt 받아들이다, 채택하다

- In their view, it was**n't so much** that *people* [with similar attitudes] became friends, **but rather** that *people* [who passed each other during the day] tended to become friends and so came to adopt similar attitudes over time.: 「not so much A, but rather B」 구문으로 'A라기 보다는 B이다'라는 의미를 나타낸다. A와 B를 대조하여 글쓴이 의도인 B를 강조하는 표현이다. A에 해당하는 문장에서 [ ]는 주어 people을 수식하는 형용사구이고 동사는 became이며, B에 해당하는 문장에서 [ ]는 주어 people을 수식하는 관계대명사절이고 동사는 tended와 came이다.

5 ② **0** ② / Precious metals – A dictator **1** ① **2** ④

이 글의 빈칸에 들어갈 말로 가장 적절한 것은?

Most importantly, money needs to be <u>scarce</u> in a predictable way.

Precious metals have been desirable as money across the millennia not only because they have intrinsic beauty but also because they exist in fixed quantities. Gold and silver enter society at the rate at which they are discovered and mined; additional precious metals cannot be produced, at least not cheaply. Commodities like rice and tobacco can be grown, but that still takes time and resources.

A dictator like Zimbabwe's Robert Mugabe could not order the government to produce 100 trillion tons of rice. He was able to produce and distribute trillions of new Zimbabwe dollars, which is why they eventually became more valuable as toilet paper than currency.

① invested   ② scarce   ③ transferred
④ divisible   ⑤ deposited

내 생각?

희소성이 있어야 화폐 가치가 있다는 주장부터 먼저! 희소성이라는 관점에서 화폐를 대신했던 예들과 반대로 희소성이 극단적으로 없어진 사례를 보여주기.

| 전문 해석 |

아주 중요하게는 돈이 예측 가능한 방식으로 <u>희소성이 있을</u> 필요가 있다는 것이다.

귀금속은 내재적인 아름다움을 지니고 있을 뿐만 아니라 고정된 양으로 존재하기 때문에 수천 년에 걸쳐 돈으로서 가치가 있었다. 금과 은은 발견되고 채굴되는 속도로 사회에 유입되어 추가적인 귀금속은 생산될 수 없었고, 적어도 싸게 생산될 수는 없었다. 쌀과 담배와 같은 상품들은 재배될 수 있지만, 그것은 여전히 시간과 자원이 든다.

Zimbabwe의 Robert Mugabe와 같은 독재자도 정부에 100조 톤의 쌀을 생산하라고 명령할 수 없었다. 그는 조 단위의 새로운 Zimbabwe 달러를 만들어 유통시킬 수 있었는데, 결국 그것이 통화(通貨)보다 휴지로서 가치가 더 있게 되었던 이유이다.

출제의도

빈칸 추론 ▶ 글의 구조 속에서 글쓴이의 의도와 빈칸이 포함된 문장의 역할을 파악할 수 있는가?

문제해설

Most importantly, ~로 시작하는 걸로 보아, 첫 문장이 글의 요지이거나 요지에 가까운 내용임을 짐작할 수 있다. 따라서 화폐의 어떤 속성을 말하려는지 이어지는 단락의 내용을 통해 빈칸의 내용을 역추적해야 한다. 두 번째 단락에서는 귀금속의 고정된 양, 채굴 속도의 한계, 쌀과 담배의 재배 시간 한계로 그 양이 한정된다는 점을 예로 들었고, 이에 비해 세 번째 단락에서는 화폐를 많이 유통시켜 그 가치가 하락한 사례를 들고 있으므로, 빈칸에 ② '희소성이 있을'이 들어가야 글쓴이의 의도와 일치한다.

① 투자될   ③ 양도될
④ 나뉠 수 있을   ⑤ 예치될

1 금과 은 등의 귀금속, 생산에 시간과 자원이 드는 상품처럼 화폐는 희소성이 있어야 가치가 있다는 내용의 글이므로, ①이 글의 요지로 가장 적절하다.

| 어휘 · 어법 |

- predictable 예측 가능한   · precious metal 귀금속
- desirable 가치가 있는, 바람직한
- millennia 수천 년(단수형: millennium 천년)
- mine 채굴하다   · commodity 상품   · dictator 독재자
- trillion 1조의   · distribute 유통시키다, 배포하다
- currency 통화(화폐)

- Precious metals have been desirable as money across the millennia **not only** [because they have intrinsic beauty] **but also** [because they exist in fixed quantities].: 「not only A, but also B」 구문으로 'A뿐만 아니라 B도'의 의미이며, B를 주목하거나 강조할 때 사용한다. A와 B 자리에 because로 시작하는 이유 부사절이 와서 병렬구조를 이루고 있다.

③   **0** ② / Shakespeare's famous   **1** ③   **2** ②

이 글에서 전체 흐름과 관계 없는 문장은?

> There are many superstitions surrounding the world of the theater. ① Superstitions can be anything from not wanting to say the last line of a play before the first audience comes, to not wanting to rehearse the curtain call before the final rehearsal.

> ② Shakespeare's famous tragedy *Macbeth* is said to be cursed, and to avoid problems actors never say the title of the play out loud when inside a theater or a theatrical space (like a rehearsal room or costume shop). ③ (The interaction between the audience and the actors in the play influences the actors' performance.) ④ Since the play is set in Scotland, the secret code you say when you need to say the title of the play is "the Scottish play." ⑤ If you do say the title by accident, legend has it that you have to go outside, turn around three times, and come back into the theater.

내 생각?

연극계에도 여러 미신이 존재한다는 사실에 주목, 셰익스피어의 유명한 비극 '멕베스'의 사례로 구체화.

일반(주제)

↓

구체(사례)

| 전문 해석 |

연극계를 둘러싼 많은 미신이 있다. 미신은 첫 관객이 오기 전에 연극의 마지막 대사를 말하지 말아야 하는 것에서부터, 마지막 예행연습 전에 커튼콜을 예행연습하지 말아야 하는 것에 이르기까지 무엇이든 될 수 있다. 셰익스피어의 유명한 비극 '멕베스'는 저주받았다는 이야기가 있으며, 문제를 피하고자 배우들은 극장이나 (예행연습실이나 의상실 같은) 극장 공간 내에서 그 연극의 제목을 절대 소리 내어 말하지 않는다. ③(연극에서 관객과 배우들 사이의 상호작용은 배우들의 연기에 영향을 미친다.) 그 연극은 스코틀랜드를 배경으로 하고 있기 때문에, 연극의 제목을 말할 필요가 있을 때 말하는 암호는 '스코틀랜드 연극'이다. 우연히 제목을 말하게 된다면, 전설에 전해온 대로 밖으로 나가 세 바퀴를 돌고 극장으로 돌아와야 한다.

출제의도

무관한 문장 판단 ► 글의 구조 속에서 각 문장이 글의 주제 또는 글쓴이 의도와 일치하는지 판단할 수 있는가?

문제해설

첫 단락에서 '연극계를 둘러싼 많은 미신'을 주제로 제시, 이어지는 단락에서 셰익스피어의 유명한 비극 '멕베스'에 전해져 오는 미신을 해당 사례로 제시하고 있다. 따라서 관객과 배우들 사이의 상호작용을 언급한 ③이 주제에서 벗어난 문장이다.

1 ③ '연극계를 둘러싼 미신'이 글의 주제로 가장 적절하다.
  ① 관객과 배우의 상호작용
  ② 극장에서 셰익스피어의 연극을 예행연습하는 방법
  ④ 셰익스피어의 비극 '멕베스'에 대한 전설

| 어휘 · 어법 |

- superstition 미신   • surrounding 둘러싸고 있는   • theater 극장
- audience 관객   • rehearse 예행연습하다
- curtain call 커튼콜(연극이 끝난 뒤 관객의 박수를 받으며 배우들이 무대 위에 나오는 것)   • tragedy 비극   • curse 저주하다
- costume (연극·영화 등의) 의상   • interaction 상호작용
- performance 연기   • be set in ~을 배경으로 하다
- by accident 우연히   • legend has it (that) 전설에 따르면

- Superstitions can be anything **from** *not wanting* to say the last line of a play before the first audience comes, **to** *not wanting* to rehearse the curtain call before the final rehearsal.: 「from A to B」 구문으로 'A부터 B까지'의 의미이다. from과 to는 전치사이므로 뒤에 동명사, 동명사를 부정할 때는 동명사 앞에 부정어 not을 쓴다.